（宋）邢昺 撰

宋本爾雅疏

第二册

國家圖書館出版社

第二册目録

爾雅疏卷第六

翰林侍講學士朝請大夫守國子祭酒上柱國賜紫金魚袋臣邢昺等奉

勑校定

釋天第八

釋曰河圖括地象云易有太極是生兩儀兩儀未分其氣混沌清濁既分伏者爲天偃者爲地釋名云天顯也在上高顯又云天坦也坦然高遠說文云天顛也至高無上從一大也春秋說題辭云天之言鎮也居高理下爲人經紀故其字一大以鎮之此天之名義也天之爲體中包乎地日月星辰屬焉然天地有高下之形四時有升降之理日月有運行之度星辰有次舍之常既曰釋天不得不略言其趣故其形狀之殊凡有六等一曰蓋天文見周髀如蓋在上二曰渾天形如彈丸地在其中天包其外猶如雞卵白之繞黄楊雄桓譚張衡蔡邕陸績王肅鄭玄之徒並所依用三曰宣夜舊說云殷代之制其形體事義無所出以言之四曰昕天昕讀爲軒言天北高南下若車之軒是吳時姚信所說五曰穹天云穹隆在上虞氏所說不知其名也六曰安天是晉時虞喜所論案鄭注考靈耀云天者純陽清明無形聖人則之制璿璣玉衡以度其象

如鄭此言則天是太虛本無形體但指諸星運轉以爲天耳但諸星之轉從東而西必三百六十五日四分日之一星復舊處星既左轉日則右行亦三百六十五日四分日之一至舊星之處即以一日之行而爲一度計二十八宿一周天凡三百六十五度四分度之一是天之一周之數也天如彈丸圍圜三百六十五度四分度之一案考靈耀云一度二千九百三十二里千四百六十一分里之三百四十八周天百十萬一千里者是天圓周之里數也以圍三徑一言之則直徑三十五萬七千里此爲二十八宿周迴直徑之數也然二十八宿之外上下東西各有萬五千里是爲四游之極謂之四表據四表之內并星宿內摠有三十八萬七千里然則天之中央上下正半之處則一十九萬三千五百里地在於中是地去天之數也鄭注考靈耀云地蓋厚三萬里春分之時地正當中自此地漸漸而下至夏至之時地下萬五千里地之上畔與天中平夏至之後地漸漸向上至秋分地正當天之中央自此地漸漸而上至冬至上遊萬五千里地之下畔與天中平自冬至後地漸漸而下此是地之升降於三萬里之中但渾天之體雖繞於地地則中央正平天則北高南下北極高於地三十六度南極下於地三十六度然則北極之下三十六度常見不沒南極之

上三十六度常沒不見南極去北極一百二十一度餘若逐曲計之則一百八
十一度餘若以南北中半言之謂之赤道去南極九十一度餘去北極亦九
十一度餘此是春秋分之日道赤道之北二十四度爲夏至之日道去北極六
十七度也赤道之南二十四度爲冬至之日道去南極亦六十七度地有升
降星辰有四遊又鄭注考靈耀云天旁日四表之中冬南夏北春西秋東皆
薄四表而止地亦升降於天之中冬至而下夏至而上二至上下蓋極地厚也
地與星辰俱有四遊升降四遊者自立春地與星辰西遊春分西遊之極地
雖西極升降正中從此漸漸而東至春末復正自立夏之後北遊夏至北
遊之極地則升降極下至夏季復正立秋之後東遊秋分東遊之極地則升
降正中至秋季復正立冬之後南遊冬至南遊之極地則升降極上冬季復正
此是地及星辰四遊之義也星辰亦隨地升降故鄭注考靈耀云夏日道上與
四表平下去東井十二度爲三萬里則是夏至之日上極萬五千里星辰下極
萬五千里故夏至之日下至東井三萬里也日有九道故考靈耀云萬世不失九
道謀鄭注引河圖帝覽嬉云黃道一青道二出黃道東赤道二出黃道南白
道二出黃道西黑道二出黃道北日春東從青道夏南從赤道秋西從白道冬

北從黑道立春星辰西遊日則東遊春分星辰西遊之極日東遊之極日與星辰相去三萬里夏則星辰北遊日則南遊夏至星辰北遊之極日南遊之極日與星辰相去三萬里以此推之秋冬放此可知計夏至之日日在井星當嵩高之上以其南遊之極故在嵩高之南萬五千里所以夏至有尺五寸之景也於時日又上極星辰下極故日下去東井三萬里也然鄭四遊之說元出周髀之文但二十八宿從東而左行日從西而右行一度逆沿二十八宿案漢書律歷志云冬至之時日在牽牛初度春分之時日在婁四度夏至之時日在東井三十一度秋分之時日在角十度若日在東井則極長八尺之表尺五寸之景若春分在婁秋分在角晝夜等八尺之表七尺五寸之景冬至日在斗則晝極短八尺之表一丈三尺之景一丈三尺之中去其一尺五寸則餘有一丈一尺五寸之景是冬夏往來之景也凡於地千里而差一寸則夏至去冬至體漸南漸下相去十一萬五千里又考靈耀云正月假上八萬里假下一十萬四千里所以有假上假下者鄭注考靈耀之意以天去地十九萬三千五百里正月雨水之時日在上假於天八萬里下至地一十一萬三千五百里夏至之時日上極與天表平也後日漸向下故鄭注考靈耀云夏至日與表平冬至之時日下至於

地八萬里上至於天十一萬三千五百里也委曲具考靈耀注凡二十八宿及諸星皆循天左行一日一夜一周天一周天之外更行一度計一年三百六十五周天四分度之一日月五星則右行日一日一度月一日一十三度十九分度之七此相通之數也今歷象之說則月一日至於四日行最疾日行十四度餘自五日至八日行次疾日行十三度餘自九日至十九日行則遲日行十二度餘自二十日至二十三日又小疾日行十三度餘自二十四日至於晦行又最疾日行十四度餘此是月行之大率也二十七日月行一周天至二十九日彊半月又於日與日相會乃爲一月故考靈耀云九百四十分爲一日二十九日與四百九十九分爲月是一月二十九日之外至第三十日分至四百九十九分月及於日計九百四十分則四百七十爲半今四百九十九分是過半二十九分也但月是陰精日爲陽精故周髀云日猶火月猶水火則外光水則含景故月光生於日所照魄生於日所蔽當日則光盈就日則明盡京房云月與星辰陰者也有形無光日照之乃有光先師以爲日似彈丸月似鏡體或以爲月亦似彈丸日照處則明不照處則闇案律歷志云二十八宿之度角一十二度亢九氐十五房五心五尾十八箕十一東方七十五度斗二十六

牛八女十二虛十危十七營室十六辟九北方九十八度奎十六婁十二胃十四
昴十一畢十六觜二參九西方八十度井三十三鬼四柳十五星七張十八翼
十八軫十七南方一百一十二度丑爲星紀初斗十二度終婺女七度子爲玄
枵初婺女八度終於危十五度亥爲娵訾初危十六度終於奎四度戌爲降婁
初奎五度終於胃六度酉爲大梁初胃七度終於畢十一度申爲實沈初畢十
二度終於井十五度未爲鶉首初井十六度終於柳八度午爲鶉火初柳九度
終於張十七度巳爲鶉尾初張十八度終於軫十一度辰爲壽星初軫十二度
終於氐四度卯爲大火初氐五度終於尾九度寅爲析木初尾十度終於斗十
一度五星者東方歲星南方熒惑西方太白北方辰星中央鎮星其行之遲速
俱在律歷志不更煩說元命包云日之爲言實也月闕也劉熙釋名云日實也
光明盛實月闕也滿則缺也說題辭云星陽精之榮也陽精爲日日分爲星
故其字日下生也釋名云星散也布散於天又云陰蔭也氣在內奧蔭也陽揚
也陽氣在外發揚此等是陰陽日月之名也祭法黃帝正名百物其冣名黃
帝而有也或後人更有增足其天高地下日盈月闕觜星度少井斗度多日月
曆行星辰左轉四遊升降之差二儀運動之法非由人事所作皆是造化自然

先儒因其自然遂以人事爲義或據理是實或構虛不經既無正文可憑今皆略而不録　穹蒼蒼天　釋曰此釋四時之天名也云穹蒼蒼天也者詩大雅桑柔云靡有旅力以念穹蒼故此釋之也詩人因天形穹隆其色蒼蒼故云穹蒼其實則與下云春爲蒼天者是一故云穹蒼蒼天也郭云天形穹隆其色蒼蒼因名云也云春爲蒼天者詩王風黍離云悠悠蒼天故此釋之也郭云萬物蒼蒼然生者言春時萬物蒼蒼然生春時天名曰蒼天也云夏爲昊天者詩雨無正云浩浩昊天故此釋之昊者元氣博大之貌郭云言氣皓旰者皓旰日光出之貌也言昊日光明皓旰因名云昊天也云秋爲旻天者詩大雅召旻云旻天疾威之類旻愍也言秋氣肅殺萬物可愍故曰旻天郭云旻猶愍也愍萬物彫落者旻愍詩序文但彼愍作閔音義同也云冬爲上天者詩小雅信南山云上天同雲之類言冬時無事唯在於上故曰上天郭云言時無事在上臨下而已者言冬氣閉藏無他生殺之事唯在於上監於下而已也案詩傳云蒼天以體言之尊而君之則稱皇天元氣廣大則稱昊天仁覆閔下則稱旻天自上降監則稱上天據遠視之蒼蒼然則稱蒼天毛公此傳當有成文不知出何書李巡云古詩人質仰視天形穹隆而高其色蒼蒼故曰穹

蒼是蒼天以體言之也皇君也故尊而君之則稱皇天昊大貌故言其混元之氣
昊昊廣大則稱昊天旻閔也言其以仁慈之恩覆閔在下則稱旻天從上而下
視萬物則稱上天據人遠而視之其色蒼蒼然則稱蒼天爾雅李巡注此云春萬
物始生其色蒼蒼故曰蒼天夏萬物盛壯其氣昊大故曰昊天秋萬物成孰皆
有文章故曰旻天冬陰氣在上萬物伏藏故曰上天案此以四時異其天名詩
傳則各用所宜爲稱似相乖異而鄭玄則和合二說故異義天號今尚書歐陽
說春曰昊天夏曰蒼天秋曰旻天冬曰上天爾雅亦云古尚書與毛詩同謹案
尚書堯典羲和以昊天揔勑以四時故知昊天不獨春也左傳夏四月孔丘卒
稱曰旻天不弔非秋也玄之聞也爾雅者孔子門人所作以釋六藝之言蓋不
誤也春氣博施故以廣大言之夏氣高明故以遠人言之秋氣或生或殺故以
閔下言之冬氣閉藏而清察故以監下言之皇天者至尊之號也六藝之中諸
稱天者以情所求之耳非必於其時稱之浩浩昊天求天之博施蒼天蒼天求
天之高明旻天不弔求天之生殺當得其宜上天同雲求天之所爲當順其時
也此之求天猶人之說事各從其主耳若察於是則堯命羲和欽若昊天孔丘
卒旻天不弔無可怪耳是鄭和合二說之事也爾雅春爲蒼天夏爲昊天叅

陽說春爲昊天夏爲蒼天鄭既言爾雅不誤當從爾雅而又從歐陽之說以春
昊夏蒼者鄭讀爾雅與孫郭本異故許慎既載今尚書說即言爾雅亦云明見
爾雅與歐陽說同雖蒼昊有春夏之殊則未知孰是要二說理相符合故鄭和
而釋之　四時　釋曰此題上事也言上所陳是四時天之名也題之在下者若
周公踐阼及詩篇章句皆篇末題之故此亦爾白虎通云歲時者何謂春秋冬
夏也時者期也陰陽消息之期也鄉飲酒義云春之爲言蠢也産萬物者聖也
夏之爲言假也養之長之假之仁也秋之爲言揫也揫之以時察守義者也冬
之爲言中也中者藏也　春爲至醴泉　釋曰此釋太平之時四氣和暢以致
嘉祥之事也云春爲青陽者言春之氣和則青而溫陽也云夏爲朱明者言夏
之氣和則赤而光明也云秋爲白藏者言秋之氣和則色白而收藏也云冬爲
玄英者言冬之氣和則黑而清英也云四氣和謂之玉燭注云道光照者道言
也言四時和氣溫潤明照故曰玉燭李巡云人君德美如玉而明若燭聘義云
君子比德於玉焉是知人君若德輝動於內則和氣應於外統而言之謂之玉
燭也云春爲發生夏爲長嬴秋爲收成冬爲安寧者此亦四時之別號也云
四時和爲通正者言上四時之功和是爲通暢平正也云謂之景風者言所以

致景風景風即祥風也云甘雨時降萬物以嘉者嘉善也甘雨即時雨也不爲
萬物所苦故曰甘若月令苦雨數來則非甘也甘雨既以時降則萬物莫不嘉
善之也云謂之醴泉者亦言四時平暢亦所以使地出醴泉也醴泉者水泉味甘
如醴也云祥者亦題上事也祥吉也善也言此上皆太平之吉祥也　注此亦
至祥風　釋曰云此亦四時之別號者言與上青陽等同爲四時別號故云亦
也上據氣而言此據功爲說云尸子皆以爲太平祥風者案尸子仁意篇述太
平之事云燭於玉燭飲於醴泉暢於永風春爲青陽夏爲朱明秋爲白藏冬爲
玄英四氣和爲正光此之謂玉燭甘雨時降萬物以嘉高者不少下者不多此之
謂醴泉其風春爲發生夏爲長嬴秋爲方盛冬爲安靜四氣和爲通正此之謂
永風是也　注所以出醴泉　釋曰案援神契云德及於天斗極明日月光甘
露降德至深泉則黃龍見醴泉涌是云王者脩德以召和平則致景風醴泉
也案此經所釋即謂發生等爲景風時雨爲醴泉而鄭云所以致景風醴泉
者所以弘通其義也　穀不至爲荐　釋曰此釋歲凶災荒之名也穀謂五穀
黍稷麻麥豆也熟成也五穀不成曰饑郭云凡草菜可食者通名蔬李巡曰可
食之菜皆不熟爲饉周禮天官大宰職云以九職任萬民八曰臣妾聚斂疏材

鄭玄云疏材百草根實可食者詩小雅云降喪饑饉襄二十四年穀梁傳曰一穀
不升謂之嗛二穀不升謂之饑三穀不升謂之饉四穀不升謂之康五穀不升
謂之大饑又謂之大侵彼以五穀熟之多少立差等之名其實五者皆是饑也
三穀不升於民之困蓋與蔬不熟同故俱名爲饉也果木子也不成熟之歲名
荒仍因也相因而饑謂連歲不熟也爲荐饑僖十三年晉荐饑是也二災者亦
題上事也下皆倣此　注左傳曰今又荐饑　釋曰此晉語文也左丘明既作
傳以解春秋又采簡牘以作國語其文不主於經故謂之外傳俱是丘明所作
亦得云左傳曰案彼云晉饑乞糴於秦丕豹曰晉君無禮於君莫不知往年有
難今又荐饑已失人又失天其殃也多矣君其伐之勿與糴是其事也　太歲
在甲至赤奮若　釋曰此别太歲在日在辰之名也甲至癸爲十日日爲陽寅
至丑爲十二辰辰爲陰案漢書律歷志文迺以前歷上元泰初四千六百二十
七歲至於元封七年復得閼逢攝提格之歲中冬孟康曰言復得者上元泰初
時亦是閼逢之歲歲在甲曰閼逢在寅曰攝提格此謂甲寅之歲也然則乙卯
之歲曰旃蒙單閼丙辰之歲曰柔兆執徐丁巳之歲曰強圉大荒落戊午之歲
曰著雍敦牂己未之歲曰屠維協洽庚申之歲曰上章涒灘辛酉之歲曰重光

作噩壬戌之歲曰玄黓閹茂癸亥之歲曰昭陽大淵獻甲子之歲曰閼逢困敦
乙丑之歲曰旃蒙赤奮若以此推之周而復始可知　載歲也至曰載　釋曰
別年歲之名也載即歲也白虎通云王者受命而改正朔者明易姓示不相襲
也明受之於天不受之於人所以變易民心革其耳目以則化也然則歲名變
易理亦同此故夏曰歲取歲星行一次夏書曰每歲孟春遒人以木鐸徇于路
是也商曰祀取四時一終則以祀者嗣也取其興來繼往之義孫炎曰取四時
祭祀一訖商書曰惟元祀十有二月乙丑伊尹祠于先王是也周曰年者取禾
一熟也案說文云秊穀熟也從禾千聲春秋曰大有年然則年者禾熟之名每
歲一熟故以爲歲名左傳曰卜年七百是也唐虞曰載載始也取物終更始堯
典曰朕在位七十載舜典曰五載一巡守是也　注取歲星行一次　釋曰案律
歷志分二十八宿爲十二次晉灼注天文志云太歲在四仲則歲行三宿太歲
在四孟四季則歲行二宿二八十六三四十二而行二十八宿十二歲而周天是
歲星年行一次也　月在甲至月名　釋曰此辨以日配月之名也設若正月
得甲則曰畢陬二月得乙則曰橘始三月得丙則曰脩病四月得丁則曰圉余
五月得戊則曰厲皋六月得己則曰則且七月得庚則曰窒相八月得辛則曰

塞壯九月得壬則曰終玄十月得癸則曰極陽十一月得甲則曰畢辜十二月得乙則曰橘涂周而復始亦可知也若史記歷書云月名畢聚也　注離騷至孟陬之　釋曰離騷者屈原之所作也屈原與楚同姓仕懷王爲三閭大夫爲大夫靳尚所譖毀見疏乃作離騷經離別也騷愁也言己放逐離別心中愁思猶陳正道以諷諫君也其經曰高陽之苗裔兮朕皇考曰伯庸攝提貞於孟陬兮惟庚寅吾以降彼注云言己生得陰陽之正中是引之以證正月爲陬之義　注國語至是也　釋曰此越語文也案彼云越王將伐吴范蠡諫曰王姑待之至於玄月王召范蠡而問焉彼注云魯哀公十六年九月也至十七年三月越伐吴是也引之以證九月爲玄也　注純陰至名云　釋曰云純陰用事嫌於無陽故以名云者以易言之五月一陰生十月純坤用事故云純陰用事也云嫌者君子愛陽而惡陰故以陽名之無陽而得陽名者以分陰分陽迭用柔剛十二月之消息見其用事耳其實陰陽常有詩緯曰陽生酉仲陰生戌仲是十月中兼有陰陽也四月秀葽靡草死豈無陰乎明陰陽常兼有也詩小雅云曰月陽止是也　注皆月至不論　釋曰言正月爲陬已下皆月之别名云自歲陽至此者謂自閼逢以下也云其事義皆所未詳通者案李巡孫炎雖各有

其說皆搆虛不經疑事無質故闕而不論　南風至風雨　釋曰此釋風雨之
名也易曰風以動之雨以潤之又曰潤之以風雨洪範曰月之從星則以風雨
然則風雨相將之物故此類聚而釋之也　南風謂之凱風者李巡曰南風長
養萬物萬物喜樂故曰凱風凱樂也郭氏無說義或當然詩邶風云凱風自南
是也　東風謂之谷風者孫炎曰谷之言穀穀生也谷風者生長之風也詩邶
風云習習谷風是也　北風謂之涼風者北風一名涼風言北方寒涼之風也
月令孟秋之月涼風至詩邶風云北風其涼是也　西風謂之泰風者孫炎曰
西風成物物豐泰也詩大雅桑柔云泰風有隧是也　焚輪謂之頹者李巡
曰焚輪暴風從上來降謂之頹頹下也孫炎曰迴風從上下曰頹郭云暴風從
上下與李同也詩小雅云習習谷風維風及頹是也　扶搖謂之猋者李巡曰
扶搖暴風從下外上故曰猋猋上也孫炎曰迴風從下上曰猋郭云暴風從下
上亦用李說莊子說鵬云摶扶搖而上者九萬里月令孟春行秋令則猋風暴
雨總至是也　風與火爲庉者郭云庉庉熾盛之貌言風自火出火因風熾火
而有大風者爲庉　迴風爲飄者郭云旋風也李巡曰一曰飄風別二名也詩
蓼莪云飄風發發是也　一日出而風爲暴者孫炎曰陰雲不興而大風暴起然

則爲風之暴疾故詩邶風云終風且暴毛傳云暴疾也　風而雨土爲霾者孫炎曰大風揚塵土從上下也詩邶風云終風且霾是也　陰而風爲曀者孫炎曰雲風曀日光詩邶風云終風且曀是也　天氣下地不應曰雺者郭云言蒙昧洪範云曰雺鄭注云雺聲近蒙詩云零雨其濛則雺是天氣下降地氣不應而蒙闇也　地氣發天不應曰霧霧謂之晦者郭云言晦冥月令仲冬行夏令氛霧冥冥鄭云霜露之氣散相亂也然則地氣發而上天不應之則爲氛霧霧又名晦春秋僖十五年己卯晦震夷伯之廟公羊穀梁皆云晦冥也是矣

螮蝀謂之雩螮蝀虹也者郭云俗名美人虹江東呼雩然則螮蝀一名雩一名虹詩鄘風云蝃蝀在東月令季春之月虹始見音義云虹雙出色鮮盛者爲雄雄曰虹闇者爲雌雌曰蜺虹是陰陽交會之氣純陰純陽則虹不見若雲薄漏日日照雨滴則虹生螮與蝃音義同　蜺爲挈貳者蜺雌虹也一名挈貳說文云霓屈虹青赤或白色陰氣也郭云見離騷者即天問云白蜺嬰茀胡爲此堂及遠遊章云雌蜺㛹嬛以曾撓兮是也挈貳其別名也文見尸子　弇日爲蔽雲者郭云即暈氣五彩覆日也然則暈氣弇日名蔽雲周禮春官眡祲掌十煇之法鄭司農云煇謂日光炁是也　疾雷爲霆霓者郭云雷之急激者謂霹

霹靂案說文云霆雷餘聲也鈴鈴所以挺出萬物也又云震劈歷振物者然則疾雷一名霆霓又名震春秋震夷伯之廟謂劈歷破之是也霹靂俗字也　雨霓為霄雪者霓水雪雜下也因名霄雪霄即消也詩小雅頍弁如彼雨雪先集維霰鄭箋云將大雨雪始必微溫雪自上下遇溫氣而摶謂之霰案大戴禮曾子云陽之專氣為霰陰之專氣為雹盛陽之氣在雨水則溫暖為陰氣薄而脅之不相入則摶為雹也盛陰之氣在雨水則凝滯而為雪陽氣薄而脅之不相入則消散而下因水而為霰是霰由陽氣所薄而為之故鄭言遇溫氣而摶也霓與霰音義同　暴雨謂之涷者暴雨謂驟雨也一名涷郭云今江東呼夏月暴雨為涷雨離騷云令飄風兮先驅使涷雨兮灑塵是也者此離騷九歌大司命文案彼云廣開兮天門紛吾乘兮玄雲令飄風兮先驅使涷雨兮灑塵是也　小雨謂之霢霂者小雨一名霢霂小雅信南山云益之以霢霂是也李巡云水雪俱下案此文上有暴雨下云久雨於中間無雪事而云水雪俱下妄矣　久雨謂之淫者淫過也久雨過多害於五稼故謂之淫月令季春行秋令則天多沈陰淫雨早降謂久雨也注云左傳曰天作淫雨者莊十一年傳文也　淫謂之霖者淫雨又名霖也郭云雨自三日已上為霖者隱九年左傳文也　濟

謂之霽霽者意濟止也雨止名霽郭云今南陽人呼雨止爲霽音書云曰霽霽云風雨者
題上事也　壽星至星名　釋曰此別星名也案周禮保章氏以星土辨九州
之地所封封域皆分星以觀妖祥鄭玄注云大界則曰九州州中諸國之封域
於星亦有分焉其書亡矣堪輿雖有郡國所入度非古數也今其存可言者十
二次之分也星紀吳越也玄枵齊也娵訾衛也降婁魯也大梁趙也實沈晉也
鶉首秦也鶉火周也鶉尾楚也壽星鄭也大火宋也析木燕也又漢書律歷志
東方角亢氐房心尾箕北方斗牛女虛危室壁西方奎婁胃昴畢觜參南方井
鬼柳星張翼軫宿凡二十八此經所釋次惟有九宿惟十七者以爾雅之作釋
六藝所載者所不載者則闕焉　壽星角亢也者言壽星之次值角亢之宿
也郭云數起角亢列宿之長故曰壽天文志云東宮倉龍左角理右角將大角
者天王帝坐廷亢主宗廟是也　天根氐也者氐一名天根郭云角亢下繫於
氐若木之有根國語曰天根見而水涸是也　天駟房也者房一名天駟也郭
云龍爲天馬故房四星謂之天駟天文志曰房爲天府曰天駟國語曰月在天
駟是也　大辰房心尾也者大辰房心尾之摠名也辰時也郭云龍星明者以
爲時候故曰大辰春秋昭十七年冬有星孛於大辰是也　大火謂之大辰者

大火大辰之次名也李巡云大火倉龍宿心以候四時郭云大火心也在中最
明故時候主焉左傳曰心爲大火是也　析木謂之津箕斗之間漢津也者析
木之津者箕斗之次名也孫炎曰析別水木以箕斗之間是天漢之津也劉炫
謂是天漢即天河也天河在箕斗二星之間箕在東方木位斗在北方水位分
析水木以箕星爲隔隔河須津梁以渡故謂此次爲析木之津也不言析水而
言析木者此次自南而盡此故依此次而名析木也郭云箕龍尾斗南斗天漢
之津梁以四方皆有七宿各成一形東方成龍形西方成虎形皆南首而北尾
南方成鳥形北方成龜形皆西首而東尾箕在蒼龍之末故云龍尾斗至南
方即見故云南斗昭八年左傳曰今在析木之津國語曰日在析木之津皆是
也案經典但有析木之津無析木謂之津今定本有謂字因注云即漢津也誤
矣　星紀斗牽牛也者星紀斗牛之次也郭云牽牛斗者日月五星之所終始
故謂之星紀左傳曰歲在星紀是也　玄枵虛也者玄枵虛之次名也郭云虛
在正北北方色黑枵之言耗耗亦虛意然則以其色黑而虛耗故名其次曰玄
枵案襄二十八年左傳云春無冰梓慎曰今茲宋鄭其饑乎歲在星紀而淫
於玄枵以有時菑陰不堪陽蛇乘龍龍宋鄭之星也宋鄭必饑玄枵虛中也枵

耗名也玄虛而民耗不饑何爲顓頊之虛虛也者虛星又謂之顓頊之虛也鄭云顓頊水德位在北方然則以北方三次以玄枵爲中玄枵次有三宿又虛在其中以水位在北顓頊居之故謂玄枵虛星爲顓頊之虛也昭十年左傳云鄭裨竈言於子產曰今茲歲在顓頊之虛是也　北陸虛也者虛星又謂之北陸也孫炎曰陸中也北方之宿虛爲中也昭四年左傳云古者日在北陸而藏冰杜注云陸道也陸之爲中爲道皆無正訓各以意耳要以虛爲北方中星宿是日行之道故謂之北陸郭云虛星之名凡四者謂玄枵也虛也顓頊之虛也北陸也　營室謂之定者營室一名定郭云定正也作宮室皆以營室中爲正詩鄘風云定之方中作于楚宮鄭箋云定星昏中而正於是可以營制宮室故謂之營室　娵訾之口營室東壁也者娵訾營室壁之次也壁居南則在室東孫炎曰娵訾之歎則口開方營室東壁四方似口故因名也郭云營室東壁星四方似口因名云由其營室與東壁相成故得正四方襄三十年左傳云歲在娵訾之口是也　降婁奎婁也者降婁奎婁之次名也孫炎曰降下也奎爲溝瀆故稱降也郭云奎爲溝瀆故名降者漢書天文志云奎曰封豨爲溝瀆是也案襄三十年左傳曰鄭公孫揮與裨竈晨過伯有氏其門上生莠子羽曰其莠猶在

乎於是歲在降婁降婁中而旦裨竈指之曰猶可以終歲歲不及此次也已及其亡也歲在娵訾之口其明年乃及降婁是也大梁昴也西陸昴也者大梁昴之次名也昴西方之宿名也昴又謂之西陸昭四年左傳云古者日在北陸而藏冰西陸朝覿而出之又十一年傳云歲及大梁蔡復楚凶是昴星之名凡三郭云昴西方之宿別名旄頭者天文志云昴曰旄頭胡星也是矣　濁謂之畢者畢西方之宿名一名濁郭云掩兔之畢或呼爲濁因星形以名詩小雅云有捄天畢毛傳云捄畢貌畢所以掩兔也特牲饋食禮曰宗人執畢鄭注云畢狀如叉蓋爲其似畢星取名焉然則掩兔祭器之畢俱象畢星爲之但掩兔之畢施網爲異爾　咮謂之柳柳鶉火也者柳南方之宿名南方七宿共爲朱鳥之形柳爲朱鳥之口故名咮咮即朱鳥之口也鶉火柳之次名也鶉即朱鳥也火屬南方行也因名其次爲鶉火襄九年左傳曰晉侯問於士弱曰吾聞之宋災於是乎知有天道何故對曰古之火正或食於心或食於咮以出內火是故咮爲鶉火心爲大火是也北極謂之北辰者極中也辰時也居天之中人望之在北因名北極斗杓所建以正四時故云北辰論語云爲政以德譬如北辰是也何鼓謂之牽牛者李巡云何鼓牽牛皆二十八宿名也孫炎曰何鼓之旗十二

星在牽牛北也或名爲何鼓亦名牽牛如此文則牽牛何鼓一星也如李巡孫
炎之意則二星今不知其同異也案漢書天文志牽牛爲犧牲其北何鼓河
鼓大星上將左右左右將亦以牽牛河鼓爲二星郭云今荊楚人呼牽牛星爲
擔鼓擔者荷也順經爲說以時驗而言也　明星謂之启明者孫炎曰明星太
白也出東方高三舍今曰明星昏出西方高三舍今曰太白郭云太白星也晨
見東方爲启明昏見西方爲太白然則启明是太白矣詩小雅云東有啓明西
有長庚長庚不知是何星也或以星出在東西而異名或二者別星未能審也
彗星爲欃槍者彗星一名欃槍漢書天文志云歲星贏而東南石氏見彗星甘
氏不出三月迺生彗本類星末類彗長二丈贏東北石氏見覺星甘氏不出三
月迺生天棓本類星末銳長四尺縮西南石氏見欃雲如牛甘氏不出三月迺
生天欃左右銳長數丈縮西北石氏見槍雲如馬甘氏不出三月迺生天欃本
類星末銳長數丈石氏欃槍棓彗異狀其殃一也郭云亦謂之孛孛言其形孛孛
似埽彗春秋左氏傳昭十七年冬有星孛于大辰西及漢申須曰彗所以除舊
布新也公羊傳曰孛者何彗星也彗謂帚也言其狀似埽帚光芒孛孛然妖變
之星非常所有故言孛又言彗也　奔星爲彴約者奔星即流星也一名彴約

星名題上事也　春祭至祭名　釋曰此別四時及三代諸祭名也春祭曰祠夏祭曰礿秋祭曰嘗冬祭曰蒸者此四時之祭名也郭云祠之言食礿新菜可汋嘗嘗新穀蒸進品物也此皆周禮也自殷以上則礿禘蒸嘗王制文是也至周公則去夏禘之名以春礿當之更名春曰祠故禘祫志云王制記先王之法度宗廟之祭春曰礿夏曰禘秋曰嘗冬曰蒸祫爲大祭於夏於秋於冬周公制禮乃改夏爲礿禘又爲大祭祭義注云周以禘爲殷祭更名春曰祠是祠礿嘗蒸之名周公制禮之所改也者然詩小雅云礿祠蒸嘗于公先王此文王之詩所以已得有制禮所改之名者然王者因革與世而遷事雖制禮大定要亦所改有漸易曰不如西鄰之礿祭鄭注爲夏祭之名則文王時已改言周公者據制禮大定言之耳　祭天燔柴　者祭天名燔柴祭法云燔柴於泰壇祭天也郭云既祭積薪燒之大宗伯云以禋祀祀昊天上帝以實柴祀日月星辰以槱燎祀司中司命飌師雨師鄭注云禋之言煙周人尚臭煙氣之臭聞者槱積也詩曰芃芃棫樸薪之槱之三祀皆積柴實牲體焉或有玉帛燔燎而升煙所以報陽也然則祭天之禮積柴以實牲體玉帛而燔之使煙氣之臭上達於天因名祭天曰燔柴也　祭地曰瘞薶　者祭地名瘞薶祭法云瘞埋於泰折祭地也

然則祭神州地祇於北郊瘞繒埋牲因名祭地曰瘞薶李巡曰祭地以玉埋地中曰瘞埋孫炎曰瘞者翳也既祭翳藏地中　祭山曰庪縣者庪縣祭山之名也庪謂埋藏之大宗伯云以貍沈祭山林川澤鄭注云祭山林曰貍是也縣謂縣其牲幣於山林中因名祭山曰庪縣郭云或庪或縣置之於山是也又云山海經曰縣以吉玉是也者案中山經云歷兒冢也其祠祀毛太牢之具縣以吉玉彼注云縣祭山之名是也　祭川曰浮沈者浮沈祭川之名也郭云投祭水中或浮或沈大宗伯云以貍沈祭山林川澤鄭注云祭川澤曰沈順其性之含藏是也祭星曰布者李巡曰祭星者以祭布露地故曰布孫炎曰既祭布散於地似星布列也郭云布散祭於地　祭風曰磔者磔謂披磔牲體象風之散物因名云郭云今俗當大道中磔狗云以止風此其象　是禷是禡師祭也者是禷是禡詩大雅皇矣篇文也師祭也作者所以解詩也言用師出征之祭名也郭云師出征伐類於上帝禡於所征之地者王制云天子將出征類乎上帝禡於所征之地是也言類乎上帝則類祭祭天也祭天而謂之類者尚書夏侯歐陽說以事類祭之在南方就南郊祭之春官肆師注云類禮依郊祀而爲之是用尚書說爲義也禡之所祭其神不明肆師云凡四時之大田獵祭表貉則爲

杜注云貉師祭也於立表處爲師祭祭造軍法者禱氣勢之增倍也其神蓋
蚩尤或曰黃帝又甸祝掌四時之田表貉之祝號杜子春云貉兵祭也田以講
武治兵故有兵祭習兵之禮故貉祭禱氣勢之十百而多獲由此三注言之則
禡祭造軍法爲表以祭之禡周禮作貉貉又或爲貊字古今之異也貉
之言百祭祀此神求獲百倍　既伯既禱馬祭也者既伯既禱詩小雅吉日篇
文也馬祭也作者所以釋詩也毛傳云伯馬祖也重物愼微將用馬力必先爲
之禱其祖禱禱獲也鄭箋云伯祭馬祖也將用馬力必先祭其先如伯是祭馬祖
者爲馬而祭故知馬祖謂之伯者伯長也馬祖始是長也鄭注周禮云馬祖天
駟上文云天駟房也彼注云龍爲天馬故房四星謂之天駟馬國之大用王者
重之故夏官校人春祭馬祖夏祭先牧秋祭馬社冬祭馬步注云馬祖天駟先
牧始養馬者馬社始乘馬者馬步神爲災害馬者既四時各有所爲祭之馬
祖祭之在春其常也而將用馬力則又用彼禮以禱之　禘大祭也者經傳之
文稱禘非一其義各殊論語云禘自既灌及春秋禘于太廟謂宗廟之祭也喪
服小記云王者禘其所自出也及大傳云禮不王不禘謂祭感生之帝於南郊
也祭法云周人禘嚳而郊稷謂祭昊天於圓丘也以此比餘處爲大祭揔得稱

第十二葉後第一行第一字
位 原印模糊描者誤仁
十三葉前末行首字 冬 誤描春
許瀚恭校

春獵至講武】釋曰此說曰獵習武之事也云春獵爲蒐夏獵爲苗秋獵爲獮
春獵爲狩者此四時田獵之名也郭注云蒐搜索取不任者苗爲苗稼除害獮順

殺氣也狩得獸取之無所擇隱五年左傳文與此同杜注云蒐索擇取不孕者
苗爲苗除害也獮殺也以殺爲名順秋氣也狩圍守也冬物畢成獲則取之無
所擇也周禮大司馬職中春教振旅遂以蒐田中夏教茇舍遂以苗田中秋教
治兵遂以獮田中冬教大閱遂以狩田其名亦與此同鄭玄解苗田與此小異
言擇取不孕任者若治苗去不秀實者孫炎亦然桓四年公羊傳曰春曰苗秋
曰蒐冬曰狩三名既與禮異又復夏時不田穀梁傳曰四時之田皆爲宗廟之
事也春曰田夏曰苗秋曰蒐冬曰狩皆與禮異者良由微言既絶曲辨安生左
丘明親受聖師爾雅者或云子夏所作故二者與禮合漢代古學不行明帝集
諸學士作白虎通義因穀梁之文爲之其說曰王者諸侯所以田獵何爲苗除
害也上以共宗廟下以簡集士衆也春謂之田何春歲之本舉本名而言之也夏
謂之苗何擇其懷任者也秋謂之蒐何蒐索肥者也冬謂之狩何守地而取之
也四時之田揔名爲田何爲田除害也案苗非懷任之名何云擇去懷任秋獸
盡肥皆不瘦何云蒐索取肥雖名通義義不通也故先儒皆依周禮左傳爾雅之
文而爲之說其名亦有意焉雖復春獵獲則取之不能擇取不孕夏獵所取無
多不能爲苗除害爲因時異而變文耳謂之獵者蔡邕月令章句云獵者捷取

禘宗廟謂之禘者禘諦也言使昭穆之次審諦而不亂也祭天謂之禘者亦
言使典禮審諦也郭云五年一大祭者出禮緯文知非祭天之禘者以此文下
云繹又祭也爲宗廟之祭知此亦宗廟之祭也　繹又祭也者又復也繹復祭
之名也郭云祭之明日尋繹復祭公羊傳云繹者何祭之明日也穀梁傳云繹
者祭之旦日之享賓也天子諸侯謂之爲繹少牢饋食大夫之禮也謂之賓尸
與祭同日若然是亦與賓尸事不同矣而詩頌絲衣序云繹賓尸者繹祭之禮
主爲賓事此尸但天子諸侯禮大異日爲之別爲立名謂之爲繹言其尋繹昨
日卿大夫禮小同日爲之不別立名直指其事謂之賓尸耳此序言繹者是此
祭之名賓尸是此祭之事故特詳其文也然又祭之名三代各異周名繹商名
彤夏名復胙郭云春秋經曰壬午猶繹者宣八年經文也又云書曰高宗彤日
周書篇也孫炎云彤者相尋不絕之意夏曰復胙者郭云未見義所出以夏之
典訓無言復胙名者是未見義所出也詩傳及詩箋亦無此一句說者云胙是
祭肉也以祭之旦日復陳其祭肉以賓尸也未知然不祭名者以題上事也
春獵至講武　釋曰此說田獵習武之事也云春獵爲蒐夏獵爲苗秋獵爲獮
春獵爲狩者此四時田獵之名也郭云蒐搜索取不任者苗爲苗稼除害獮順

殺氣也狩得獸取之無所擇隱五年左傳文與此同杜注云蒐索擇取不孕者
苗爲苗除害也獮殺也以殺爲名順秋氣也狩圍守也冬物畢成獲則取之無
所擇也周禮大司馬職中春教振旅遂以蒐田中夏教茇舍遂以苗田中秋教
治兵遂以獮田中冬教大閱遂以狩田其名亦與此同鄭玄解苗田與此小異
云言擇取不孕任者若治苗去不秀實者孫炎亦然桓四年公羊傳曰春曰苗秋
曰蒐冬曰狩三名既與禮異又復夏時不田穀梁傳曰四時之田皆爲宗廟之
事也春曰田夏曰苗秋曰蒐冬曰狩皆與禮異者良由微言既絕曲辨妄生左
丘明親受聖師爾雅者或云子夏所作故二者與禮合漢代古學不行明帝集
諸學士作白虎通義因穀梁之文爲之其說曰王者諸侯所以田獵何爲苗除
害上以共宗廟下以簡集士衆也春謂之田何春歲之本舉本名而言之也夏
謂之苗何擇其懷任者也秋謂之蒐何蒐索肥者也冬謂之狩何守地而取之
也四時之田摠名爲田何爲田除害也案苗非懷任之名何云擇去懷任秋獸
盡皆不瘦何云蒐索取肥雖名通義義不通也故先儒皆依周禮左傳爾雅之
文而爲之說其名亦有意焉雖復春獵獲則取之不能擇取不孕夏獵所取無
多不能爲苗除害是爲因時異而變文耳謂之獵者蔡邕月令章句云獵者捷取

之名也 宵田爲獠者宵夜也夜獵名獠郭云管子曰獠獵畢弋者案管子四
稱篇管仲對桓公曰昔者無道之君誅其良臣敖其婦女獠獵畢弋暴遏諸父
者是也又云今江東亦呼獵爲獠者以時驗而言也或曰即今夜獵載鑪照也
者亦得爲一義故復引之 火田爲狩者郭云放火燒草獵故爲狩言與冬獵
同名故云亦也李巡孫炎皆云放火燒草守其下風周禮羅氏蜡則作羅襦鄭
云襦細密之羅此時蟄者畢矣可以羅罔圍取禽也今俗放火張羅其遺教禮
記王制云昆蟲未蟄不以火田則是已蟄其得火田也 乃立冢土戎醜攸行者此
詩大雅緜篇文也鄭云冢土大社戎醜大衆郊特牲云社所以冢地之道也禮
運云命降於社之謂殽地是社爲土之神也冢詁爲大土爲社主故知冢土大
社也釋詁云戎大也醜衆也故云戎醜大衆也 起大事動大衆必先有事乎
社而後出謂之宜者此作者既引詩文於上然後爲此辭以釋之也孫炎曰大
事兵也有事祭也宜求見使祐也此文本解戎醜攸行之意言國家起發軍旅
之大事以興動其大衆必先有祭事於此社而後出行其祭之名謂之爲宜以
師行必須宜祭以告社故言戎醜攸行也成十三年左傳曰國之大事在祀與
戎故兵爲大事也春秋昭十五年有事於武宮雜記云有事於上帝皆是祭事

故謂祭爲有事以兵凶戰危慮有負敗祭之以求其福宜故謂之宜王制云天
子將出宜乎社是也郭云周官所謂宜乎社者春官大祝職云大師宜于社造
于祖是也　振旅闐闐者此詩小雅采芑篇文也鄭箋云至戰止將歸又振旅
伐鼓闐闐然振猶止也旅衆也郭云振旅整衆闐闐羣行聲也出爲治兵尚
威武也入爲振旅反尊卑也者此亦作者釋上詩文也古者春教振旅秋教治
兵以戎是大事又三年一教隱五年左傳曰三年而治兵入而振旅是也征伐
之時出軍至對陳用治兵禮戰也至還歸用振旅法名異而禮同也以此當
用之故以脩治兵事爲名入則休息故以整衆爲名其治兵振旅之名周禮左
傳穀梁與此皆同唯公羊以治兵爲祠兵其禮治兵則幼賤在前振旅則尊老
在前郭云幼賤在前貴勇力尊老在前復常儀也講武者題上事也言皆所
以講習武事也　素錦至旌旂　釋曰別旌旂之異名也素錦綢杠者自此至
維以縷說旂之制也綢韜也杠竿也先以白地錦韜旂之竿禮記所謂綢練設
旐夏也則以纁帛著於素錦名縿縿即衆旒所著者陛上也又畫白龍於縿令
上向又練絳帛爲旒九以著於縿飾旒之邊用綦組維持其旒使不曳地以朱
縷詩鄘風云素絲紕之鄭箋云素絲者以爲縷以縫紕旌旗之旒縿或以維持

之是也郭云周禮曰六人維王之大常者夏官節服氏職文後鄭注云維之以縷王旌十二旒兩兩以縷綴連旁三人持之禮天子旌曳地鄭司農云維持之是也廣雅云天子杠高九仞諸侯七仞大夫五仞天子十二斿至地諸侯九斿至軫卿大夫七斿至軹士三斿至肩 緇廣充幅長尋曰旐者緇黑色也以黑色之帛廣全幅長八尺屬於杠名旐又以帛繼續旐末爲燕尾者名旆郭云義見詩者小雅六月云白旆央央是也 注旄首曰旌者李巡曰旄牛尾著竿首孫炎曰析五采羽注旄上也其下亦有旒縿郭云載旄於竿頭如今之幢亦有旒如是則竿之首有旄有羽也故周禮序官夏采注云夏采夏翟羽色禹貢徐州貢夏翟之羽有虞氏以爲緌後世或無故染鳥羽象而用之謂之夏采其職注云緌以旄牛尾爲之綴於幢上所謂注旄於竿首者也 有鈴曰旂者郭云縣鈴於竿頭畫交龍於旒司常云交龍爲旂又曰諸侯建旂然則旂者畫二龍於上一外一降相交又縣鈴於竿是諸侯之所建也詩小雅云旂旐央央是也錯革鳥曰旟者孫炎云錯置也革急也畫急疾之鳥於縿也鄭志荅張逸亦云畫急疾之鳥隼以司常云鳥隼爲旟詩小雅云織文鳥章也郭云此謂合剥鳥皮毛置之竿頭者意與孫鄭少異云即禮記云載鴻及鳴鳶者案曲禮云前

有水則載青旌前有塵埃則載鳴鳶前有車騎則載飛鴻前有士師則載虎皮前有摯獸則載貔貅鄭注云載謂舉於旌首以警衆也禮君行師從卿行旅從前驅舉此則士衆知所有所舉各以其類象青青雀水鳥鳶鳥鳴則將風鴻取飛有行列也士師謂兵衆虎取其有威勇也貔貅亦摯獸也　因章曰旃者孫炎曰因其繒色以爲旗章不畫之是也司常云通帛謂大赤從周正色無飾鄭云以帛練爲旒因其文章不復畫之周禮云通帛爲旃者以因其文章與周禮通用絳帛隨義立名其實一也故引爲證　旌旂者九旗之名雖異旗旂爲之揔稱故以此題之案祭名講武旌旂俱非天類而亦在此者以皆王者大事又祭名則天曰蟠柴講武則類於上帝旌旂則日月爲常他篇不可攝故繫之釋天也

爾雅䟽卷第六

爾雅疏卷第七

翰林侍講學士朝請大夫守國子祭酒上柱國賜紫金魚袋臣邢　昺　奉

勑校定

釋地第九

釋曰案說文云元氣初分輕清陽為天重濁陰為地萬物所陳列也白虎通云地者易也言養萬物懷任交易變化含吐應節也釋名云地底也其體在底下載萬物也禮統云地施也諦也應變施化審諦不誤也此篇釋地之所載四方中國州府陵藪之異故曰釋地　兩河至九州　釋曰此釋九州之名及其界域也　兩河間曰冀州注自東河至西河　釋曰周禮職方氏云河內曰冀州禹貢不說境界孔安國云此州帝都不說境界以餘州所至即可知以其禹貢兗州云濟河自東河以東也豫州云荆河自南河以南也雍州云西河自西河以西也明東河之西西河之東南河之北是冀州之境也言東河西河南河者皆據帝都冀州而言也案禹貢導河自積石龍門南流謂之西河至于華陰折

而東經底柱孟津過洛汭皆東流謂之南河至于大伾折而北流過降水至于大陸又北播爲九河同爲逆河入于海謂之東河此惟云兩河者從可知李巡曰兩河間其氣清厥性相近故曰冀冀近也　河南曰豫州注自南河至漢　釋曰職方與此同禹貢云荆河惟豫州孔安國云西南至荆山北距河水以其荆山在荆州漢水所經故文不同其實一也李巡云河南其氣著密厥性安舒故曰豫豫舒也　河西曰雝州注自西河至黑水　釋曰周禮正西曰雍州禹貢云黑水西河惟雍州孔安國云西距黑水東據河案酈元水經黑水出張掖雞山南流至燉煌過三危山南流入于南海然則雍州之境東據龍門河西距此黑水也李巡云河西其氣蔽壅厥性急凶故曰雍雍壅也兼得梁州之地西北之位陽所不及陰壅也　漢南曰荆州注自漢南至衡山之陽　釋曰周禮正南曰荆州禹貢荆及衡陽惟荆州孔安國云北據荆山南及衡山之陽言北據荆山則至漢水也李巡曰漢南其氣燥剛稟性彊梁故曰荆荆彊也釋名以爲取荆山之名荆警也南蠻數爲寇逆常警備也　江南曰揚州注自江南至海　釋曰周禮東南曰揚州禹貢淮海惟揚州孔安國云北據淮南距海然則揚州之境跨江北至淮此云江南者舉遠大而言也李巡曰江南其氣燥勁厥性輕

揚太康地記云以揚州漸太陽位天氣奮揚履正含文故取名焉　濟河間曰兗州注自河東至濟　釋曰周禮河東曰兗州禹貢濟河惟兗州孔安國云東南據濟西北距河孔傳凡云據者謂跨之也距至也濟河之間相去路近兗州之境跨濟而過東南越濟水西北至東河也李巡云濟河間其氣專質厥性信謙故曰兗兗信也釋名以為取兗水之義　濟東曰徐州注自濟東至海　釋曰禹貢海岱及淮惟徐州孔傳云東至海北至岱山南及淮此云自濟東則是西至濟也李巡曰淮海間其氣寬舒稟性安徐故曰徐徐舒也周合其地於青州　燕曰幽州注自易水至北狄　釋曰周禮東北曰幽州李巡曰燕其氣深要厥性剽疾故曰幽幽要也禹貢其地合於冀州地理志云涿郡故安縣閻鄉易水所出東至范入濡也從此易水至於北狄幽州之境也　齊曰營州注自岱東至海此蓋殷制　釋曰周禮正東曰青州禹貢海岱惟青州孔傳云東北據海西南距岱然則此營州則青州之地也博物志云營與青同海東有青丘齊有營丘豈是名乎太康地記云東方少陽其色青其氣清歲之首事之始故以青為名焉云此蓋殷制者以此文上與禹貢不同下與周禮又異禹別九州有青徐梁而無幽并營是夏制也周禮周公所作有青幽并而無徐梁營是

周制也此有徐幽營而無青梁并疑是殷制以無正文故云蓋也此上釋九州之名故題云九州也　魯有大野　釋曰此下至周有焦護釋十藪之名也禹貢徐州云大野既豬地理志云大野澤在山陽鉅野縣北鉅即大也由其旁有大澤故縣以鉅野為名哀十四年左傳云西狩於大野以其澤在曲阜西故云西狩也郭云今高平鉅野縣者東晉時鉅野屬高平郡故與志不同凡注言今者皆謂東晉時也　晉有大陸　注今鉅鹿此廣河澤是也　釋曰孫炎曰廣河猶大陸以地名言之近為是也禹貢冀州云大陸既作是也案定元年左傳晉魏獻子田於大陸焚焉還卒於甯杜預注嫌鉅鹿絕遠疑此田在汲郡吴澤荒今脩武縣近吴澤計此二澤相去甚遠亦得言大陸者以其廣平曰陸但廣而平者則名大陸故異所而同名也澤雖卑下旁帶廣平之地故統名焉　秦有楊陓　注今在扶風汧縣西　釋曰周禮冀州云其澤藪曰陽陓鄭注云所在未聞又雍州云其澤藪曰弦蒲鄭注云在汧案地理志汧吴山在西古文以為汧山北有蒲谷鄉弦中谷雍州藪今注亦云在汧然則周禮弦蒲即此楊陓也　宋有孟諸　注今在梁國睢陽縣東北　釋曰周禮青州其澤藪曰望諸鄭注云望諸明都也在睢陽禹貢豫州云導菏澤被孟豬左傳亦作孟諸文不同者

聲轉字異正是一地也 楚有雲夢注今南郡華容縣東南巴丘湖是也 釋
曰周禮荊州云其澤藪曰雲瞢鄭注云雲瞢在華容禹貢云雲土夢作乂昭
三年左傳楚子與鄭伯田于江南之夢又定四年楚子涉雎濟江入于雲中杜
預云南郡枝江縣西有雲夢城江夏安陸縣東南亦有夢城或曰南郡華容縣
東南有巴丘湖江南之夢也雲夢一澤而每處有名者司馬相如子虛賦云雲
夢者方九百里則此澤跨江南北亦得單稱雲單稱夢瞢即夢也 吳越之
閒有具區注今吳縣南太湖即震澤是也 釋曰周禮揚州云其澤藪曰具區
鄭注云在吳南地理志云會稽吳縣故周泰伯所封國也具區在西古文以爲
震澤禹貢揚州云三江既入震澤厎定是也 齊有海隅注海濱廣斥
釋曰此營州藪也云海濱廣斥禹貢文也孔傳云濱涯也言復其斥鹵案說文
云鹵鹹地也東方謂之斥西方謂之鹵海畔迥闊地皆斥鹵故云廣斥也 燕
有昭余祁注今太原鄔陵縣北九澤是也 釋曰周禮并州其澤藪曰昭餘祁
鄭注云在鄔地理志云鄔九澤在北是爲昭餘祁并州藪是也 鄭有圃田注
今滎陽中牟縣西圃田澤是也 釋曰周禮豫州云其澤藪曰圃田鄭注云在
中牟地理志云中牟圃田澤在西豫州藪僖三十三年左傳云鄭之有原圃猶

秦之有具圃也又詩車攻云東有甫草鄭玄以為甫田之草皆謂此也　周有
焦護注今扶風池陽縣瓠中是也　釋曰孫炎云周岐周也詩六月云玁狁匪
茹整居焦護是也時人謂之瓠中也　十藪　釋曰此題上事也說文云大澤
也風俗通云藪厚也有草木魚鼈所以厚養人也　東陵至是也　釋曰此五
方之陵名也其義及所在未詳云鴈門是也者此指解北陵也即鴈門山是也
陵莫大於加陵　釋曰莫無也陵大阜也言陵無大於加陵者謂加陵最大也
今所在未聞　梁莫大於溴梁注溴水名梁隄也　釋曰釋宮云隄謂之梁
詩傳云石絕水曰梁然則以土石為隄障絕水者名梁雖所在皆有而無大於
溴水之旁者杜預云溴水出河內軹縣東南至溫入河春秋襄十六年公會晉
侯以下于溴梁是也　墳莫大於河墳　釋曰墳大防亦謂隄雖水所皆有而
河墳最大也　八陵　釋曰此亦題上事也大阜曰陵溴梁河墳雖非大阜以
其絕大若陵故通謂之八陵也　東方至生焉　釋曰此釋八方中國名山所產
之物也　注醫無至玉屬　釋曰案地理志遼東郡無慮縣應劭曰慮音閭
顏師古曰即所謂醫無閭是縣因山為名故云山名今在遼東周禮幽州鎮也
云珣玗琪玉屬者說文云珣周書所謂夷玉也玗石之似玉者琪玉也皆是玉之

類也故云玉屬　注會稽至縣也　釋曰周禮揚州云其山鎮曰會稽鄭注云在山陰地理志會稽郡山陰縣云會稽在南上有禹冢禹井故云山名今在山陰縣南也云竹箭篠也者禹貢揚州云篠簜既敷釋草云篠竹箭也郭云別二名則一箭一名篠是竹之小者可以爲箭幹者也　南方之美者有梁山之犀象焉　釋曰郭氏不注梁山所在犀象二獸皮角牙骨材之美者也　注黃金礝石之屬　釋曰經惟言金知毒金者以三品之中黃金爲上此言美者故知黃金礝石石之次玉者玉藻云士佩瓀玫而緼組綬是也其類非一故云之屬　注霍山至精好　釋曰周禮冀州其山鎮曰霍山鄭云在彘案地理志河東郡彘縣云霍大山在東冀州山周厲王所奔應劭曰順帝改曰永安然則東晉時屬平陽郡而縣名永安故云今在平陽永安縣也云珠如今雜珠而精好者郭氏時驗爲然也　注璆琳至玕樹　釋曰璆與球同說文云璆玉磬也琳美玉名書云戛擊鳴球美玉可以爲磬故皆云美玉也云山海經曰者案海內西經云帝之下都崐崘之虛方八百里高萬仞其上有三頭人琅玕樹注云琅玕子似珠是也　注幽都至筋角　釋曰山海經云北海之內有山名曰幽都之山是也

東北至皮焉　釋曰斥山山名也文皮虎豹之屬其皮毛有文采細縟故謂之

文皮焉　中有至生焉　釋曰岱岳泰山也此言中國也五穀黍稷麻麥豆也泰山東近海禹貢海岱惟青州厥貢鹽絺海物惟錯言其饒多非一釋詁注云言泰山有魚鹽之饒也　九府　釋曰此亦題上事也府聚也財物之所藏也言此八方及中皆美物之所聚藏故題云九府也　東方至氣也　釋曰此釋五方異氣而產非常之物也云東方有比目魚焉者言東方水中有魚其形狀似牛脾鱗細紫黑色一眼兩片相合兩目相比乃得行故曰比目魚云不比不行者比合也言一片不能行須兩片相合乃行故云不比不行也云其名謂之鰈者言鰈為此魚之名也一名比目魚一名鰈郭云江東又呼為王餘魚　注似鳥至乃飛　釋曰案山海經云崇五山有鳥狀如鳧一翼一目相得乃飛名曰蠻蠻郭云比翼鳥也色青赤不比不能飛爾雅作鶼鶼者正謂此也　西方至之蟨　釋曰云西方有比肩獸焉者此謂蟨也與邛邛岠虛相比蟨則肩卑不能走而能取甘草邛邛岠虛則肩高不得取甘草而善走穆天子傳曰邛邛岠虛走百里是也故各以其能而濟所不能蟨常為邛邛岠虛齧取甘美之草御而食之即有急難邛邛岠虛則皆負而走者其名謂之蟨也　注呂氏至音厥

釋曰云呂氏春秋者案漢書藝文志云呂氏春秋二十六篇秦相呂不韋輯

略土作也云曰北方有獸至則顛者大慎覽順說篇之文也引之反以證邛邛
岠虛之形也然則以下郭氏注云今鴈門廣武縣云云者目驗知之也　北方
至迭望　釋曰此即半體人也兩半相比乃得爲人動作及禦非常以肩在上
而體故謂之比肩民焉迭更也謂一體取食則一體瞻望所以備驚急也故云
迭食而迭望　中有枳首蛇焉　釋曰枳岐也此即兩頭蛇也江東呼越王約
髮言是越王約髮所變也亦名弩弦即以形相似而名之也　五方　釋曰亦
題上事也言是五方風氣殊異而生此怪物也　邑外至曰坰　釋曰此釋郊
野之地遠近高下不同之名也云邑外謂之郊者邑國都也謂國都城之外
名郊也云郊外謂之牧者言可放牧也書牧誓云王朝至于商郊牧野乃誓是
也云牧外謂之野者言牧外之地名野詩傳云郊外曰野者以細別言之則郊
外之地名牧牧外之地名野若大判而言則野者郊外通名故周禮六遂在遠
郊之外遂人職云凡治野田是其郊外之地揔稱野也云野外謂之林者言野
外之地名林以其去都邑遠薪采者少其地可長木林因名云也云林外謂之
坰者言林外之地最爲遠野名坰魯頌云駉駉牡馬在坰之野毛傳云坰遠野
是也　注邑國至里也　釋曰云邑國都也者案周禮四縣爲都四井爲邑春

秋莊二十八年左氏傳曰凡邑有宗廟先君之主曰都無曰邑然則邑與都異
此爲一者彼對文之例耳但都者聚居之處故詩小雅云彼都人士說文云邑
國也是天子諸侯所居國城或謂之邑或謂之都故以國都解邑也云假令百
里之國五十里之界界各十里也者以其百里之國國都在中去境五十里每
十里而異其名則坰爲邊畔去國最遠故毛傳以爲遠野也此假令者據小國
言之郊爲遠郊牧野林坰自郊外爲差耳然則郊之遠近計國境之廣狹以爲
差也聘禮云賓及郊注云郊遠郊周制天子畿內千里遠郊百里以此差之
遠郊上公五十里侯四十里伯三十里子二十里男十里也近郊各半之是鄭
之所約也是以司馬法云王國百里爲遠郊又此經從邑之外止有五名明當每
皆百里故知遠郊百里也知近郊半之者書序云周公既沒命君陳分正東郊
成周於時周都王城而謂成周爲東郊則成周在其郊也於漢王城爲河南成
周爲洛陽相去不容百里則所言郊者謂近郊故鄭注云天子近郊五十里今
河南洛陽相去則然是鄭以河南洛陽約近郊之里數也周禮杜子春注云五
十里爲近郊白虎通亦云近郊五十里遠郊百里是儒者相傳爲然也　下
溼曰隰者謂地形卑下而水溼者李巡曰下溼謂土地窊下常沮洳名爲隰也

云大野曰平者大野之澤一名平魯有大野是也云廣平曰原者謂澤之廣平者亦名原漢以平原爲郡名屬青州云高平曰陸大陸曰阜大阜曰陵大陵曰阿者李巡曰高平謂土地豐正名爲陸土地高大名曰阜最大名爲陵陵之大者名阿詩大雅皇矣云無矢我陵我陵我阿是也此上七者或埉沛沮洳或險峭磽确雖不可種穀給食亦得其名也云可食曰原陂者曰阪下者曰隰此三者釋地形雖有高下不平皆可種穀給食高而可食者名原詩大雅云篤公劉于胥斯原是也陂陀不平而可食者名阪詩小雅正月云瞻彼阪田有菀其特是也下平而可食者名隰本作溼誤　注公羊傳曰下平曰隰　釋曰此昭元年傳文也案彼云晉荀吳帥師敗狄于大原此大鹵也曷爲謂之大原地物從中國邑人名從主人原者何上平曰原下平曰隰何休云分別之者地勢各有所生原宜粟隰宜麥當教民所宜因以制貢賦是也　田一歲曰菑二歲曰新田三歲曰畬　釋曰此釋耕田年歲遠近名義不同之事也菑者災也畬和柔之意也孫炎云菑始災殺其草木也新田　成柔田也畬和也田舒緩也郭云今江東呼初耕地反草爲菑　注詩曰于彼新田　釋曰此小雅采芑篇文也案彼云薄言采芑于彼新田于此菑畝毛傳取此文爲說故引爲證也　注

易曰不菑畬　釋曰此无妄六二爻辭也鄭注亦取此文故引以爲證也
野　釋曰此亦題上事也上自邑外謂之郊以下雖遠近高下其名不同野爲
揔稱故題云野　東至至人武　釋曰此釋九州之外四方極遠之國名及其
人性稟氣不同也泰遠邠國濮鈆祝栗此四方極遠之國名也觚竹者漢書地
理志遼西令支有孤竹城是乎北戶者即日南郡是也顏師古曰言其在日之
南所謂北戶以向日者西王母者山海西荒經云西海之中流沙之濱赤水之
後黒水之前有大山名崐崘之丘有人戴勝虎齒有尾穴處名曰西王母又穆
天子傳曰天子賓于西王母乃紀其迹于弇山名曰西王母之山是也日下者
謂日所出處其下之國也山海東荒經云大荒之中有山名曰大言日月所出
有波谷山者有大人之國又云大荒之中有山名曰合虛日月所出有中容之
國如此之類是也云謂之四荒者言聲教不及無禮義文章是四方昏荒之國
也在上四極之內云九夷八狄七戎六蠻謂之四海者孫炎云海之言晦晦闇
於禮義也　注九夷至荒者　釋曰知在東西南北者以曲禮云其在東夷北
狄西戎南蠻雖大曰子故也案風俗通云東方人好生萬物觝觸地而出夷者
觝也其類有九依東夷傳夷有九種曰畎夷一于夷方夷黄夷白夷赤夷玄夷風

夷陽夷又一曰玄菟二曰樂浪三曰高驪四曰滿飾五曰鳧臾六曰索家七曰東屠八曰倭人九曰天鄙蠻者風俗通云君臣同川而浴極爲簡慢蠻者慢也其類有八李巡云一曰天竺二曰咳首三曰僬僥四曰跛踵五曰穿胷六曰儋耳七曰狗軹八曰旁春戎者風俗通云斬伐殺生不得其中戎者凶也其類有六李巡云一曰僥夷二曰戎央三曰老白四曰耆羌五曰鼻息六曰天剛狄者風俗通云父子嫂叔同穴無別狄者辟也其行邪辟其類有五李巡云一曰月支二曰穢貊三曰匈奴四曰單于五曰白屋案李巡所注爾雅本謂之四海下更三句云八蠻在南方六戎在西方五狄在北方故得此解孫炎郭氏諸本皆無此三句案明堂位稱九夷八蠻六戎五狄周禮職方氏掌四夷八蠻七閩九貉五戎六狄之人鄭注云四八七九五六周之所服國數也徧檢經傳四夷之數參差不同先儒舊解此爾雅上文殷制明堂位及職方并爾雅下文皆爲周制義或當然此在四荒之内九州之外於王者世一見周禮曰九州之外謂之蕃國世一見是也故云次四荒者　岠齊州以南戴日爲丹穴　釋曰此明四海之中別有下四種之名也岠去也齊中也中州猶言中國也戴值也言去中國以南北戶以北值日之下其處名丹穴天老說鳳云濯羽弱水莫宿丹穴又

山海經云禱過山東五百里曰丹穴山是乎云北戴斗極爲空桐者斗北斗也極者中宫天極星其一明者泰一之常居也以其居天之中故謂之極極中也北斗拱極故云斗極值此斗極之下其處名空桐　注即蒙汜也　釋曰即者即淮南子云日出扶桑入於蒙汜是也　注地氣使之然也　釋曰言是土地之氣剛柔不同使之仁智信武耳若考工記云鄭之刀宋之斤魯之削吳越之劒遷乎其地而弗能爲良地氣然也

釋丘第十

釋曰案廣雅云小陵曰丘說文解字曰土之高也非人所爲也從北從一一地也人居在丘南故從北中邦之居在崐崘東南一曰四方高中央下爲丘象形此下云非人爲之丘然則土有自然而高小於陵者名丘也其體雖一其名則多或近道塗或因水澤所如則陵畝各異其重則再三不同通見詩書此篇具釋故名釋丘　丘一成爲敦丘　釋曰成重也言丘上更有一丘相重累者名敦丘詩衛風氓篇云送子涉淇至于頓丘是也　注成猶至爲敦　釋曰孫炎云形如覆敦敦器似盂今案下文別云如覆敦者敦丘則此自是丘之一重者故郭氏云成猶重也與孫氏意異云周禮曰爲壇三成者此秋官司儀職文也鄭司

農云三成三重也引之證成爲重也　再成爲陶丘　釋曰丘形上有兩丘相重累者名陶丘李巡曰再成其形再重也禹貢曰濟水東出于陶丘北是也　注今濟至陶丘　釋曰濟陰郡名定陶縣名地理志云定陶縣西南有陶丘亭是也　再成銳上爲融丘　釋曰丘形再重而頂鐵者名融丘也　三成爲崐崘丘　釋曰丘形三重者名爲崐崘丘　注崐崘山三重故以名云　釋曰崐崘山記云崐崘山一名崐丘三重高萬一千里是也凡丘之形三重者因取此名云耳　如椉者椉丘　釋曰郭氏兩解一云形似車椉也繩證切二或云椉謂稻田塍埒椉市陵切　許叔重云塍埒稻田畦隄埒畔也案地理志云泰山有椉丘春秋莊十[illegible]年公敗宋師于乘丘是因丘以爲名乎　如陼者陼丘　釋曰陼水中可居之小者丘形似之名爲陼丘也　水潦所止泥丘　釋曰水潦雨水也丘形頂上汙下雨水停止而成泥濘者名泥丘　方丘胡丘　釋曰丘形四方者名胡丘　絶高爲之京　釋曰言卓絶高大如丘而人力爲作之者名京案春秋宣十二年左氏傳楚敗晉師於邲潘黨曰君盍築武庫而收晉尸以爲京觀楚子曰云云今罪無所而民皆盡忠以死君命又可以爲京乎是其類也非人爲之丘　釋曰李巡云謂非人力所爲自然生者孫炎曰地性自然也故

郭云地自然生　水潦所還埒丘　釋曰還環繞也埒小隄也壝土爲之言此丘邊有其界埒外則爲水潦環繞者名埒丘　上正章丘　釋曰丘頂上平正者名章丘章亦平也澤中有丘都丘　釋曰都水所聚也言在池澤中者因名都丘　當途梧丘　釋曰途道也梧遇也當道有丘名梧丘言若相遇於道路然也　途出其右而還之畫丘　釋曰右謂西也還繞也畫規畫也言道出丘西而復環繞之者名畫丘若爲道所規畫然也　途出其前戴丘　釋曰謂道過丘南若爲道負戴故名戴丘　途出其後昌丘　釋曰謂道過丘北者名昌丘　水出至營丘　釋曰此釋丘之前後左右有水過之者名也左右猶東西也　注今齊至及東　釋曰地理志云齊郡臨淄城中有丘即營丘也志又云泰山萊蕪縣淄水所出東至博昌入泲然則淄水出萊蕪經臨淄過營丘南折而北至博昌入泲也言此以證水出其左名營丘也　如覆敦者敦丘注敦盂　釋曰案周禮九嬪職云凡祭祀贊玉齍注云玉齍玉敦也受黍稷器又少牢禮曰主婦執壹金敦黍有蓋凡設四敦皆南首注云敦有首者尊者器飾也飾象龜形孝經緯說敦與簠簋容受雖同上下内外皆圓爲異郭氏言敦盂舉其類而言之也丘形如覆敦者名敦丘也　邐迆沙丘注旁行連延

釋曰說文云邐行也迣邪行也故注云旁行連延也連延謂連接延長丘形邪行連接而長者名沙丘地理志云鉅鹿有紂所作沙丘臺在東北七十里　左高至陵丘　釋曰此四者釋丘形左右前後高而名不同者也　注詩云旄丘之葛兮　釋曰邶風旄丘篇文也　偏高阿丘　注詩云陟彼阿丘　釋曰謂丘形四隅有一高而不正在左右前後者名阿丘也詩云者鄘風載馳篇文也

宛中宛丘　注宛謂中央隆高　釋曰案詩陳風云宛丘之上兮毛傳云四方高中央下曰宛丘李巡孫炎亦皆云中央下而郭氏以爲中央高者以其四方高中央下即是上文水潦所止泥丘也又下云丘上有丘爲宛丘作者嫌人不曉故重辨之既言丘上有丘非中央隆高而何此郭氏所以不從先儒也　丘背有丘爲負丘　釋曰此解宛丘之狀也言中央隆峻若丘背之上更有一丘而負戴之者名宛丘又名負丘也　左澤定丘　釋曰謂丘之東有水澤者名定丘

右陵泰丘　釋曰謂丘之西有大阜者名泰丘　注宋有大丘社亡見史記

釋曰案六國年表周顯王三十三年秦惠文王二年宋大丘社亡是也宋依丘作社在宋國於時亡去故云大丘社亡亦咎徵也　如畝畝丘　釋曰李巡曰謂丘如田畝曰畝丘孫炎曰方百步郭以爲畝田之壟也丘形有界埒似之因

名云詩小雅巷伯云楊園之道猗於畝丘是也　如陵陵丘汪陵大阜也　釋
曰丘形如大阜者名陵丘云陵大阜者釋地文也　注說者至在耳　釋曰此
郭氏破先儒說天下名丘未當也碌小石也碌碌多貌恐此州黎等五丘碌碌
然小耳史記毛遂入楚謂平原君諸舍人曰公等碌碌所謂因人成事者也意
相類也殆近也近自更有魁梧然桀大者五但名號所在今所未詳知也此巳
上釋衆丘之名義故題曰丘也　望厓洒而高岸　釋曰望視也厓水邊也洒
水深也言視水邊之厓其下水深其厓高峻者名岸詩衛風云淇則有岸
夷上洒下不漘　釋曰李巡云夷上平上洒下消下故名漘孫炎曰平上消下
故名曰漘不者蓋衍字郭云厓上平坦而下[illegible]深者爲漘不發聲也詩王風
葛藟云在河之漘是也　隩隈　釋曰隩一名隈也孫炎云隈水曲中也詩衛
風云瞻彼淇隩故此釋之也　注淮南子曰漁者不爭隈　釋曰案淮南子原
道篇云昔舜耕於歷山朞年而田者爭處墝埆以封畔肥饒相讓釣於河濱朞
年而漁者爭處湍瀨以曲隈深潭相予是不爭隈之事也引之以證隈即厓内
深隩之處也　厓内爲隩外爲隈　釋曰别厓表裏之名也孫炎云内曲裏也
外曲表也李巡曰厓内近水爲隩其外爲鞫此句覆釋上文隩隈之處也云

外爲隈者隈當作鞫傳寫誤也詩大雅公劉云芮鞫之卽毛傳云水之外曰鞫然則厓在水曲其内名隩又名隈其外名鞫又作垢音義同今以隩隈一事分爲外内之名故知誤也　畢堂牆　釋曰李巡云堂牆名厓似堂牆曰畢郭以畢終南山之道名也其邊之厓如堂室之牆言平正也詩秦風云終南何有有紀有堂是也　重厓岸　釋曰言兩厓相重累者亦名岸也　岸上滸　釋曰岸上平地去水稍遠者名滸詩大雅緜篇云率西水滸之類是也　墳大防　釋曰李巡曰墳謂厓岸狀如墳墓名大防也詩周南云遵彼汝墳又釋地云墳莫大於河墳是也　涘爲厓　釋曰李巡曰涘一名厓厓謂水邊也詩秦風云所謂伊人在水之涘是也　窮瀆汜　釋曰謂窮困不通之水瀆名汜也亦得名谿卽釋山云山豄無所通谿郭注云所謂窮瀆者雖無所通與水注川同名是也　谷者溦　釋曰謂窮瀆汜若能通於谷者則別名溦也此已上釋厓岸之名也故題厓岸

釋山第十一

釋曰案釋名云山産也言産生萬物說文云山宣也宣氣散生萬物有石而高象形也此篇釋諸山之名故云釋山　河南華至江南衡　釋曰篇首載此五

山者以爲中國之名山也案周禮職方氏河南曰豫州其山鎮曰華山正西曰雍州其山鎮曰嶽正東曰兖州其山鎮曰岱山正北曰并州其山鎮曰恒山正南曰荆州其山鎮曰衡山鄭注云鎮名山安地德者也又爲五嶽知者案鄭注大司樂云五嶽岱在兖州衡在荆州華在豫州嶽在雍州恒在并州是也案下文及經典羣書言五嶽者皆數嵩高不數嶽而鄭云然者蓋鄭有所案據更見異意也其正名五嶽必取嵩高爲定解下文别釋云河南華注華陰山者案禹貢導河積石至于龍門南至于華陰東至于底柱孔安國云河自龍門南流至華山北而東行然則此山在河之南故曰河南華下皆放此在華陰縣界故曰華陰山也云河西嶽注吴嶽者在西河之西一名吴嶽鄭玄云在汧云河東岱注岱宗泰山者在東河之東一名岱宗一名泰山鄭玄云在博云河北恒注北嶽恒山者下文恒山爲北嶽是也鄭玄云在上曲陽云江南衡注衡山南嶽者禹貢云岷山道江又曰岷山之陽至于衡山孔注云衡山江所經然則江水經此山之北東入于海故曰江南衡也鄭注太宗伯云五嶽南曰衡也是也

山三襲陟注襲亦重　釋曰山之形若三山重累者名陟重衣謂之襲故以襲爲重也上篇注已云成猶重也故此云亦也

再成英注兩山相重　釋曰成

重也山形兩重者名英今南郡英山縣蓋取此名也一成坯注書曰至于大伾
釋曰案此文則山上更有一山重累者名坯書曰者禹貢文也孔安國云山再
成曰伾與此不同者蓋所見異也鄭玄云大伾在脩武武德之界張揖云成臯
縣山也漢書音義臣瓚以爲皆非今黎陽縣山臨河豈不是大伾乎瓚意當然
山大而高崧注今中嶽高山蓋依此名　釋曰詩大雅云崧高維嶽毛傳云崧
高貌釋名云崧竦也亦高稱也李巡曰高大曰崧此則山高大者自名崧本不
指中嶽今之中嶽名嵩高或取此文以立名乎無正文故云蓋以疑之　山小而
高岑注言岑崟　釋曰言山形雖小而高嶔崟者名岑也　銳而高嶠注言鑯
峻　釋曰銳則鑯也言山形鑯峻而高者名嶠列子曰渤海之東有壑其中山
曰員嶠蓋同此也　卑而大扈注扈廣貌　釋曰言山形卑下而廣大者名扈
禮記檀弓云南宮縚之妻之姑之喪夫子誨之髽曰爾毋扈扈爾鄭注云扈扈
謂大廣蓋取此義也　小而衆巋注小山叢羅　釋曰言山小而衆叢萃羅列
者名巋　小山岌大山峘注岌謂高過　釋曰言小山與大山相並而小山高
過於大山者名峘非謂小山名岌大山名峘也　屬者嶧注言駱驛相連屬
釋曰言山形相連屬駱驛然不絕者名嶧駱驛連屬不絕之辭禹貢云嶧陽

孤桐地理志云東海下邳縣西有葛嶧山取此名也　獨者蜀注蜀亦孤獨
釋曰言山之孤獨者名蜀案說文云蜀蟲名詩云蜎蜎者蜀釋蟲云蚅烏蠋郭
云大蟲如指似蠶此蟲更無羣匹故云蜀亦孤獨既蟲之孤獨者名蜀是以山
之孤獨者亦名蜀也　上正章注山上平　釋曰正猶平也言山形上平者名
章　宛中隆注山中央高　釋曰言山形中央蘊聚而高者名隆　山脊岡注
謂山長脊　釋曰孫炎云長山之脊也言高山之長脊名岡詩云陟彼高岡是
也　未及上翠微注近上旁陂　釋曰謂未及頂上在旁陂陀之處名翠微一
說山氣青縹色故曰翠微也　山頂冢崒者厜㕒　釋曰此二句釋小雅十月
云山冢崒崩之文也毛傳云山頂曰冢鄭箋云崒者崔嵬雖音字小異義實
同也是取此文爲說彼云冢者謂山頂也釋言云顛頂也故此郭云山巔彼云崒
者謂山巔之末其峯嶃巖厜㕒然者也　山如堂者密　釋曰言山形如堂室
者名密　注尸子至美摐　釋曰此尸子綽子篇文引之證山有名密者如防
者盛注防隄　釋曰此盛讀如粢盛之盛隄防之形隋陋而高峻若黍稷之在器
故其山形如隄防者亦名盛也　巒山隋　釋曰凡物狹而長者謂之隋則此
言山隋者謂山形狹長者一名巒也　注詩曰隨山喬嶽　釋曰周頌般篇文

也　重甗隒注謂山至名云　釋曰孫炎云山基有重岸也郭云甗甑者鄭衆
注考工記云甗無底甑方言云甑自關而東謂之甗故知甗甑也　左右有岸
厒注夾山有岸　釋曰謂山兩邊有水山與水爲岸此山名厒　大山宮小山
霍　釋曰宮猶圍繞也謂小山在中大山在外圍繞之山形若此者名霍非謂
大山名宮小山名霍也　注宮謂至是也　釋曰云禮記曰者喪大記文也鄭
注云宮謂圍障之也引之者證宮爲圍繞之義也　小山引大山鮮注不相連
釋曰謂小山與大山分別不相連屬者名鮮李巡云大山少故曰鮮　山絕陘
注連山中斷絕　釋曰謂山形連延中忽斷絕者名陘多小石磝注多礓礫
釋曰礓礫即小石也山多此小石者名磝釋名曰小石曰礫　多大石礐注多
盤石　釋曰盤大石也山多此盤石者名礐　多草木岵無草木峐注皆見
詩　釋曰峐當作屺音起案詩魏風云陟彼岵兮瞻望父兮又曰陟彼屺兮瞻
望母兮毛傳云山無草木曰岵山有草木曰屺與此不同者當是傳寫誤也王
肅解依爾雅　山上有水埒注有停泉　釋曰謂山巔之上有停泉者名埒
夏有水冬無水澩注有停潦　釋曰潦雨水也言山上污下夏有停潦至冬竭
固者名澩　山豄無所通谿　釋曰豄即溝瀆也山有豄而無通流者名谿

注所謂至同名　釋曰云所謂者所謂釋丘云窮瀆汜者也云與水注川同者即釋水云水注川曰谿是也　石戴土爲砠　釋曰詩周南卷耳云陟彼崔嵬又云陟彼砠矣毛傳云崔嵬土山之戴石者石山戴土曰砠與此正反者或傳寫誤也　山夾水澗陵夾水澞　釋曰謂山間有水者名澗詩云考槃在澗是也其陵間有水者名澞　山有穴爲岫　釋曰謂山有巖穴者爲岫也　山西曰夕陽注暮乃見日　釋曰日即陽也夕始得陽故名夕陽詩大雅公劉云度其夕陽豳居允荒是也　山東曰朝陽注旦即見日　釋曰謂山頂之東皆早朝見日但是山東之岡脊總曰朝陽詩大雅卷阿曰梧桐生矣于彼朝陽是也　泰山至中嶽　釋曰案周禮大宗伯云以血祭祭社稷五祀五嶽故此釋之也白虎通云嶽者何謂嶽之爲言捔捔功德也東方爲岱者言萬物皆相代於東方也南方爲霍霍之爲言護也言太陽用事護養萬物也西方爲華華之爲言獲也言萬物成熟可得獲也北方爲恒恒者常也萬物伏藏於北方有常也中央爲嵩嵩高言其峻大也風俗通云嶽捔考功德黜陟也然則以四方方有一山天子巡守至其下捔考諸侯功德而黜陟之故謂之嶽也案詩傳云四嶽之名東嶽岱南嶽衡此及諸經傳多云泰山爲東嶽霍山爲南嶽者皆山

有二名也風俗通云泰山山之尊一曰岱宗岱始也宗長也萬物之始陰陽交代故爲五嶽長王者受命恒封禪之衡山一名霍言萬物霍然大也華變也萬物成變由於西方也恒常也萬物伏北方有常也嵩高也言高大也是解衡之與霍泰之與岱皆一山而有二名也 若此上云江南衡地理志云衡山在長沙湘南縣張揖廣雅云天柱謂之霍山地理志云天柱在廬江潛縣則在江北矣而云衡霍一山二名者本衡山一名霍山漢武帝移嶽神於天柱又名天柱亦爲霍故漢已來衡霍別耳郭云霍山今在廬江潛縣西南別名天柱山漢武帝以衡山遼曠移其神於此今其土俗人皆呼之爲南嶽南嶽本自以兩山爲名非從近也而學者多以霍山不得爲南嶽又言從漢武帝始乃名之如此言爲武帝在爾雅之前乎斯不然矣竊以璞言爲然何則孫炎以霍山爲誤當作衡山案書傳虞夏傳及白虎通風俗通廣雅並云霍山爲南嶽豈諸文皆誤明是衡山一名霍也 注即天柱山潛水所出 釋曰此據作注時霍山爲言也此山本名天柱漢武帝移江南霍山之祀於此故又名霍山其經之霍山即江南衡是也故上注云衡山南嶽也 注大室山也 釋曰案山海經云半石山東五十里曰少室山又東三十里曰泰室山郭注云即中嶽嵩高山也今在陽

城縣西戴延之西征記云其山東謂之太室西謂之少室相去十七里嵩其揔名也以其下各有室焉故謂之室是也梁山晉望也注晉國至河上　釋曰言梁山在晉國境內晉以歲時望祭之故云晉望也云晉國所望祭者案春秋僖三十一年經云夏四月四卜郊不從乃免牲猶三望公羊傳云三望者何望祭也鄭君以爲望者祭山川之名也諸侯之祭山川在其地者非其地則不祭賈逵服虔杜預皆以爲三望分野之星國中山川楚語云天子徧祀羣神品物諸侯二王後祀天地三辰及其土地之山川注國語者皆云諸侯二王後祀天地三辰日月星也非二王後祀分野星辰山川也以此言之則分野之星國內山川其義是也今案昭元年左傳云辰爲商星參爲晉星又禮記禮器云晉人將有事於河必先有事於呼池及此云梁山晉望也然則晉國三望謂參也梁山也河也故云晉國所望祭者云今在馮翊夏陽縣西北者地理志文也知臨河上者成五年公羊傳曰梁山者何河上之山也故知臨河上

釋水第十二

釋曰說文解字云水準也北方之行家衆水並流中有微陽之氣也白虎通云水之爲言准也是平均法則之稱此篇釋諸水之名故曰釋水　泉一見三名

爲瀸 釋曰說文云泉水原也言此泉其水有時出見有時不出而竭涸者名
瀸謂瀸微也故注云纔有貌 井一有水一無水爲瀱汋 釋曰說文云井鑿
地取水也釋名云井清也泉之清絜者也世本云伯益作亦云黃帝始穿此言
井或一時有水一時無水者名瀱汋也 注山海至類也 釋曰案中山經云
帝囷山東南五十里曰視山其上多韭有井焉名天井夏有水冬竭者是也孫
子兵法云地陷曰天井然則非人爲之者曰天井云即此類也者以此經但言
井山海經言天井非正相當故云類也 濫泉正出正出涌出也 釋曰時大
雅瞻卬云觱沸檻泉故此釋之也詩言檻泉者正直上出之泉也其水涌出
故更云正出涌出也李巡曰水泉從下上出曰涌泉濫檻音義同 注公羊至
正也 釋曰案昭五年傳云叔弓帥師敗莒師于濆泉濆泉者何直泉也直泉
者涌泉也是其事也郭云直出者蓋以義言之彼言直此言正其意一也故云
直猶正也 沃泉縣出縣出下出也注從上溜下 釋曰李巡亦云水泉從上
溜下然則相傳爲然也曹風云洌彼下泉則此沃泉也 氿泉穴出穴出仄出
也注從旁出也 釋曰李巡曰水泉從旁出名曰氿氿仄出是側出曰氿泉也
大東云有洌氿泉是也 湀闢流川注通流 釋曰說文解字云川貫穿通流

水也虞書曰濬畎澮距川言深畎澮之水會爲川也釋名云川穿也穿地而流也然則溪闢者則通流大川之別名也　過辨回川注旋流　釋曰回旋也言川水之中有回旋而流者名過辨　灉反入　釋曰反復也謂河水決出而復入河者名灉即下云水自河出爲灉是也　潬沙出　釋曰言潬者是沙堆出於水中之名也故云沙出　汧出不流　釋曰謂水泉潛出停成汙池者名汧地理志云扶風汧縣雍州弦蒲藪汧出西北入渭以其初出不流停成弦蒲澤藪故曰汧出不流也其終則入渭也　歸異出同流肥　釋曰謂小水支分歸入大水則異其泉源初出則同流者名肥即詩邶風泉水云我思肥泉茲之永歎毛傳云所出同所歸異爲肥泉是也　瀵大出尾下　釋曰尾猶底也言源深大出於底下者名瀵瀵猶灑散也　注今河至底也　釋曰河東馮翊者皆郡名也云河中陼上者皆謂水中可居之小者云人壅其流以爲陂種稻者澤障曰陂謂人壅畜此水以爲陂澤而溉稻田也云瀵魁者魁師也首也以其水源故謂之魁也　水醮曰厬　釋曰醮盡也凡水之盡竭者曰厬厬則竭涸之一名也　水自至汝爲濆　釋曰此十者皆大水分出別爲小水之名也　注書曰灉沮會同　釋曰禹貢兖州云雷夏既澤灉沮會同孔安國云雷夏澤

名灉沮二水會同此澤引之證水自河出別名爲灉也　注書曰沱潛既道
釋曰禹貢梁州云岷嶓既藝沱潛既道孔安國云岷山嶓冢皆山名沱潛發源
此州入荆州案地理志云蜀郡有湔道岷山在西徼外江水所出也隴西郡西
縣嶓冢山西漢水所出是二者皆山名也沱出于江潛出于漢二水發源此州
而入荆州故荆州亦云沱潛既道案郭氏音義云沱水自蜀郡都水縣揃山與
江別而更流又云有水從漢中沔陽南流至梓潼漢壽入大穴中通峒山下西
南潛出一名沔水舊俗云即禹貢潛也郭氏此言並解梁州沱潛也然則此注
言書曰者亦指梁州者也所以荆州亦有沱潛者蓋以水從江漢出者皆曰沱
潛所以荆梁二州皆有也　注書曰岷山道江東別爲沱　釋曰亦禹貢文也
孔安國云江東南流沱東行引之證江水溢出名沱也　注詩曰遵彼汝墳
釋曰此周南汝墳篇文也毛傳云汝水名也墳大防也毛意以爲伐薪宜於厓
岸之上故以大防解之郭意以爲汝濆所分之處有美地因謂之濆且毛傳墳
從土此濆從水所以異也　水決之澤爲汧　釋曰凡水爲人所決陂障爲澤
者亦與上出不流者同名汧也　決復入爲汜　釋曰凡水決之歧流復還本
水者名汜詩召南云江有汜是也　河水至爲徑　釋曰案詩魏風伐檀篇云

河水清且漣猗又曰河水清且直猗又曰河水清且淪猗故此釋之毛傳云風行水成文曰漣直直波也小風水成文轉如輪也李巡云分別水大小曲直之名郭氏云瀾言渙瀾淪言蘊淪徑言徑涏然則瀾直淪論水波之異漪皆辭也案詩漣淪皆言波名直波不言徑而言直又在淪漪前者取韻故也瀾漣雖異而義同瀾漪先舉詩文然後釋之直淪不舉者省文從可知也　滸水厓注水邊地　釋曰謂水邊厓岸之地別名滸李巡曰滸水邊地名厓也詩大雅江漢云江漢之滸是也　注詩曰居河之湄　釋曰此小雅巧言之篇文也以詩有此言故釋之云水草交爲湄李巡曰水中有草水交會曰湄今詩作麋音義同濟有至爲厲　釋曰案詩邶風匏有苦葉篇云匏有苦葉濟有深涉深則厲淺則揭故此先引詩文然後釋之云揭者揭衣也謂渡處水淺惟褰裳可涉者名揭注云謂褰裳也者對文言之則在上曰衣在下曰裳散而言之則通是以此經言揭衣注言褰裳曲禮云兩手摳衣去齊尺衣亦謂裳也云以衣涉水爲厲者此衣謂褌也言水深至於褌以上者而涉渡者名厲云繇膝以下爲揭者此更釋揭涉及厲之名繇與由同繇由也言水淺自膝以下爲揭水差深自膝以上者爲涉水若深至衣帶以上者爲厲注云繇自也釋詁文潛行爲泳　釋

曰謂人潛隱水底而行者名爲泳詩周南漢廣云漢之廣矣不可泳思是矣
注晏子至七里　釋曰晏子者名嬰謚平仲相齊景公孔子稱善與人交者也
著書謂之晏子春秋云景公畜勇士公孫接田開彊古冶子事景公以勇力摶
於虎問晏子而趨三子者不起晏子見公請去之公乃使人餽之二桃令三子
計功而食公孫接曰接一搏特豣再搏乳虎若接之功可以食桃而毋與人同
矣援桃而起田開彊曰吾杖兵卻三軍者再若開彊之功可以食桃而毋與人
同矣援桃而起古冶子曰吾嘗從君濟於河黿銜左驂以入砥柱之一流當是
時也冶少不能游潛行逆流百步順流九里得黿而殺之左操馬尾右挈黿頭
鶴躍而出津人皆曰河伯也冶之視之則大黿之首也若冶之功可以食桃而
毋與人同矣二子恥功不逮而自殺古冶子亦自殺是其所引之文也以證潛
行爲泳之事也但彼作九里此作七里蓋傳寫誤或所見本異也　汎汎至緌
也　釋曰汎汎楊舟紼纚維之此詩小雅采菽篇文也云紼繂也纚緌也此釋詩
紼纚之義也李巡云繂竹爲索所以維持舟者郭云緌繫孫炎云舟止繫之於
樹木突竹爲大索然則紼訓爲繂繂是大絙纚訓爲緌緌又爲繫正謂舟之止息
以絙繫而維持之也　天子至乘泭　釋曰此釋尊卑橋舩之異制也云天子

造舟者詩大雅大明云造舟爲梁是也言造舟者比船於水加版於上即今之浮橋故杜預云造舟爲梁則河橋之謂也維舟以下則水上浮而行但船有多少爲等差耳云庶人乘泭者詩漢廣云江之永矣不可方思毛傳云方泭也釋言云舫泭郭注云水中簰筏論語曰乘桴浮於海注云桴編竹木大曰栰小曰桴是也桴泭音義同　水注至曰瀆注此皆道水轉相灌注所入之處名也　釋曰郭云轉相灌注者蓋以川瀆皆水之大者也虞書云濬畎澮距川下云注河淮濟爲四瀆是也今若言水注川曰谿謂水之注入川者名谿則注入溝者名澮溝小如澮豈能容乎若言注溝曰澮謂注溝水入之名澮則注川水入之者名谿杜預云谿亦澗也豈能容受川水乎然則水注川曰谿是澗谿之水注入於川也故李巡云水出於山入於川曰谿注谿曰谷謂山谷中水注入澗谿也山谷曰溝此以下與上不類謂山谷中水無澗谿者注入平地之溝溝廣深四尺注溝曰澮廣二尋深二仞曰澮謂注溝水入之者名澮注澮水入之者名瀆故注云轉相灌注也　逆流至泝游注皆見詩　釋曰案詩秦風蒹葭云遡洄從之道阻且長遡游從之宛在水中央是也孫炎曰逆渡者逆流也順渡者順流也然則逆流順流皆謂渡水有逆順也　正絕流曰亂　釋曰正直也謂

橫絕其流而直渡名曰亂　注書曰亂于河　釋曰案禹貢梁州云入于渭亂
于河孔安國云越沔而北入渭浮東渡河而還帝都曰所治以帝都在河之東
故直橫渡河陸行而還帝都也彼孔氏引此文故以爲證也　江河至者也　釋
曰案白虎通云瀆者何謂瀆中國恬濁發源而注海其功著大稱瀆也案禹貢
云導河積石至于龍門南至于華陰東至于底柱又東至于孟津東過洛汭至
于大伾北過降水至于大陸又北播爲九河同爲逆河入于海岷山導江東別
爲沱又東至于澧過九江至于東陵東迆北會于匯東爲中江入于海導沇水
東流爲濟入于河溢爲滎東出于陶丘北又東至于菏又東北會于汶又北東入
于海導淮自桐柏東會于泗沂東入于海是發源注海者也　水泉　釋曰題
上事也下皆倣此　水中至爲潏　釋曰此一段釋水中之地名也故下題云
水中案李巡云四方皆有水中央獨可居但大小異其名耳若人所作者則名
潏周南云在河之洲召南云江有渚采蘩云于沼于沚秦風蒹葭云宛在水中
坻是其所出之文也　河出至一直　釋曰此一段釋河源所自及遠近曲直之勢
也故下題云河曲云河出崐崘虛色白者崐崘山名虛山下基也言河源出於
崐崘山下之基其初纖微源高激湊故水色白也云所渠幷千七百者謂所受

之渠并計凡有一千七百也云一川色黃者以其所受渠多沙壤溷淆故爲一
川而水色黃也云百里一小曲千里一曲一直者此河自然之勢也故謂之河
曲　注山海至北隅　釋曰案海内西經云帝之下都崐崘之虛方八百里高萬
仞河水出東北隅以行其北西南又入渤海又出海外即西北而北入禹所謂
石山又北山經云敦薨山敦薨水出焉西注泑澤出乎崐崘東北隅實惟河源
郭注云即河出崐崘虛也今注云西北者蓋所見本異或傳寫誤　注潛流至
濁黃　釋曰云潛流地中者案漢書西域傳云河有兩源一出葱嶺一出于闐
于闐在南山下其河北流與葱嶺河合東注蒲昌海蒲昌海一名鹽澤者去玉
門陽關三百餘里廣袤三四百里其水停居冬夏不增減皆以爲潛行地下南
出于積石爲中國河又山海經云不周山東望泑澤河水之所潛也其源渾渾
泡泡郭注云河出崐崘潛行地下至葱嶺山于闐國復分流歧出合而東流注
泑澤又復潛行南出于積石而爲中國河泑澤一名蒲昌海潛行渾渾泡泡
水濆涌之貌是潛流地中也說文云汩水流也溷濁也淆雜亂也言水流漱其
沙壤所受之渠又多衆水溷濁雜亂所以宜其水濁且黃也　注公羊至一直
釋曰此文十二年傳文也案彼經云晉人秦人戰于河曲傳云曷爲以水地河

曲疏矣河千里而一曲也言其河曲之地疏闊故可戰也引之證河必千里一曲一直之義然此注以疏爲流又加一直字誤也 徒駭至鬲津 釋曰案禹貢云九河既導故此釋其名下即題云九河也李巡曰徒駭者禹疏九河以徒衆起故曰徒駭太史禹大使徒衆通其水道故曰太史馬頰河勢上廣下狹狀如馬頰也覆釜水中多渚往往而處形如覆釜胡蘇其水下流 故曰胡蘇胡下也蘇流也簡大也河水深而大也絜言河水多山石治之苦絜絜苦也鉤盤言河水曲如鉤屈折如盤也鬲津河水狹小可隔以爲津也孫炎曰徒駭禹疏九河用功雖廣衆懼不成故曰徒駭胡蘇水流多散胡蘇然其餘同李巡郭云徒駭今在成平東光縣今有胡蘇亭馬頰覆鬴鬲津之名同李巡簡云水多約絜鉤盤水曲如鉤流盤桓也餘名皆云其義未詳計禹陳九河云復其故道則名應先有不宜徒駭太史因禹立名此郭氏所以未詳也或九河雖舊有名至禹治水更別立名即此所云是也漢書溝洫志成帝時河隄都尉許商上書曰古記九河之名有徒駭胡蘇鬲津今見在成平東光鬲縣界中自鬲津以北至徒駭其間相去二百餘里是知九河所在徒駭最北鬲津最南蓋徒駭是河之本道東出分爲八枝也許商上言三河下言三縣則徒駭在成平

胡蘇在東光鬲津在鬲縣其餘不復知也此九河之次從北而南既知三河之處則其餘六者太史馬頰覆釜在東光之北成平之南簡絜鉤盤在東光之南鬲縣之北也其河填塞時有故道鄭玄云周時齊桓公塞之同爲一河今河間弓高以東至平原鬲津往往有其遺處春秋緯寶乾圖云移河爲界在齊呂填閼八流以自廣鄭玄蓋據此文爲齊桓公塞之也言閼八流拓境則塞其東流八枝并使歸於徒駭也此九河之名義也案胡蘇在東光定本注作東莞當作光字之誤也　從釋地已下至九河皆禹所名也　釋曰謂釋地已下凡四篇其中五嶽四瀆及諸山川丘陵之名皆禹所制也然山川等名其來尚矣治水之後更復改新言此名是禹所制非禹始爲名也

爾雅䟽卷第七

爾雅疏卷第八

翰林侍講學士朝請大夫守國子祭酒上柱國賜紫金魚袋臣邢昺等奉

勑校定

釋草第十三

釋曰草說文作艸隸變作艹七老切百卉也又曰象野草莽蒼之形說文別有草字自保云草斗櫟實也一曰象斗子徐鉉曰今俗以此爲艸木之草別作皁字爲黑色之皁案櫟實可以染帛爲黑色故曰草通用爲草棧字然則此篇辨百卉之名見於經傳者當爲草木之草故云釋草　藿山至山蒜　釋曰此辨四種菜生山中與人家所種者異名也韭說文云菜名一種而久者故謂之韭象形在一之上一地也生山中者名藿韓詩云六月食鬱及薁藿是也葱說文云菜名生山中者名茖細莖大葉者是也䪥說文云菜也葉似韭生山中者名蒚蒜說文云葷菜也一云菜之美者雲夢之葷菜生山中者名蒚　薜山蘄　釋曰說文云蘄草也生山中者一名薜一名山蘄色白者名白蘄下文薜白蘄是也生平地即名蘄　注廣雅至麤大　釋曰廣雅張揖撰以廣爾雅之闕漏也曰山蘄當歸者言即今藥草當歸案本草當歸不言名薜及山蘄是即以時

驗而言也故郭氏云今似蘄而麤大言似平地蘄而差麤大耳　椵木槿櫬木槿
釋曰此别椵櫬是木槿之二名也某氏云别二名也其樹如李其華朝生暮落
與草同氣故在草中詩鄭風云顔如舜華陸機疏云舜一名木槿一名櫬一名
椵齊魯之間謂之王蒸今朝生暮落者是也郭氏云可食亦呼曰及五月始華
故月令仲夏云木槿榮　朮山薊楊枹薊　釋曰此辨薊生山中及平地者名
也生平地者即名薊生山中者一名朮本草云一名山薊一名山薑一名山連
陶注云有兩種白朮葉大有毛甜而少膏赤朮葉細小苦而多膏是也其生平
地而肥大於衆者名楊枹薊今呼之馬薊　萴王蔧　釋曰此則蔧之科大爲
樹可以作埽蔧者一名萴一名王蔧一名王帚江東呼落帚　菉王芻　釋
曰舍人云菉一名王芻某氏云菉鹿蓐也郭氏云菉蓐也今呼鴟脚莎詩衛風
云瞻彼淇奥緑竹猗猗是也　拜蔏藋　釋曰此亦似藜而葉大者名拜一
名蔏藋莊子云藜藋柱宇是也　蘩皤蒿蒿菣蔚牡菣　釋曰此辨蒿色
及有子無子者之異名也詩召南云于以采蘩于沼于沚毛傳云蘩皤蒿也郭
氏云白蒿然則皤猶白也本草云白蒿唐本注云此蒿葉麤於青蒿從初生
至枯白於衆蒿欲似艾者所在有之又云葉似艾葉上有白毛麤澁俗呼蓬

蒿可以為菹故詩箋云以豆薦蘩菹陸機云凡艾白色為皤蒿今白蒿春始生及秋香美可生食又可烝一名游胡北海人謂之旁勃故大戴禮夏小正傳曰蘩游胡游胡旁勃也是蒿一名蔽詩小雅鹿鳴云食野之蒿陸機云蒿青蒿也荊豫之間汝南汝陰皆云蔽孫炎云荊楚之間謂蒿為蔽郭云今人呼青蒿香中炙啖者為蔽是也蔚即蒿之雄無子者故云牡蔽舍人曰蔚一名牡蔽詩蓼莪云匪莪伊蔚陸機云牡蒿也二月始生七月華華似胡麻華而紫赤八月為角角似小豆角銳而長一名馬新蒿是也　齧彫蓬薦黍蓬　釋曰此別蓬種類也說文云蓬蒿也草之不理者也種類非一故有齧彫蓬薦黍蓬詩召南騶虞云彼茁者蓬月令云藜莠蓬蒿並興是也　藦鼠莞　釋曰莞屬也說文云莞草可以為薦此藦一名鼠莞纖細似龍須亦可以為席蜀中出好者　葝鼠尾　釋曰可以染皁草也一名葝一名鼠尾本草有白華者有赤華者又一名陵翹陶注云田野甚多人採作滋染木蘭是也　菥蓂大薺　釋曰菥蓂一名大薺俗呼老薺似薺而葉細本草又名蔑菥一名大蕺一名馬辛是也　蒤虎杖　釋曰蒤一名虎杖郭云似紅草而麤大有細刺可以染赤陶注本草云田野甚多狀如大馬蓼莖斑而葉圓是也　孟狼尾　釋曰草

似茅者一名孟一名狼尾今人亦以覆屋　瓠棲瓣　釋曰瓣瓠中瓣也一名瓠棲人之齒美者似之故詩衛風碩人美莊姜云齒如瓠棲是也　茹藘茅蒐　釋曰今絛絳蒨也一名茹藘一名茅蒐詩鄭風云茹藘在阪陸璣云一名地血齊人謂之茜徐州人謂之牛蔓即今之蒨草是也　果臝之實栝樓　釋曰果臝之草其實名栝樓實即子也故李巡云栝樓子名也郭云今齊人謂之天瓜本草云栝樓葉如瓜葉形兩兩相值蔓延青黑色六月華七月實如瓜瓣是也　荼苦菜　釋曰此味苦可食之菜也一名荼一名苦菜本草一名荼草一名選一名游冬案易緯通卦驗玄圖云苦菜生於寒秋經冬歷春乃成月令孟夏苦菜秀是也葉似苦苣而細斷之有白汁花黃似菊堪食但苦耳　注詩曰誰謂荼苦　釋曰邶風谷風篇文也　萑蓷　釋曰萑一名蓷李巡曰臭穢草也郭云今茺蔚也廣雅名益母葉似荏方莖白華華生節間詩王風云中谷有蓷陸機云舊說及魏博士濟陰周元明皆云菴䕡是也韓詩及三蒼說悉云益母故曾子見益母而感案本草茺蔚一名益母故劉歆曰蓷臭穢臭穢即茺蔚也　虉綬　釋曰虉者雜色如綬文之草也詩陳風云邛有旨虉陸機疏云虉五色作綬文故曰綬草是也　粢稷　釋曰左傳云

粢食不鑿粢者稷也曲禮云稷曰明粢是也郭云今江東人呼粟爲粢然則粢
也稷也粟也正是一物而本草稷米在下品別有粟米在中品又似二物故先
儒共疑焉　衆秫　釋曰衆一名秫謂黏粟也說文云稷之黏者也與穀相似
米黏北人用之釀酒其莖稈似禾而麤大者是也　戎叔謂之荏叔　釋曰戎
叔一名荏叔孫炎云大豆也詩大雅生民云蓺之荏叔荏叔旆旆鄭箋亦以
爲大豆樊光舍人李巡郭氏皆云今以爲胡豆郭又云春秋齊侯來獻戎捷
穀梁傳曰戎叔也管子亦云北伐山戎出冬葱及戎叔布之天下今之胡豆是
也案此戎叔皆爲大豆注穀梁者亦以爲大豆也郭氏等以戎胡俱是夷名故
以戎叔爲胡豆也　卉草　釋曰別二名也百卉猶百草也詩小雅云百卉具
腓是也　蘥雀麥　釋曰蘥一名雀麥一名燕麥本草云生故墟野林下苗似
小麥而弱實似穬麥而細在處亦有之是也　黄菟瓜　釋曰菟瓜一名黄苗
及實似土瓜土瓜者即王瓜也月令王瓜生是也　茢薽豕首　釋曰茢薽藥
草名一名豕首一名彘盧一名蟾蠩蘭一名天名精一名麥句薑一名蝦蟇
藍一名天門精一名玉門精別錄一名天蔓精南人名爲地菘味甘辛故有
薑稱狀如藍故名蝦蟇藍香氣似蘭故名蟾蠩蘭郭云江東呼豨首可以燭

蠶蛹者三蒼云爓熬也　苹馬帚　釋曰苹草似蓍者今俗謂蓍苹可以
為埽篲故一名馬帚　注似蓍　釋曰說文云蓍蒿屬也生千歲三百莖可以
為卜筮白虎通云此天地之間壽考物也故問之是也　茭牛蘄　釋曰似芹
可食菜也而葉細銳一名茭一名牛蘄一名馬蘄子入藥用本草注云生水澤
旁苗似鬼鍼菾菜等花青白色子黃黑色似防風子是也　葖蘆萉　釋曰紫
花菘也俗呼溫菘似蕪菁大根一名葖俗呼雹葖一名蘆菔今謂之蘿蔔是
也　菌芝　釋曰瑞草名也一歲三華一名菌一名芝論衡云芝生於土土氣和
故芝草生瑞命禮曰王者仁慈則芝草生是也　筍竹萌　釋曰孫炎曰竹初
萌生謂之筍凡草木初生謂之萌筍則竹之初生者故曰筍竹萌也可以為菜
殽詩大雅韓奕云其蔌維何維筍及蒲蔌則菜殽也　簜竹　釋曰簜則竹之
別名李巡曰竹節相去一丈曰簜孫炎曰竹闊節者曰簜禹貢篠簜既敷孔
安國云簜大竹郭氏即云竹別名無大小之異故引禮經為證也　注儀禮至
之屬　釋曰儀禮者大射禮文也案彼云樂人宿縣西階之西頌磬東面其
南鍾其南鑮皆南陳一建鼓在其南東鼓朔鼙在其北一建鼓在西階之東
南面簜在建鼓之間鄭注云簜竹也謂笙簫之屬倚於堂以笙簫之屬固非大

竹故郭氏引之也鄭又云建猶樹也以木貫而載之樹之跗也故謂之建鼓云
謂蕭管之屬者郭用鄭玄之說也　莪蘿　釋曰舍人云莪一名蘿郭云今莪
蒿也亦曰藘蒿詩小雅云菁菁者莪陸機云莪蒿也一名蘿蒿生澤田漸洳
之處葉似邪蒿而細科生三月中莖可生食又可蒸香美味頗似蔞蒿是也
苨菧苨　釋曰苨一名菧苨郭云薺苨也本草薺苨陶注云根莖都似人參
而葉小異根味甜又別本注云根似桔梗以無心爲異者是也　莕接余其葉
苻　釋曰莕菜一名接余其葉名苻郭云叢生水中葉圓在莖端長短隨水
深淺江東食之亦呼爲莕詩周南關雎云參差荇菜是也荇與莕同陸機疏云
接余白莖葉紫赤色正圓徑寸餘浮在水上根在水底與水深淺等大如釵股
上青下白鬻其白莖以苦酒浸之肥美可案酒　白華野管　釋曰舍人云白
華一名野菅陸機云菅似茅而滑澤無毛根下五寸中有白粉者柔忍宜爲索
漚乃尤善矣郭云菅茅屬此白華亦是茅之類也漚之柔韌異其名謂之爲菅
因謂在野未漚者爲野菅耳詩小雅云白華菅兮是也　菲芴　釋曰菲一名
芴郭云即土瓜也孫炎曰葍類也詩谷風云采葑采菲陸機云菲似葍莖麤葉
厚而長有毛三月中烝鬻爲茹滑美可作羹幽州人謂之芴爾雅又謂之蒠菜

今河内人謂之宿菜案今爾雅菲芴與葍䔰異郭注似是別草如陸之言又是
一物某氏注爾雅二處皆引谷風詩即菲也芴也葍䔰菜也土瓜也宿菜也五者
一物也其狀似葍而非葍故云葍類也　葍當　釋曰葍一名當葍郭云大葉
白華根如指正白可啖詩小雅云我行其野言采其葍陸機云幽州人謂之燕
葍其根正白可著熱灰中溫啖之饑荒之歲可蒸以禦饑也　熒委萎　釋曰
藥草也一名熒一名委萎本草女萎萎蕤一名熒是也葉似竹大者如箭竿有
節葉狹而長表白裏青根大如指長一二尺可啖　萹竹萹蓄　釋曰李巡曰
一物二名也孫炎某氏引詩衛風云綠竹猗猗郭云似小藜赤莖節好生道
旁可食又殺蟲案陶隱居本草注云處處有布地而生節間白葉華細綠人謂
之萹竹煑汁與小兒飲療蛔蟲是也　葴寒漿　釋曰葴一名寒漿郭云今酸
漿草江東呼曰苦葴案本草酸漿一名醋漿陶注云處處人家多有葉亦可
食子作房房中有子如梅李大皆黃赤色　薢茩芵茪　釋曰薢茩芵明也
一名芵光一名決明郭云葉黃銳赤華實如山茱萸陶注本草云葉如茳豆子
形似馬蹄呼爲馬蹄決明廣雅謂之羊躑躅也　注或曰蔆也關西謂之薢茩
釋曰知者案說文云蔆楚曰芰秦曰薢茩是也　莁荑蔱蘠　釋曰莁荑一名

蔱蘠郭云一名白蒉此草也案本草蕪荑一名無姑一名蔱瑭音殹唐本注云
爾雅莁荑一名蔱蘠今作蔱瑭字之誤也而在木部疑非是或者與蕢同氣
子瓞瓝其紹瓞　釋曰瓞一名瓝小瓜也紹繼也瓜之蔓紹緒先歲之瓜必小
亦名瓞故云其紹瓞詩大雅云緜緜瓜瓞舍人曰瓞名瓝小瓜也紹繼謂瓞子
漢中小瓜曰瓞孫炎曰瓞小瓜子如瓝其本子小紹先歲之瓜曰瓞然則瓜之
族類本有二種大者曰瓜小者曰瓞此則其種別也而瓜蔓近本之瓜必小於
先歲之大瓜以其小如瓝故謂之瓞瓞是瓝之別名故郭云俗呼瓝瓜為瓞紹者
瓜蔓緒亦著子但小如瓝　芍鳧茈　釋曰芍一名鳧茈郭云生下田中苗似
龍須而細根如指頭黑色可食今俗瀹而鬻之者是也　蘱薡蕫　釋曰
蘱一名薡蕫狀似蒲而細可為屩亦可綯以為索　蕛苵　釋曰蕛一名苵似
稗之穢草也布生於地莊子曰道在蕛稗是亦有米細小莊子又曰若蕛米之
在大倉是也　鉤芺　釋曰薊類也一名鉤一名芺郭云大如拇指中空莖頭
有臺似薊初生可食說文云味苦江南食以下氣是也　䕡鴻薈　釋曰䕡葉
似韭之菜也一名鴻薈本草謂之菜芝是也　蘇桂荏　釋曰蘇荏類之草也
以其味辛似荏故一名桂荏陶注本草云葉下紫色而氣甚香其無紫色不香

似荏者名野蘇生池澤中者名水蘇一名雞蘇皆荏類也　薔虞蓼　釋曰
薔一名虞蓼即蓼之生水澤者也周頌良耜云以薅荼蓼毛傳云蓼水草是
也　虋赤苗　釋曰案詩大雅生民云誕降嘉種維秬維秠維穈維
芑故此釋之也虋與穈音義同虋即嘉穀赤苗者郭云今之赤粱粟芑即嘉
穀白苗者郭云今之白粱粟皆好穀也李巡曰黑黍一名秬黍秬即黑黍之大
名也秠是黑黍之中一稃有二米者別名之為秠若然秬秠皆黑黍矣而春官
鬯人注云釀秬為酒秬如黑黍一秠二米言如者以黑黍一米者多秬為正稱
二米則秬中之異故言如以明秬有二等也秬有二等則一米亦可為酒鬯人
之注必言二米者以宗廟之祭唯裸為重二米嘉異之物鬯酒宜當用之故以
二米解鬯其實秬是大名故云釀秬為酒此云秠一稃二米鬯人注云一秠二米
文不同者鄭志荅張逸云秠即皮其稃亦皮也爾雅重言以曉人然則秠稃古
今語之異故鄭引此文得以稃為秠也漢和帝時任城縣生黑黍或三四實實
二米得黍三斛八斗是也　稌稻　釋曰別二名也郭云今沛國呼稌詩周頌
云豐年多黍多稌禮記內則云牛宜稌豳風七月云十月穫稻是一物也按說
文云沛國謂稻為糯秔稻屬也字林云糯黏稻也秔稻不黏者今直以粳米稻

稻米爲一物秫與粳古今字然秫糯甚相類黏不黏爲異耳依說文稌稻即糯
也江東呼稬切亂 蒚蕿茅 釋曰蒚與蕿茅一草也華白者即名蒚華赤者別
名蕿茅故郭云亦猶蔆苕華黃白異名也 臺夫須 釋曰舍人云臺一名夫
須詩小雅云南山有臺陸機云舊說夫須莎草也可以爲蓑笠都人士云臺笠
緇撮是也 注鄭箋至雨笠 釋曰箋者傳注之別名也以詩先有毛公作傳
鄭玄釋其未備者字林云箋者表也識也鄭以毛學審備遵暢厥旨所以表
明毛意記識其事故特稱箋也都人士箋云都人之士以臺皮爲笠此引其意
非全文也 莔貝母 釋曰藥草貝母一名莔郭云根如小貝員而白華葉似
韭詩鄘風載馳云陟彼阿丘言在其蝱陸機云蝱今藥草貝母也其葉如栝
樓而細小其子在根下如芋子正白四方連累相著有分解也本草一名空草
陶注云出近道形似聚貝子故名貝母是也 荍蚍衃 釋曰舍人云荍一名蚍
衃郭云今荊葵也似葵紫色謝氏云小草多華少葉葉又翹起詩陳風云視
爾如荍毛傳云茈芣也陸機云茈芣一名荊葵似蕪菁華紫綠色可食微苦且
也 艾冰臺 釋曰艾一名冰臺郭云今艾蒿也詩王風云彼采艾兮是也 蕇
亭歷 釋曰蕇一名亭歷郭云實葉皆似芥廣雅又名狗薺本草一名丁歷一

名大室一名大適陶注云今近道亦有毋則公蘩曾子細黃至苦是也　苻鬼曰
釋曰苻一名鬼目郭云今江東有鬼目草莖似葛葉員而毛子如耳璫也赤色
叢生　蔜蕿蔞　釋曰蔜一名蕿蔞一名蘩蔞一名雞腸草本草云蘩蔞味
羊陶注此菜人以作羹唐本注云此即雞腸草也多生下濕坑渠之側人家園
庭亦有此草是也　離南活莌　釋曰離南草也一名活莌山海經又名寇脫
一江南高丈許大葉似荷葉而肥莖中有瓤正白者是也　注零陵人祖曰貫
之爲樹　釋曰祖且也貫事也言零陵郡人且日事之使科大若樹然也郭又
注山海經云零桂人人且日貫之以爲樹然所未詳　蒡隱葱　釋曰蒡藾類
葉也一名隱葱郭云似蘇有毛今江東呼爲隱葱藏以爲菹亦可淪食者淪煑
也　莤蔓于　釋曰莤水草也一名蔓于郭云一名軒于江東呼莤　蓾蔖注
作履苴草　釋曰蓾說文云蓾草也可以束一名蔖即蒯類也中作履底字苑
云鞵苴履底故云作履苴草也　柱夫搖車　釋曰柱夫可食之草也一名搖
車俗呼翹搖車蔓生紫華華翹起搖動因名云　出隧蘧蔬　釋曰菌類也
一名出隧一名蘧蔬廣雅云朝生形如鬼蓋郭云似土菌生菰草中今江東啖
之甜滑音氈氍毹者說文云菰蔣也張揖云氍毹毛席取其音同　蘄茝

蘪蕪 釋曰芎藭苗也一名蘄茝一名蘼蕪本草一名薇蕪一名江離陶注云似蛇牀而香郭云香草葉小如萎狀者言如萎蕤之狀也 注淮南至蘪蕪 釋曰云淮南子云似蛇牀者案淮南子氾論篇云夫物之相類者世人之所亂惑也嫌疑肖像者衆人所眩燿也故很者類知而非知也愚者類君子而非君子也戇者類勇而非勇也使人相去也若玉之與石也葵之與莧也則論人易矣夫亂人者若芎藭之與藁本蛇牀之與蘪蕪者許慎云此四者藥草臭味之相似其治病則不同力是也云山海經曰臭如蘪蕪者案西山經浮山有草曰訓草麻葉而方莖赤華而黑實臭如蘪蕪可以止癘又天帝山有草其狀如葵其臭如蘪蕪名曰杜衡可以走馬食之已癭是也臭香也言其香氣如蘪蕪也

茨蒺蔾 釋曰茨一名蒺蔾郭云布地蔓生細葉子有三角刺人見詩者案詩小雅云楚楚者茨是也

蘮蒘竊衣 釋曰蘮蒘一名竊衣郭云似芹可食子大如麥兩兩相合有毛著人衣俗名鬼麥者也

髦顛蕀 釋曰髦一名顛蕀一名商蕀廣雅云女木也郭云細葉有刺蔓生

雚芄蘭 釋曰雚一名芄蘭郭云雚芄蔓生斷之有白汁可啖案如此注則似雚芄一名蘭或傳寫誤芄衍字詩衛風云芄蘭之支陸機云一名蘿藦幽州人謂之

雀瓢 蕁蒤藩 釋曰藥草知母也一名蕁一名蒤藩郭云生山上葉如韭
一曰提母案本草此名之外更有十餘名文多不載陶注云形似昌蒲而柔潤
葉至難死掘出隨生須燥乃止也 蕍蕮 釋曰蕍一名蕮即藥草澤蕮也
本草作澤瀉一名水瀉一名及瀉一名芒芋一名鵠瀉陶注云葉狹長叢生
諸淺水中 蔨鹿藿其實莥 釋曰蔨一名鹿藿其實名莥郭云今鹿豆
也葉似大豆根黃而香蔓延生本草云味苦唐本注云此草所在有之苗似
豌豆有蔓而長大人取以為菜亦微有豆氣名為鹿豆也 薃侯莎其實媞
釋曰薃即莎別名侯維也猶語辭也其實別名媞 注夏小至其實 釋曰
夏小正者大戴禮之篇名本夏后氏著十二月之候也漢九江太守戴德記之
謂之大戴禮記其正月云緹薃薃也者莎隨也緹也者其實也先言緹而後
言薃何也緹先見者也何以謂之小正以著名也案廣雅云地毛莎隨也是隨
即莎也故云莎隨 莞苻蘺其上蒚 釋曰某氏曰本草云白蒲一名苻蘺
楚謂之莞蒲其上臺別名蒚郭李義具注詩小雅斯干云下莞上簟鄭箋云莞
小蒲也者以莞蒲一草之名而司几筵有莞筵蒲筵則有大小之異為席有
精有麤故得為兩種席也 荷芙渠至的中薏 釋曰李巡曰皆分別

蓮莖茄葉華實之名芙渠其揔名也別名芙蓉江東呼荷菡萏蓮華也的蓮
實也薏中心也郭璞曰蔤莖下白蒻在泥中者今江東人呼荷華為芙蓉北方
人便以藕為荷亦以蓮為荷蜀人以藕為茄或用其母為華名或用根子為母
葉號此皆名相錯習俗傳誤失其正體者也陸機疏云蓮青皮裏白子為的
的中有青為薏味甚苦故里語云苦如薏是也　注見詩　釋曰詩陳風云
彼澤之陂有蒲與荷又曰有蒲與蓮又曰有蒲菡萏是也　紅蘢古其大者蘬
釋曰舍人曰紅名蘢古其大者名蘬詩鄭風云隰有游龍毛云龍紅草也陸機
云一名馬蓼葉大而赤白色生水澤中高丈餘郭云俗呼紅草為蘢鼓語轉耳
差薺實　釋曰本草云薺味甘人取其葉作葅及羹亦佳詩谷風云誰謂荼苦
其甘如薺其子別名差　黂枲實　釋曰枲麻也黂者即麻子名也故云黂
枲實也　注禮記曰苴麻之有黂　釋曰儀禮喪服傳文也傳所以解經故亦
謂之禮記也案喪服經云苴絰傳曰苴絰者麻之有黂者是也　枲麻　釋曰
麻一名枲故注云別二名禹貢青州云厥貢岱畎絲枲是也　須薞蕪　釋曰
案詩谷風云采葑采菲毛傳云葑須也先儒即以須葑蓯當之孫炎云須一名
葑蓯今郭注上葑蓯云未詳注此云薞蕪似羊蹄葉細味酢可食則郭意以

毛云葑須者謂此蕵蕪也坊記注云葑蔓菁也陳宋之間謂之葑陸機云葑
蕪菁幽州人或謂之芥方言云蘴蕘蕪菁也陳楚謂之蘴齊魯謂之蕘關西
謂之蕪菁趙魏之部謂之大芥蘴與葑字雖異音實同則葑也須也蕪菁也
蔓菁也蕵蕪也蕘也芥也七者一物也　菲莨菜　釋曰菲一名息菜案詩
谷風云采葑采菲毛傳云菲芴也郭上注菲芴云土瓜也注此云菲草生下溼
地似蕪菁華紫赤色可食則是芴與莨菜别草而某氏及陸機以爲一物非
郭義也　蕢赤莧　釋曰赤莧一名蕢今莧菜之赤莖者也　蘠蘼虋冬
釋曰藥草也一名蘠蘼一名虋冬　注門冬一名滿冬本草云　釋曰案山
海經云條谷山其草多芍藥虋冬郭注亦云本草一名滿冬今檢本草有天
門冬一名顛勒麥門冬秦名羊韭齊名愛韭楚名馬韭越名羊蓍一名禹葭
一名禹餘糧無名滿冬者蓋所見本異也虋門字異音同耳　濼貫衆
釋曰藥草名也一名濼一名貫衆本草云一名貫節一名貫渠一名百頭一名
虎卷一名扁苻一名伯萍一名藥藻此謂鴟頭陶注云葉如大蕨形色毛芒全
似老鴟頭因名之郭氏云葉員銳莖毛黑布地冬不死一名貫渠廣雅云貫節
莙牛藻　釋曰莙一名牛藻江東呼馬藻藻之葉大者也詩召南云于以

采藻左傳云蘋蘩薀藻之菜以此草好聚生故言薀藻薀訓聚也毛傳云藻聚藻也陸機云藻水草也生水底有二種其一種葉如雞蘇莖大如箸長四五尺其一種莖大如釵股葉如蓬茸謂之聚藻又云扶風人謂之藻聚爲發聲也此二藻皆可食煮熟挼去腥氣米麪糝蒸爲茹嘉美揚州人饑荒可以當穀食 蓫薚馬尾 釋曰藥草蔏陸也一名蓫薚一名馬尾郭云廣雅曰馬尾蔏陸本草云別名薚今關西亦呼爲薚江東呼爲當陸案本草蔏陸一名蓫薚根一名夜呼不同者所見本異也今注云一名白昌一名當陸是也 苹蓱其大者蘋 釋曰舍人曰苹一名蓱大者名蘋郭曰水中浮蓱江東謂之薸陸機毛詩義疏云今水上浮蓱是也其麤大者謂之蘋小者曰蓱季春始生可糝蒸爲茹又可苦酒淹以就酒 注詩曰于以采蘋 釋曰召南采蘋篇文也 莃菟葵 釋曰莃一名菟葵郭云頗似葵而小葉狀如藜有毛汋啖之滑者汋者炎也案本草唐本注云苗如石龍芮葉光澤花白似梅莖紫色煮汁極滑堪啖爾雅釋草一名莃所在平澤皆有田間人多識之是也 芹楚葵 釋曰郭云今水中芹菜案本草云水芹一名水英陶注云其二月三月作英時可作菹及爚食之又有渣音爐芹可爲生菜亦可生啖別本注云芹有兩種荻芹取根白色

赤芹取莖葉並堪作菹及生菜是也　藚牛蘈　釋曰藚一名牛蘈詩小雅云
言采其蓫鄭箋云蓫牛蘈郭云今江東呼草爲牛蘈者高尺餘許方莖葉長
而銳有穗穗間有華華紫縹色可淋以爲飲者字林云縹青白色淋以水沃
也　藚牛脣　釋曰李巡云別二名郭云如續斷寸寸有節陸機以爲今澤蕮
也郭氏所不取　注毛詩傳曰水蕮也　釋曰詩魏風汾沮洳云彼汾一曲言
采其藚毛傳云藚水蕮也是　苹蘋蕭　釋曰苹一名蘋蕭郭云今蘋蒿也初
生亦可食詩小雅云呦呦鹿鳴食野之苹陸機云葉青白色莖似箸而輕肥始
生香可生食又可烝食是也　連異翹　釋曰連一名異翹郭云一名連苕又
名連草本草云者案今本草連翹一名異翹一名蘭華一名折根一名軹一名三
廉不同者所見本異也唐本注云此物有兩種大翹小翹大翹葉狹長如水蘇
花黃可愛生下濕地著子似椿實之未開者作房翹出衆草其小翹生岡原
之上葉花實皆似大翹而小細耳是也　澤烏蕵　釋曰即上蕵生於水澤者
與形所未詳　傅橫目　釋曰傅一名橫目草蔓延生郭云一名結縷俗謂之
鼓箏草是也　釐蔓華　釋曰釐一名蔓華郭云一名蒙華　蔆蕨攈　釋曰
蔆一名蕨攈郭云蔆今水中芰者字林云楚人名蔆曰芰可食國語曰屈到耆

□俗云菝葀是也　大菊蘧麥　釋曰大菊一名蘧麥藥草也郭云一名麥句
薑即瞿麥廣雅云茈萎麥句薑蘧麥案本草云瞿麥一名巨句麥一名大菊
一名大蘭陶注云今出近道一莖生細葉花紅紫赤可愛子頗似麥故名瞿麥
葥山莓　釋曰山莓一名葥郭云今之木莓也實似藨莓而大亦可食藨莓說
在下　齧苦堇　釋曰齧一名苦堇可食之菜也郭云今堇葵也葉似柳子如
米汋食之滑者本草唐本注云此菜野生非人所種俗謂之堇菜葉似蕺花紫
色者內則云堇荁枌榆是也本草云味甘此云苦者古人語倒猶甘草謂之大
苦也　薚石衣　釋曰薚一名石衣郭云水苔也一名石髮江東食之者案本
草有陟釐別本注云此即石髮也色類似苔而麁澁為異郭又云或曰薚葉
似䪥而大生水底亦可食者即本草海藻一名薚陳藏器本草云大葉藻也
生深海中及新羅葉如水藻而大海人取之正在深海底以繩繫腰沒水
下刈得旋繫繩上五月已後當有大魚傷人不可取也　蘜治蘠　釋曰蘜一
名治蘠郭云今之秋華菊案月令季秋云菊有黃華本草云菊華一名節華
陶注云菊有兩種一種莖紫氣香而味甘葉可作羹食者為真一種莖青而
大作蒿艾氣味苦不堪食者名苦薏非真也　唐蒙女蘿女蘿菟絲　釋曰

孫炎曰別三名郭云別四名則唐與蒙或并或別故三四異也詩經直言唐而傳云唐蒙也是以蒙解唐也則四名爲得下云蒙王女郭云即唐也是又名王女然則唐也蒙也女蘿也菟絲也王女也凡五名詩頍弁云蔦與女蘿毛傳云女蘿菟絲陸機云今菟絲蔓連草上生黄赤如金今合藥菟絲子是也　注詩云爰采唐矣　釋曰鄘風桑中篇文也　堇蕻葢　釋曰堇一名蕻葢郭云覆葢也實似莓而小亦可食案本草蓬虆一名覆葢一名陵虆一名陰虆其實名覆盆子今注云蓬虆是覆盆之苗也覆盆乃蓬虆之子也唐本注云然生處不同沃地則子大而甘瘠地則子細而酸是也　芨堇草　釋曰芨一名堇草郭云即烏頭也江東呼爲堇音靳案詩大雅云堇荼如飴又晉語驪姬將譖申生寘鴆於酒寘堇於肉賈逵曰堇烏頭也然則堇者其烏頭乎嫌讀爲堇菫之菫故音之　蕢戎葵　釋曰蕢一名戎葵郭云今蜀葵也似葵華如木槿華戎蜀葢其所自也因以名之　蘻狗毒　釋曰蘻一名狗毒樊光云俗語苦如蘻樊光者京兆人後漢中散大夫注爾雅三卷故郭氏取以爲說　蕧盜庚　釋曰蕧一名盜庚郭云旋蕧似菊本草旋蕧一名戴椹一名金沸草一名盛椹陶注云出近道下濕地似菊花而大是也　莩麻母　釋曰苴麻之盛子者也

此是卷一之第十葉　王氏又從[illegible]

耆也方言云燕代北鄙謂耇爲梨郭彼注云梨面色似凍梨也舍人曰耇觀也

血氣精華觀竭言色赤黑如狗矣孫炎曰耇面如凍梨色似浮垢老人壽徵也
老者說文云七十曰老從人毛匕言須髮變白也 允孚亶展諶誠亮詢信也
釋曰皆謂誠實不欺也 注方言至見詩 釋曰案方言云允訦音諶恂音詢展諒
音亮穆信也齊魯之間曰允燕代東齊曰訦宋衛汝潁之間曰恂荊吳淮汭之間
曰展西甌毒屋黃石野之間曰穆眾信曰諒周南召南衛之語也云亦皆見詩
者鄘風定之方中云終然允臧大雅文王云萬邦作孚小雅祈父云亶不聰鄘
風君子偕老云展如之人兮大雅蕩篇云其命匪諶誠者復言之信也鄘柏舟
云不諒人只鄭風溱洧云洵訏且樂亮諒詢洵音義同 展諶允慎亶誠也
釋曰皆謂至誠轉相訓也 注詩曰慎爾優遊 釋曰小雅白駒文 謔浪笑
敖戲謔也 釋曰詩曰謔浪笑敖者不敬之戲謔也舍人曰謔戲謔也浪意明
也笑心樂也敖意舒也戲笑邪戲謔笑之貌郭云謂調戲也見詩者此邶風終
風文 粵于爰曰也爰粵于也 釋曰皆謂語辭發端轉互相訓也說文云曰
從開口象氣出於口也 注書曰至出征 釋曰云書曰土爰稼穡者周書洪
範文云詩曰對越在天者周頌清廟文云王于出征者小雅采芑文 爰粵于
那都繇於也 釋曰皆語之韻絕歎辭也爰粵于三者又為於乎 注左傳至

陶謨云自我五禮有庸哉恒久之常也湯誥云若有恒性律者常法也戛者康
誥云不率大戛職者王之常也秩者商頌烈祖云有秩斯祜　柯憲刑範辟律
矩則法也　釋曰此亦謂常法轉互相訓柯者執以取法也憲者大雅桑扈云
百辟爲憲辟罪法也刑範律矩則皆謂常法也　注詩曰至踰矩　釋曰云詩
曰伐柯伐柯其則不遠者豳風伐柯文云論語曰不踰矩者爲政文辠辟戾辠
也　釋曰皆謂刑罪也辠者書仲虺之誥云罔不懼于非辜辟者呂刑云墨辟
疑赦戾者大雅抑篇云亦維斯戾辠罪古今字也說文云辠犯法也從辛從自
言辠人蹙鼻苦辛之憂秦以辠似皇改爲罪取非人自投於网自古文以爲鼻
黃髮齯齒鮐背耇老壽也　釋曰皆壽考之通稱也黃髮者舍人曰黃髮老人
髮白復黃也郭云黃髮髮落更生黃者齯齒者說文云齯老人兒齒也郭云齒
墮更生細者魯頌閟宮云既多受祉黃髮兒齒鄭箋云兒齒亦壽徵鮐背者舍
人曰老人氣衰皮膚消瘠背若鮐魚郭云鮐背背皮如鮐魚劉熙釋名云九十
曰鮐背背有鮐文大雅行葦云黃耇台背毛傳云台背大老也　鄭箋云台之
言鮐也大老則背有鮐文方言云秦晉之郊陳兗之會謂老曰耇鮐耇者郭云
耇也方言云燕代北鄙謂耇爲梨郭彼注云梨面色似凍梨也舍人曰耇覯也

無氣精華䵧竭言色赤黒如狗矣孫炎曰耇面如凍梨色似浮垢老人壽徵也
老者說文云七十曰老從人毛匕言須髮變白也　允孚亶展諶誠亮詢信也
釋曰皆謂誠實不欺也　注方言至見詩　釋曰案方言云允訦音諶恂音詢展諒
音亮穆信也齊魯之間曰允燕代東齊曰訦宋衛汝潁之間曰恂荆吳淮汭之間
曰展西甌毒屋黃石野之間曰穆衆信曰諒周南召南衛之語也云亦皆見詩
者鄘風定之方中云終然允臧大雅文王云萬邦作孚小雅祈父云亶不聰鄘
風君子偕老云展如之人兮大雅蕩篇云其命匪諶誠者復言之信也鄘柏舟
云不諒人只鄭風溱洧云洵訏且樂亮諒詢洵音義同　展諶允慎亶誠也
釋曰皆謂至誠轉相訓也　注詩曰慎爾優遊　釋曰小雅白駒文　謔浪笑
敖戲謔也　釋曰詩曰謔浪笑敖者不敬之戲謔也舍人曰謔戲謔也浪意明
也笑心樂也敖意舒也戲笑邪戲謔笑之貌郭云謂調戲也見詩者此邶風終
風文　粤于爰曰也爰粤于也　釋曰皆謂語辭發端轉互相訓也說文云曰
從開口象氣出於口也　注書曰至出征　釋曰云書曰土爰稼穡者周書洪
範文云詩曰對越在天者周頌清廟文云王于出征者小雅采芑文　爰粤于
那都繇於也　釋曰皆語之韻絕歎辭也爰粤于三者又爲於乎　注左傳至

多花葉正似蘼蕪　菟奚顆凍　釋曰藥草也一名菟奚一名顆涷郭云款涷
也紫赤華生水中案本草款凍一名橐吾一名顆東一名虎鬚一名菟奚陶
注云形如宿蓴未舒者其腹裹有絲其花乃似大菊花唐本注云葉似葵而
大叢生花出根下是也　中馗菌小者菌　釋曰此辨菌大小之異名也大者
名中馗小者即名菌郭云地蕈也似蓋今江東人名為土菌亦曰馗廚可啖之
者說文云蕈桑䔡也謂菌生木上也今云地蕈即俗呼地菌者是也　苕陵苕
黄華蔈白華茇　釋曰苕一名陵苕本草一名陵時舍人曰苕陵苕也黄華名
蔈白華名茇別華色之名也陸機疏云一名鼠尾生下濕水中七八月中華紫
似今紫草可染皁者煑以沐髮即黑詩小雅云苕之華芸其黄矣鄭箋云陵苕
之華紫赤而繁陸機亦言其華紫色而此云黄白者蓋就紫色之中有黄紫白
紫爾及其將落則全變為黄故詩云芸其黄矣毛傳云將落則黄是也　蘪從
水生　釋曰草從水生者曰蘪故注云生於水中　薇垂水　釋曰草生於水
濵而枝葉垂於水者曰薇故注云生於水邊也　薜山麻　釋曰麻生山中者
名薜故注云似人家麻生山中也　莽數節　至簝箭　釋曰此辨竹節希數
及中空實萌簝之異名也凡竹節間促數者名莽相去四寸有節者名桃枝竹

其中堅實者名鄰其中空者名簢簢筡空也仲無笐几注未詳意一名箭萌即筍也
篠一名箭前書曰篠簜既敷釋地云會稽之竹箭是也　注今桃枝節間相去
多四寸　釋曰郭以時驗而言也尚書顧命云敷重篾席孔安國云篾桃枝竹
周禮春官司几筵云加次席黼純鄭注云次席桃枝席有次列成文是也　注
周禮曰䈡菹鴈醢　釋曰天官醢人職文也彼文作箈菹鄭玄注云箈箭萌字雖
異音義同　芏夫王　釋曰芏草一名夫王郭云芏草生海邊似莞蘭今南方
越人采以為席　綦月爾　釋曰綦一名月爾可食之菜也郭云即紫綦也似
蕨可食　葴馬藍　釋曰葴一名馬藍郭云今大葉冬藍也今為澱者是也
芐地黄　釋曰藥草也郭云一名地髓江東人呼芐案本草地黄一名地髓一
名芐一名芑陶注云生渭城者乃有子實實如小麥　拔蘢葛　釋曰拔一名
蘢葛葛類也郭云似葛蔓生有節江東呼為龍尾亦謂之虎葛細葉赤莖
藗牡茅　釋曰茅之不實者也一名藗一名牡茅郭云白茅屬　菤耳苓耳
釋曰卷耳一名苓耳郭云廣雅云枲耳也亦云胡枲江東呼為常枲或曰苓耳
形似鼠耳叢生如盤詩周南云采采卷耳陸機疏云葉青白色似胡荽白華細
莖蔓生可煮為茹滑而少味四月中生子如婦人耳璫幽州人謂之爵耳是也

蕨虌 釋曰可食之菜也舍人曰蕨一名虌郭云廣雅云紫綦非也初生無葉
可食江西謂之虌詩召南云言采其蕨陸機疏云蕨山菜也初生似蒜莖紫黑
色可食如葵是也 蕎邛鉅 釋曰蕎一名邛鉅郭云今藥草大戟也本草云
者案本草大戟一名邛鉅苗名釋漆陶注云今近道處處有生時摘葉有白
汁故名澤漆也 莣社榮 釋曰莣草一名社榮郭云今莣草似茅皮可以為
繩索履屩也者屩草履也 稂童梁 釋曰舍人曰稂一名童梁郭云稂莠類
也詩曹風云浸彼苞稂陸機疏云禾秀為穗而不成崱嶷然謂之童梁今人謂
之宿田翁或謂之守田也大田云不稂不莠外傳曰馬不過稂莠皆是也
藨麃 釋曰藨一名麃郭云麃即莓也今江東人呼為藨莓子似覆葐而大赤
酢甜可啖 的薂 釋曰的又一名薂即上釋荷云其實蓮其中的也故郭云
即蓮實 購蔏蔞 釋曰舍人曰購一名蔏蔞郭云蔏蔞蔞蒿也生下田初出
可啖江東用羹魚詩周南漢廣云翹翹錯薪言刈其蔞陸機疏云其葉似艾白
色長數寸高丈餘好生水邊及澤中正月根牙生旁莖正白生食之香而脆美
其葉又可蒸為茹是也 茢勃茢 釋曰茢一名勃茢郭云一名石芸本草云
者案本草石芸味甘一名螫烈一名顧啄是也 葽繞蕀蒬 釋曰藥草也

葽繞一名棘蒬郭云今遠志也似麻黄赤華葉銳而黄其上謂之小草廣雅云
者案本草遠志一名細草其葉名小草陶注云小草狀似麻黄而青今注云
遠志莖葉似大青而小廣雅云棘蒬遠志也其上謂之小草是也　茦刺
釋曰謂草針刺人也一名茦又名刺郭云草刺針也關西謂之刺燕北朝鮮之
閒曰茦見方言者案方言凡草木刺人北燕朝鮮之閒謂之茦或謂之壯自關
而東或謂之梗或謂之劌自關而西謂之刺江湘之閒謂之棘是也　蕭萩
釋曰李巡云萩一名蕭陸機云今人所謂萩蒿者是也或云牛尾蒿似白蒿白
葉莖麤科生多者數十莖可作燭有香氣故祭祀以脂爇之為香許慎以為
艾蒿非也郊特牲云既奠然後爇蕭合馨香是也　蕁海藻　釋曰蕁又
名海藻郭云藥草也一名海蘿如亂髮生海中本草云者案本草一名落首
一名蕁陶注云生海島上黑色如亂髮而大少許葉大都似藻葉　長楚銚
芅　釋曰舍人曰長楚一名銚芅本草云銚芅名羊桃郭云今羊桃也或曰鬼
桃葉似桃華白子如小麥亦似桃詩檜風隰有萇楚陸機疏云今羊桃是也
葉長而狹華紫赤色其枝莖弱過一尺引蔓於草上今人以為汲灌重而善没
不如楊柳也近下根刀切其皮著熱灰中脱之可韜筆管　蘦大苦　釋曰藥

草也蘦一名大苦郭云今甘草也蔓延生葉似荷青黄莖赤有節節有枝相
當或云蘦似地黄詩唐風云采苓采苓首陽之巔是也蘦與苓字雖異音義
同　芣苢馬舄馬舄車前　釋曰藥草也別三名郭云今車前草大葉長穗好
生道邊江東呼爲蝦蟆衣詩周南云采采芣苢陸機疏云馬舄一名車前一名
當道喜在牛跡中生故曰車前當道也今藥中車前子是也幽州人謂之牛舌
草可鬻作茹大滑其子治婦人難産王肅引周書王會云芣苢如李出於西
戎王基駮云王會所記雜物奇獸皆西夷遠國各齎土地異物以爲貢贄非周
南婦人所得采是芣苢爲馬舄之草非西戎之木也　綸似綸至華山有之
釋曰此辨草似綸組布帛者以其所似因名其草也綸是糾青絲繩也組綬
也東海有草采理似之即名綸草組草華山有草葉似帛布者因名帛草布
草也　注綸今有秩嗇夫所帶糾青絲綸　釋曰案漢書百官公卿大夫表
云十里一亭十亭一鄉鄉有三老有秩嗇夫有游徼三老掌教化嗇夫掌獄訟
游徼掌禁盜賊故漢書云張敞以鄉有秩補大守卒史又云朱邑爲桐鄉嗇夫
又續漢書百官表云鄉置有秩三老游徼有秩郡所置秩百戸其鄉小者縣
所署嗇夫案此則有秩嗇夫職同但隨鄉大小故名異耳名雖異皆糾青絲爲

綸以帶佩之則同至東晉尚然故郭云今也張華云綸如宛轉繩　緜馬羊齒
釋曰緜馬一名羊齒郭云草細葉葉羅生而毛有似羊齒今江東人呼為鴈齒
繅者以取繭緒　說文云繅繹繭為絲也緒絲耑也以此草似羊齒而毛故繅
者用之以取繭緒也　萿麋舌　釋曰萿草春生葉似麋舌故萿一名麋舌郭
云今麋舌草春生葉有似於舌　蘩之醜秋為蒿　釋曰醜類也此言蘩蕭
蔚莪之類春始生氣味既異故其名不同至秋老成則皆蒿也郭云醜類也春
時各有種名至秋老成皆通呼為蒿也　芺薊其實荂　釋曰鉤芺枹薊之類
其實名荂郭云芺與薊莖頭皆有蓊臺名荂荂即其實也　蔈荂荼猋藨
芀　釋曰此辨苕荼之別名也案鄭注周禮掌荼及詩有女如荼皆云荼茅秀
也蔈也荂也其別名荼即苕也苕又一名猋又名藨皆雈葦之屬華秀名也故
注云皆苕荼之別名方俗異語所未聞言未聞者謂未聞其所出也　葦醜
芀　釋曰葦即蘆之成者其類皆有芀秀也　葭華至其萌虇　釋曰此辨
蒹葭等生成之異名也葭一名華即今蘆也葦之未成者蒹一名薕郭云似
雈而細高數尺江東呼為薕藡詩秦風云蒹葭蒼蒼陸機云蒹水草也堅實
牛食令牛肥強青徐人謂之薕兖州遼東通語也葭一名蘆菼一名薍李巡曰

分別葦類之異名郭云蘆葦也菼似葦而小實中江東呼爲烏蓲如李巡云蘆
亂共爲一草如郭云則蘆葦亂別草案詩大車傳云菼鵻也蘆之初生則毛意亦
以葭菼爲一草也案詩衛風碩人云葭菼揭揭陸機云亂或謂之荻至秋堅成
則謂之萑其初生三月中其心挺出其下本大如箸上銳而細楊州人謂之馬
尾以今語驗之則蘆葦亂別草也其萌名虇郭云今江東人呼蘆筍爲虇然則
萑葦之類其初生者皆名虇　注音繾綣　釋曰大雅民勞云以謹繾綣昭二
十五年左傳云繾綣從公無通外內此取虇與綣字音同不爲義也　莕蕍芛葟
華榮　釋曰此別草木榮華之異名也蕍言華之敷貌芛華初生之名也葟亦
華也郭云釋言云華皇也今俗呼草木華初生者爲芛蕍猶敷蕍亦華之貌
所未聞云未聞者亦未聞所出也　注音䝏豬　釋曰釋獸云䝏豶郭云俗呼
小豶豬爲䝏子此亦取芛與䝏音同其義則異也　卷施草拔心不死　釋曰
卷施草一名宿莽拔其心亦不死也　注宿莽也離騷云　釋曰離騷經云朝
搴阰之木蘭兮夕攬洲之宿莽王逸云草冬生不死者楚人名之曰宿莽　荺
茇　釋曰荺一名茇謂草根可食者也亦筍類也非一種故郭氏舉類以曉人
云今江東呼藕紹緒如指空中可啖者爲茇茇即此類是也　荄根　釋曰凡

草根一名茇郭云別二名俗呼韭根爲茇此舉一隅也　華荂也至謂之英
釋曰李巡云分別異名以曉人也華一名荂郭云今江東呼華爲荂華與荂文
一名榮郭云轉相解木則名華月令季春桐始華草則名榮月令仲夏木槿榮
此對文爾散文則草亦名華鄭風云隰有荷華是也不見其榮但見其實者曰
秀詩大雅云實發實秀徒有其榮而不實者曰英此亦對文爾故以英爲不實
其實黍稷皆先榮後實詩小雅出車云黍稷方華是嘉穀之秀必有榮也

爾雅疏卷第八

爾雅疏卷第九

翰林侍講學士朝請大夫守國子祭酒上柱國賜紫金魚袋臣邢昺等奉

勑校定

釋木第十四　釋蟲第十五

釋魚第十六

釋木第十四

釋曰說文云木冒也冒地而生東方之行也白虎通云木觸也陽氣動躍觸地而出也種名雖多木爲揔號此篇析别故云釋木也　稻山榎　釋曰李巡云山榎一名稻郭云今之山楸詩秦風云終南何有有條有梅陸機疏云稻今山楸也亦如下田楸耳皮葉白色亦白材理好宜爲車板能溼又可爲棺木宜陽共北山多有之　栲山樗　釋曰舍人曰栲名山樗郭云栲似樗色小白生山中因名云亦類漆樹俗語曰櫄樗栲漆相似如一詩唐風云山有栲陸機疏云山樗與下田樗略無異葉似差狹耳吳人以其葉爲茗方俗無名此爲栲者似誤也今所云爲栲者葉如櫟木皮厚數寸可爲車輻或謂之栲櫟許慎正以栲讀爲糗今人言栲失其聲耳　柏椈　釋曰柏一名椈　注禮記曰鬯臼以椈

釋曰上雜記文也彼鄭注云所以擣鬱也椈柏也是也　椴柂　釋曰椴一名
柂郭云白椴也樹似白楊其材能濕禮記檀弓云杝棺一鄭注云所謂椑棺也
即引此文以證之是也　梅柟　釋曰孫炎云荆州曰梅揚州曰柟郭云似杏
實酢詩秦風終南云有條有梅陸機云梅樹皮葉似豫樟葉大如牛耳一頭尖
赤心華赤黃子青不可食柟葉大可三四葉一叢木理細緻於豫樟子赤者材
堅子白者材脆是也　被煔　釋曰被一名煔俗作杉郭云煔似松生江南可
以爲船及棺材作柱埋之不腐　櫠椵　釋曰櫠一名椵郭云柚屬也子大如
盂皮厚二三寸中似枳食之少味　杻檍　釋曰杻一名檍郭云似棣細葉葉
新生可飼牛材中車輞關西呼杻子一名土橿詩唐風云隰有杻陸機疏云葉
似杏而尖白色皮正赤爲木多曲少直枝葉茂好二月中葉疏華如練而細蘂
正白蓋樹今官園種之正名曰萬歲既取名於億萬其葉又好故種之共汲山
下人或謂之牛筋或謂之檍材可爲弓弩幹也　楙木瓜　釋曰木瓜一名楙郭
云實如小瓜酢可食詩衛風云投我以木瓜是也　椋即來　釋曰椋一名即
來郭云今椋材中車輞本草唐本注云葉似柿兩葉相當子細圓如牛李子
生青熟黑其木堅重煮汁赤色爾雅云椋即來是也　栵栭　釋曰栵一名栭

詩大雅皇矣云其灌其栵陸機疏云葉如榆也木理堅韌而赤可爲車轅郭云樆似樝檞而庳小子如細栗可食今江東亦呼爲梸栗禮記內則云芝栭蔆椇是也　檴落　釋曰檴一名落某氏曰可作杯圈皮韌繞物不解郭云可以爲杯器素素謂樸也小雅大東云無浸穫薪鄭箋云穫落木名陸機疏云今櫟榆也其葉如榆其皮堅韌剝之長數尺可爲絙索又可爲甑帶其材可爲杯器是也　柚條　釋曰柚一名條郭云似橙實酢生江南禹貢揚州云厥包橘柚孔安國云小曰橘大曰柚呂氏春秋云果之美者有雲夢之柚本草唐本注云柚皮厚味甘不如橘皮味辛而苦其肉亦如橘有甘有酸酸者名胡甘今俗人或謂橙爲柚非也　時英梅　釋曰時一名英梅郭云雀梅似梅而小者也　楥柜柳　釋曰楥一名柜柳郭云未詳或曰柳當爲柳柜柳似柳皮可煑作飲以時驗而知也　栩杼　釋曰栩一名杼郭云柞樹詩唐風云集于苞栩陸機疏云今柞櫟也徐州人謂櫟爲杼或謂之爲栩其子爲皁或言皁斗其殼爲汁可以染皁今京洛及河內言杼斗謂櫟爲杼五方通語也　蘦茎　釋曰別二名也郭云今之刺榆詩唐風云山有樞陸機疏其針刺如柘其葉如榆瀹爲茹美滑於白榆也榆之類有十種葉皆相似皮及木理異耳　杜甘棠　釋曰杜一名

甘棠郭云今之杜棃下云杜赤棠白者棠舍人曰杜赤色名赤棠白者亦名棠
然則其白者名棠其赤者爲杜爲甘棠爲赤棠詩召南云蔽芾甘棠小雅云有
杕之杜傳云杜赤棠是也　朹檕梅　釋曰朹一名檕梅郭云朹樹狀似梅子
如指頭赤色似小㮈可食　魄㯉櫨　釋曰魄一名㯉櫨郭云魄大木細葉似
檀今江東多有之齊人諺曰上山斫檀㯉櫨先殫殫訓盡也　梫木桂　釋曰
梫一名木桂郭云今南人呼桂厚皮者爲木桂桂樹葉似枇杷而大白華華而
不著子叢生巖嶺枝葉冬夏常青閒無雜木案本草謂之牡桂者是也　棆無
疵　釋曰棆柔也無疵疵病因名之郭云棆楩屬似豫章案楩及豫章皆南方大
木之名也　椐樻　釋曰別二名也郭云腫節可以爲杖詩大雅皇矣其檉其
椐陸機疏云節中腫以扶老今人以爲馬鞭及杖恒農郡北山甚有之　檉河柳
釋曰檉一名河柳郭云今河旁赤莖小楊陸機疏云生水旁皮正赤如絳一名
雨師枝葉似松　旄澤柳　釋曰柳生澤中者別名旄郭云生澤中者　楊蒲
柳　釋曰楊一名蒲柳生澤中可爲箭笴　注左傳所謂董澤之蒲　釋曰按
左傳宣十二年晉楚戰于邲晉師敗績楚熊負羈囚知罃知莊子以其族反
之廚武子御下軍之士多從之每射抽矢菆納諸廚子之房廚子怒曰非子之

求而蒲之愛董澤之蒲可勝既乎杜注云董澤澤名河東聞喜縣東北有董
池陂既盡也是其事也　杜赤棠白者棠　釋曰郭云棠色異異其名樊光云
赤者為杜白者為棠陸機疏云赤棠與白棠同耳但子有赤白美惡子白色為
白棠甘棠也少酢滑美赤棠子澀而酢無味俗語云澀如杜是也赤棠木理韌
亦可以作弓幹　諸慮山櫐　釋曰諸慮一名山櫐郭云今江東呼櫐為藤似
葛而麤大　欇虎櫐　釋曰欇一名虎櫐郭云今虎豆纏蔓林樹而生莢有毛
刺今江東呼為欇欘或曰葛類也子如藊豆而葉大　杞枸檵　釋曰杞一名枸
檵郭云今枸杞也詩小雅四牡云集于苞杞陸機疏云一名苦杞一名地骨春
生羹茹微苦其莖似莓子秋熟正赤莖葉及子服之輕身益氣耳　杬魚毒
釋曰杬一名魚毒郭云杬大木子似栗生南方皮厚汁赤中藏卵果　欓大椒
釋曰欓者大椒之別名也郭云今椒樹叢生實大者名為欓詩唐風云椒聊且
陸機疏云椒樹似茱萸有針刺葉堅而滑澤蜀人作茶吳人作茗皆合煮其葉
以為香今成皐諸山間有椒謂之竹葉椒其樹亦如蜀椒少毒熱不中合藥也
可著飲食中又用烝雞豚最佳香東海諸島上亦有椒樹枝葉皆相似子長而
不圓甚香其味似橘皮島上獐鹿食此椒葉其肉自然作椒橘香　楰鼠梓

釋曰李巡云鼠梓一名楰郭云楸屬也今江東有虎梓詩小雅云北山有楰陸機疏云其樹葉木理如楸山楸之異者今人謂之苦楸是也　楓欇欇　釋曰說文云楓木厚葉弱枝善搖一名欇欇郭云楓樹似白楊葉圓而岐有脂而香今之楓香是也本草唐本注云樹高大葉三角商洛之間多有之是也又山海南荒經云有宋山者木生山上名曰楓木楓木蚩尤所棄其桎梏是謂楓木注云即今楓香樹也　寓木宛童　釋曰寓木一名宛童郭云寄生樹一名蔦詩小雅頍弁云蔦與女蘿陸機疏云蔦一名寄生葉似當盧子如覆盆赤黑恬美是也　無姑其實夷　釋曰無姑一名姑榆其實名夷郭云無姑姑榆也生山中葉圓而厚剝取皮合漬之其味辛香所謂無夷云所謂者所謂本草無夷一名無姑也　櫟其實梂　釋曰櫟似樗之木也梂盛實之房也孫炎曰櫟實橡也郭云有梂彙自裹詩秦風云山有苞櫟陸機疏云秦人謂柞櫟為櫟河内人謂木蓼為櫟椒樧之屬也其子房生為梂木蓼子亦房生故說者或曰柞櫟或曰木蓼機以為此秦詩也宜從其方土之言柞櫟是也　檖羅　釋曰檖一名羅郭云今楊檖也實似棃而小酢可食詩秦風云隰有樹檖陸機疏云檖一名赤羅一名山梨也今人謂之楊檖實如棃但小耳一名鹿棃一名鼠棃

今人亦種之極有脃美者亦如梨之美者　楔荆桃至山桃　釋曰別桃類也
楔一名荆桃郭云今櫻桃廣雅云櫻桃含桃也月令仲夏云羞以含桃是也桃
子冬熟者名旄生山中者名榹桃郭云實如桃而小不解核　休無至赤李
釋曰別李屬也李子之無實者名休郭云一名趙李痤接慮李郭云今之麥李
與麥同熟因名云李子之子赤者名駁　棗壺棗至棯棗　釋曰別棗類也云棗
者曰諸棗也壺棗者棗形似壺也郭云今江東呼棗大而銳上者為壺壺猶瓠
也邊大而要細者名邊腰棗郭云子細腰今謂之鹿盧棗棗子白熟者名櫅
實小而味酢者名樲棗楊徹齊棗注未詳遵一名羊棗郭云實小而員紫黑
色今俗呼之為羊矢棗洗最大之棗名也郭云今河東猗氏縣出大棗子如雞
卵煑塡棗注未詳蹶泄者味苦之棗名也皙者無實之棗名也還味者短味也
名棯棗　注孟子曰養其樲棗　釋曰案孟子曰人之於身也體有貴賤有小
大無以小害大無以賤害貴養其小者為小人養其大者為大人今有場師舍
其梧檟養其樲棗則為賤場師焉趙岐注云樲棗小棗所謂酸棗是也　注孟子
曰曾晳嗜羊棗　釋曰孟子云曾晳嗜羊棗而曾子不忍食羊棗公孫丑問曰
膾炙與羊棗孰美孟子曰膾炙哉公孫丑曰然則曾子何為食膾炙而不食羊

棗白膾炙所同也羊棗所獨也諱名不諱姓姓所同也名所獨也是其事
櫬梧　釋曰櫬一名梧郭云今梧桐詩大雅云梧桐生矣于彼朝陽是也　樸枹
者　釋曰樸屬枹叢皆木叢生之名也郭云樸屬叢生者為枹　注詩所謂
棫樸枹櫟　釋曰棫樸者詩大雅云芃芃棫樸薪之槱之是也枹櫟者秦風云
山有苞櫟隰有六駮是也　謂櫬采薪采薪即薪　釋曰郭云指解今樵薪一
名櫬一名采薪一名即薪公羊謂之薪采左傳云不樵樹史記云樵蘇後爨師
不宿飽注云樵取薪蘇取草皆謂取草木為薪也　棪樕其　釋曰棪一名樕
其郭云棪實似柰赤可食山海經云堂庭之山多棪木注云子似柰而赤可食
是也　劉劉杙　釋曰劉一名劉杙其子可食郭云劉子生山中實如梨酢甜
核堅出交阯　櫰槐大葉而黑　釋曰櫰槐一也大葉而黑名櫰不爾者即名槐
郭云槐樹葉大色黑者名為櫰　守宮槐葉晝聶宵炕　釋曰此亦槐也聶合
也炕張也言其葉晝日聶合夜開者別名守宮槐郭云槐葉晝日聶合而夜炕布者
名為守宮槐　槐小至皵榎　釋曰別楸榎之異也楸之小葉者名榎樊光云
大者老也皵措皮也謂樹老而皮麤皵者為楸小少也樹少而皮麤皵者為榎
注左傳曰使擇美榎　釋曰案襄二年夏齊姜薨初穆姜使擇美榎以自為

櫬與頌琴季文子取以葬是其事也　椅梓　釋曰別二名也郭云即楸詩鄘風云椅桐梓漆陸機疏云梓者楸之疏理白色而生子者爲梓梓實桐皮曰椅則大類同而小別也　楰赤楝白者楝　釋曰楝赤者名楰白者即名楝某氏曰其色雖異爲名即同郭云赤楝樹葉細而岐銳皮理錯戾好叢生山中中爲車輞白楝葉員而岐爲大木也詩小雅云隰有杞楰陸機疏云楝葉如柞皮薄而白其木理赤者爲赤楝一名楰白者爲楝其木皆堅韌今人以爲車轂

終牛棘　釋曰終一名牛棘郭云即馬棘也其刺麤而長謂棘之針刺麤長者因名牛棘馬棘也　灌木叢木　釋曰灌木者即叢生之木也下云木族生爲灌郭云族叢也是灌木爲叢木也詩周南云黃鳥于飛集于灌木是也　瘣木苻婁　釋曰某氏云詩云譬彼瘣木疾用無枝苻婁尫傴內疾瘣磊故疾用無枝郭云謂木病尫傴癭腫無枝條舍人曰苻婁屬下句獨爲異也　蕡藹　釋曰蕡赤樹實名又名藹郭云樹實繁茂菴藹　枹遒木魁瘣　釋曰木叢攢迫而生者名枹遒木魁瘣讀若磈磊磈磊謂根節盤結處也郭云謂樹木叢生根枝節目盤結磈磊　棫白桵　釋曰棫一名白桵郭云桵小木叢生有刺實如耳璫紫赤可啖詩大雅云芃芃棫樸陸機云三蒼說棫即柞也其材理全白無赤心

者爲白桵直理易破可爲犢車輻又可爲子戟矜今人謂之白梂或曰白柘此二說不同未知孰是　棃山樆　釋曰棃生山中者名樆郭云即今棃樹言其在山之名則曰樆人植之曰棃　桑辨有葚梔　釋曰說文云葚桑實也郭云辨半也舍人云桑樹一半有葚半無葚爲梔　女桑桋桑　釋曰女桑一名桋桑郭云今俗呼桑樹小而條長者爲女桑樹詩豳風七月云猗彼女桑是也

楡白枌　釋曰楡之皮色白者名枌郭云枌楡先生葉却著莢皮色白詩陳風云東門之枌是也　唐棣栘　釋曰舍人曰唐棣一名栘郭云似白楊江東呼夫栘詩召南云唐棣之華陸機云奧李也一名雀梅亦曰車下李所在山皆有其華或白或赤六月中熟大如李子可食　常棣棣　釋曰舍人曰常棣一名棣郭云今山中有棣樹子如櫻桃可食詩小雅云常棣之華陸機疏云許愼曰白棣樹也如李而小子如櫻桃正白今官園種之又有赤棣樹亦似白棣葉如刺楡葉而微圓子正赤如郁李而小五月始熟自關西天水隴西多有之

檟苦荼　釋曰檟一名苦荼郭云樹小似梔子冬生葉可煑作羹飲今呼早采者爲荼晚取者爲茗一名荈蜀人名之苦荼　樕樸心　釋曰孫炎曰樸樕一名心某氏曰樸樕斛樕也有心能濕江河間以作柱是樸樕爲木名也故郭

云槲樕別名詩召南云林有樸樕此作撲樕文雖倒其實一也或者傳寫誤

榮桐木　釋曰桐木一名榮郭云即梧桐與上櫬梧一也　栈木干木　釋

栈木一名干木郭云橿木也江東呼木觡　檿桑山桑　釋曰山桑一名檿桑

郭云似桑材中作弓及車轅冬官考工記云弓人取幹柘爲上檿桑次之是也

木自獘至梢梢櫂　釋曰此別死頓相磨皮甲抽擢之異名也云木者揔在下

之稱也自獘踣者名神立死不獘頓者名椔枝葉蔽蔭覆地者名翳木兩枝

相切磨者名檵木皮甲麤錯者名措亦名柯木無枝相長而殺者名梢一名

梢櫂小爾雅曰枝根曰櫂　注詩云其椔其翳　釋曰詩大雅皇矣篇文也毛

傳云木立死曰菑自斃爲翳說者引李巡曰以當菑死害生曰菑斃死也然則以

立死之木妨佗木生長爲木之害故曰菑也自斃者生木自倒枝葉覆地爲陰

翳故曰翳也爾雅直云斃者詩傳以其非人斃之故曰自斃其文與此不同者

所見本異也　樅松至松身　釋曰此辨樅檜之異名也松葉栢身者名樅柏

葉松身者名檜　注今大至美樅　釋曰云今大廟梁材用此木者以時驗而

言也云尸子所謂已下者綽子篇文也　注詩曰檜楫松舟　釋曰詩鄘風竹

竿篇文也毛傳云楫所以櫂舟是也　句如至如槐曰茂　釋曰此別木之曲

直叢生茂盛之異名也句曲也樹枝曲卷似鳥毛羽名喬樹枝下垂而曲名朻
詩周南云南有樛木是也木枝上竦而曲卷者亦名喬如木楸上竦者亦曰喬
鄭注云楸樹性上竦詩周南云南有喬木是也凡木如竹箭叢生者曰苞禹貢曰
草木漸包是也凡木枝葉婆娑者曰茂詩小雅云如松柏之茂是也枝葉扶竦
茂盛如槐者亦曰茂　槐棘至醜莍　釋曰此辨木之枝條子實形狀之異醜
類也喬高也槐棘之類枝皆翹竦桑柳之類皆阿那垂條莍者實之房也椒
樧之類實皆有莍彙自裹李巡曰樧茱萸也椒茱萸皆有房故曰莍莍實也
郭云莍萸子聚生成房貌今江東亦呼莍樧似茱萸而小赤色桃李之類皆子
中有核人曲禮云其有核者懷其核　瓜曰至鑽之　釋曰此辨啖食治擇瓜
果之名也云瓜曰華之者此爲國君削瓜之禮也華謂半破也降於天子故破
而不四析也亦橫斷之而巾以綌也云桃曰膽之者桃多毛拭治去毛令色青
滑如膽也或曰膽謂苦桃有苦如膽者擇去之云棗李曰疐之者謂治擇棗李
皆去其疐疐者柢也云樝棃曰鑽之者恐有蟲故一一鑽看其蟲孔也　注皆曰
啖至禮記　釋曰云樝似棃而酢澁者案鄭注禮記內則云柤棃之不臧者今
之所謂樝子者是也云見禮記者案曲禮云爲天子削瓜者副之巾以絺爲國

君者華之巾以綌又內則云棗曰新之栗曰撰之桃曰膽之柤梨曰攢之鄭注
云皆治擇之名也文雖小異大意則同　小枝上繚爲喬　釋曰此即上句曰
喬嫌不了故重出之言小枝上竦翹繚者名爲喬木也　無枝爲檄　釋曰此
即上文梢梢擢也檄則擢也謂木無枝檄擢直上長而殺者也　木族生爲灌
釋曰族叢也木叢生者爲灌即上灌木叢木也

釋蟲第十五

釋曰案說文蟲者裸毛羽鱗介之揔稱也此篇廣釋諸蟲之名狀故曰釋蟲
螜天螻　注螻蛄也夏小正曰螜則鳴　釋曰螜一名天螻一名碩鼠即今之
螻蛄也夏小正者大戴禮之篇名以蟲魚草木正十二月之節候起於夏后氏
故曰夏小正其三月云螜則鳴螜天螻是也　蜚蠦蜰　注蜰即負盤臭蟲
釋曰案洪範五行傳云蜚負蠜夷狄之物越之所生其爲蟲臭惡南方淫氣之
所生也本草曰蜚厲蟲也然則蜚是臭惡之蟲害人之物故春秋左氏傳曰有
蜚不爲災亦不書也春秋經傳皆云有蜚則此蟲名蜚一名蠦蜰而舍人李巡
皆云蜚蠦一名蜰蜚非也此蟲一名負盤漢書及左傳注多作負蠜者以此下有
草蟲負蠜故相涉誤耳　螾衘入耳　注蚰蜒　釋曰此蟲象吳公黃色而細

長呼爲吐古案方言云蚰蜒（由延二音）自關而東謂之螾蜒或謂之入耳或謂之蜧
蠼（音麗）趙魏之間或謂之蛈虷（扶于二音）北燕謂之蛆蚭（蛆奴六切 蚭音尼）江東人呼蛩（音鞏）皆
今蚰蜒意入耳者也　蜩蜋蜩至螇螰　釋曰此辨蟬之大小及方言不同
之名也云蜩者目諸蜩也蜋蜩五彩具者也螗蜩俗呼胡蟬似蟬而小鳴聲清
亮者也蚻一名蜻蜻如蟬而小有文者也蠽一名茅蜩似蟬而小青色者也蝒一
名馬蜩一名馬蟬蟬中最大者也蜺一名寒蜩又名寒螿似蟬而小青赤色者
也關東謂蟪蛄爲蜓蚞齊謂之螇螰也　注夏小至彩具　釋曰在五月孟
時也　注夏小至音蔑　釋曰云螗蜩者蝘者亦在五月舍人曰皆蟬也方語
不同三輔以西爲蜩梁宋以東謂蜩爲蝘陸機云螗一名蝘蚒字林蚒或作蟟
也青徐人謂之螇螰然則螗蝘亦皆蟬也大雅蕩篇云如蜩如螗是也　注如
蟬至虎縣　釋曰舍人曰小蟬也蜻蜻者案方言云蟬楚謂之蜩宋衞之間謂
之螗蜩陳鄭之間謂之蜋蜩秦晉之間謂之蟬海岱之間謂之蛥其小者謂之
麥蚻有文者謂之蜻蜻是也詩碩人云螓首蛾眉鄭云螓謂蜻蜻此蟲額廣而
且方故以比婦人之首也某氏解此云鳴札札蚻者也云夏小正曰者在四月彼
云鳴札札者虎縣也鳴而後知之故先鳴而後蚻是也　注月令曰寒蟬鳴

釋曰在七月鄭注云寒蜩寒蜩謂蜺也是　注即蝭至螇蚸　釋曰案方言云
蛥蚗蛥音折蚗音決齊謂之螇蚸楚謂之蟪蛄楚辭云蟪蛄鳴兮啾啾是也或謂之蛉
蛄音零秦謂之蛥蚗自關而東謂之虭蟧虭音貂蟧音料或謂之蝭蟧蝭音帝或謂之蜓蚞然
則亦皆蟬之別名耳　蛣蜣蜣蜋　釋曰蛣蜣一名蜣蜋黑甲翅在甲下噉糞
土喜取糞作丸而轉之莊子曰蛣蜣之智在於轉丸是也　蝎蛣蝠　釋曰木
中蠹蟲蠹蟲解在下　蠰齧桑　釋曰蠰一名齧桑江東呼齧髮形似天牛長角
體有白點喜齧桑樹作孔入其中因名云　蜉蝣渠略　釋曰舍人曰蜉蝣一
名渠略南陽以東曰蜉蝣梁宋之間曰渠略似蛣蜣身狹而長有角黃色叢
生糞土中朝生暮死豬好啖之夏小正曰蜉蝣渠略也朝生而莫死詩曹風云
蜉蝣之羽陸機疏云蜉蝣方土語也通謂之渠略似甲蟲有角大如指長三四
寸甲下有翅能飛夏月陰雨時地中出今人燒炙噉之美如蟬也樊光謂之糞
中蝎蟲隨陰雨時為之朝生而夕死　蛂蟥蛢　釋曰蛂一名蟥蛢甲蟲也形大
如虎豆綠色　蠸輿父守瓜　釋曰蠸輿父一名守瓜黃甲小蟲喜食瓜葉因
名守瓜　蟓蛖螻　注蛖螻螻蛄類　釋曰案方言蛄詣謂之杜蛒蛒音格螻蛞謂
之螻蛄蛞音聒或謂之蟓蛉蟓音象蛉音零南楚謂之杜狗或謂之蛞螻然則此言蟓及蛖螻

者亦螻蛄之異名耳　蛣蜣强蛘　釋曰方言云蛣蜣謂之强蛘今米穀中小
黑蠹蟲也江東謂之蛒加音建平人呼蛘子音楚姓芊之芊　不過蟷蠰其子蜱
蛸　釋曰不過一名蟷蠰一名螳蜋螵蛸母也其子一名蜱蛸一名蟳蟭一名螵
蛸蟷蠰卵也方言云譚魯以南謂之蟷蠰三河之域謂之螳蜋燕趙之際謂之
食庬齊杞以東謂之馬穀其子同名螵蛸也月令仲夏云螳蜋生是也　蒺藜
蝍蛆　釋曰蒺蔾一名蝍蛆廣雅云蝍蛆蜈蚣也郭云似蝗而大腹長角能食
蛇腦則非蜈蚣也莊子云蝍蛆甘帶是也　蝝蝮蜪　釋曰蝝一名蝮蜪蝗子
未有翅者春秋宣十五年冬蝝生是也　注外傳曰蟲舍蚳蝝　釋曰此魯語
里革諫宣公之辭也韋氏解曰蚳螘子也可以爲醢蝝蝮蜪也可食舍不取也
蟋蟀蛬　釋曰蟋蟀一名蛬今促織也亦名青蛚詩唐風云蟋蟀在堂歲聿其
莫陸機疏云蟋蟀似蝗而小正黑有光澤如漆有角翅一名蛬一名蜻蛚楚人
謂之王孫幽州人謂之趨織里語曰趨織鳴嬾婦驚是也　蟼蟆　注蛙類
釋曰此自一種蝦蟆也　蜋馬䗃　釋曰蜋蟲一名馬䗃一名馬蠲蚐俗呼馬
蝬方言云馬蚿䖴音北燕謂之蛆蟝音鎔好切其大者謂之馬蚰音逐是也　皁螽至
蠰谿　釋曰皁螽之族厥類寔煩此辨之也皁螽一名蠜李巡曰蝗子也陸

機疏云今人謂蝗子爲螽子兗州人謂之螣許慎云蝗螽也蔡邕云螽蝗也明
是一物草蟲一名負蠜一名常羊陸機云小大長短如蝗也奇音青色好在茅
草中又一名草蟲詩云喓喓草蟲趯趯阜螽是也蜇螽周南作螽斯七月作
斯螽雖字異文倒其實一也一名蚣蝑一名蚣蜙一名蝽黍陸機云幽州人謂
之春箕春箕即春黍蝗類也長而青長角長股股鳴者也或謂似蝗而小班
黑其股似瑇瑁又五月中以兩股相切作聲聞數十步者是也蟿螽一名螇蚸
形似蚣蜙而細長飛翅作聲者是也土螽一名蠰谿今謂之土蝶江南呼虴蛨
又名虴蜢形似蝗而小善跳者是也　注詩云喓喓草蟲趯趯阜螽　釋曰召
南草蟲篇文也　螼蚓蜸蚕　釋曰螼蚓一名蜸蚕即螼蟺也廣雅云螼蟺蚯
蚓也月令四月蚯蚓出十一月蚯蚓結是也江東呼寒蚓郭云蚯蚓土精無心之
蟲與阜螽交者也　莫貈螳蜋蛑　釋曰莫貈一名螳蜋一名蛑即上不過也
捕蟬而食有臂若斧奮之當轍不避莊子云猶螳蜋之怒臂以當車轍是也江
東呼爲石蜋又名齕肱　注孫叔然以方言說此義亦不了　釋曰方言云螳
蜋謂之髦或謂之虰或謂之芊芊孫炎取此方言之文以虰上屬爲說案說文
以虰蛵負勞爲一則方言之說既失其指孫氏引之爲說是亦不了也　虰蛵

負勞　釋曰即蜻蛉六足四翼蟲也一名虰蛵一名負勞江東呼狐黎方言云
蜻蛉謂之蝍蛉淮南人又呼蟟蛜伊音康字林云一名桑根陶注本草云一名蜻
蜓是也　注或曰至未聞　釋曰云所未聞者雖有或人之說但經典未聞所
出示其無質故云所未聞　蜭毛蠹　釋曰蜭一名毛蠹即蛓也說文云蛓毛
蟲今俗呼為毛蛓有毒螫人楚辭云蛓緣兮我裳是也　螺蛅蟴　釋曰螺一
名蛅蟴即蛓類也青州人呼蛅蟴　注孫叔然云八角螫蟲失之　釋曰此即
毛蟲何止八角故云失之螫猶蠚蟲也字林云蟲行毒也　蟠鼠負　釋曰此與
下蛜威委黍是一故下注委黍云舊說鼠婦別名則此蟲一名蟠一名鼠負
或作婦本草作婦一名蛜威一名委黍也陸機云在壁根下甕底土中生似
白魚者是也陶注本草云多在鼠坎中鼠背負之然與鼠婦及鼠婦則似乘詩
東山云伊威在室是也　蟫白魚　釋曰此衣書中蟲也一名蟫一名白魚一名
蛃魚本草謂之衣魚是也　蛾羅　釋曰此即蠶蛹所變者也說文云蛾羅也
是　螒天雞　釋曰此黑身赤頭小蟲也一名螒一名天雞一名莎雞又曰樗
雞李巡曰一名酸雞詩豳風七月云六月莎雞振羽陸機疏云如蝗而班色毛
翅數重其翅正赤六月中飛而振羽索索作聲幽州人謂之蒲錯是也　強蚚

釋曰強蟲名也一名蚚好自摩捋者蓋蠅類　蜆蛹　釋曰即蠶蟲所變者一名
蜆又名蛹也　蜆縊女　釋曰蜆小黒蟲也赤頭喜自縊故又名縊女說文云
蜺爲蝶是也　注喜自經死　釋曰經即縊也晉語申生使猛足辭於狐突乃
雉經於新城廟僖四年左氏傳云十二月戊申縊于新城是謂縊爲經也
蚍蜉至子蚳　釋曰此辨衆蟻及其子名也蟻通名也其大者别名蚍蜉俗呼
馬蚍蜉小者即名蟻齊人呼蟻蛘方言云蚍蜉齊魯之間謂之蚼蟓（駒養二音）西
南梁益之間謂之玄蚼燕謂之蛾蛘（蟻養二音）其場謂之坻或謂之垤是也其大而
赤色斑駮者名蠪一名朾蟻有翅而飛者名螱（尉）即飛蟻也其子在卵者名蚳
可以作醢　注周禮曰蜃蚳醬　釋曰案周禮醢人職曰饋食之豆蜃蚳醢醓
則醬醬之有肉者故此云醬也　次蟗至草鼅鼄　釋曰此辨鼅鼄方言及在
土在草之名也次蟗即鼅鼄别名也又一名蛛蝥今江東呼蝃蝥說文謂之蠿
蟊作罔鼄蟊也方言云自關而西秦晉之間謂之鼄蝥自關而東趙魏之郊謂
之鼅鼄或謂之蠾蝓（蠾臾二音）北燕朝鮮洌水之間謂之蝳蜍（毒餘二音）郭又云齊人
又呼社公亦言罔公其在地中布網者名土鼅鼄其作網絡幕草上者名草
鼅鼄也　土蠭　木蠭　釋曰此辨蠭在土在木之異也說文云蠭飛蟲螫人

者其形大在地中作房而啖其子者名土蠭又名馬蠭今荆巴間呼為蟺其形差小在樹上作房者名木蠭亦食其子　注音憚　釋曰嫌讀為蛋蟺之蟺故音之　蟦蠐螬蝤蠐蝎　釋曰此辨蝎在土在木之異名也其在糞土中者名蟦蠐又名蠐螬其在木中者方言云關東謂之蝤蠐梁益之間謂之蝎上文蝎蛣蝠郭云木中蠹蟲下文蝎桑蠹郭云即蛣蝠然則蟦蠐也蠐螬也蝤蠐也蛣蝠也桑蠹也蝎也一蟲而六名也以在木中白而長故詩人以比婦人之頸碩人云領如蝤蠐是也　蟰蛸長踦　釋曰此小鼅鼄長脚者一名蟰蛸一名長踦俗呼為喜子詩東山云蟰蛸在戶陸機疏云一名長脚荆州河內人謂之喜母此蟲來著人衣當有親客至有喜也幽州人謂之親客亦如蜘蛛為羅罔居之是也　國貉蟲蠁　釋曰此蛹蟲也今俗呼為蠁一名國貉一名蟲蠁說文云知聲蟲也廣雅云土蛹蠁蟲是也　蠖蚇蠖　釋曰蠖一名蚇蠖郭云今蝍蝛方言云蠀蛾謂之蚇蠖蝛音郎郭云又呼步屈說文云蠖屈伸蟲也易繫辭云尺蠖之屈以求信者是也　果蠃蒲盧螟蛉桑蟲　釋曰案詩小雅小宛云螟蛉有子蜾蠃負之果蠃一名蒲盧即細腰蠭也俗呼為蠮螉方言云蠭燕趙之間謂之蠓螉其小者謂之蠮螉鄭注中庸以蒲盧為土蠭說文云細要土蠭說文

地之性細要純雄無子螟蛉一名桑蟲一名桑蟃一名戎女陸機云螟蛉者桑
上小青蟲也似步屈其色青而細小或在草葉上蜾蠃土蜂也似蜂而小腰皆取
桑蟲負之於木空中七日而化爲子法言曰云螟蛉之子殪而逢蜾蠃祝之曰類
我類我久則肖之是也　熒火即炤　釋曰熒火一名即炤夜飛腹下有火蟲
也本草又一名夜光一名熠燿月令季夏腐草爲熒腐草此時得暑濕之氣故
爲熒火至秋而天沉陰數雨熒火夜飛之時也詩東山云熠燿宵行是也　蚅烏
蠋　釋曰蚅一名烏蠋形似蠶而大如指詩大雅韓奕云鞗革金厄毛亦云厄
烏蠋是也　蛓似蠶見韓子　釋曰案韓子內儲說上七術其三曰信賞盡能
云鱣似蛇蠶似蠋人見蛇則驚駭見蠋則毛起然而婦人拾蠶而漁者握鱣利
之所在則忘其所惡皆爲孟賁是其事也　蠓蠛蠓　釋曰小蟲似蜹亂飛者
也一名蠓又名蠛蠓列子云生朽壤之上因雨而生得陽而死一名醯雞莊子云
孔子見老聃語出告顏回曰丘之於道也其猶醯雞與郭象云醯雞者甕中
蠛蠓是也　王蛈蝪　釋曰此鼅鼄之一種也一名蛈蟷穴居布罔穴口有蓋
河北人呼蛈蝪者是也　蟓桑蠶至蠶繭　釋曰此皆蠶類作繭者因所食葉異
而異其名也食桑葉作繭者名蟓即今蠶也食樗葉棘葉欒葉者名雔由食

蕭葉作繭者名蚢　翥醜至醜扇　釋曰此辨蟲類所生及所好之狀不同者也翥飛也醜類也蟲類能飛翥者謂蟬屬皆剖拆母背以爲孔竅而生蠢蝗之類好奮迅作聲而飛強蚚之類好以腳自摩捋蠭類好垂其腴以休息說文云螸垂腴也腴即腹下也青蠅之類好搖翅自扇　食苗至根蟊　釋曰此分別蟲啖食禾所在之名也李巡云食禾心爲螟言其姦冥冥難知也食禾葉者言假貸無厭故曰蟘也食禾節者言貪狠故曰賊也食禾根者言其稅取萬民財貨故云蟊也孫炎曰皆政貪所致因以爲名也郭璞直以蟲食所在爲名而李巡孫炎並因託惡政則災由政起雖以食所在爲名而所在之名緣政所致理爲兼通也陸機疏云螟似子方而頭不赤螣蝗也賊似桃李中蠹蟲赤頭身長而細耳或說云蟊螻蛄也食苗根爲人患許慎云吏冥冥犯法即生螟吏乞貸則生蟘吏抵冒取民財則生蟊舊說云螟螣蟊賊一種蟲也如言寇賊姦宄內外言之爾故揔爲文學曰此四種蟲皆蝗也實不同故分別釋之　注皆見詩　釋曰詩小雅大田云去其螟螣及其蟊賊無害我田穉是也有足謂之蟲無足謂之豸　釋曰此對文爾散文則無足亦曰蟲月令季春昏其蟲鱗鄭注云龍蛇之屬是也

釋魚第十六

釋曰案說文云魚水蟲也此篇釋其見於經傳者是以不盡載魚名至於龜鼈貝鼈黿之類以其皆有鱗甲亦魚之類故揔曰釋魚也　鯉　釋曰今赤鯉魚也詩云豈其食魚必河之鯉是也　鱣　釋曰郭義具注陸機云鱣出江海三月中從河下頭來上鱣身形似龍銳頭口在頷下背上腹下皆有甲縱廣四五尺今於盟津東石磧上釣取之大者千餘斤可蒸爲臛又可爲鮓魚子可爲醬詩衛風碩人云鱣鮪發發是也　鰋　釋曰注云今鰋額白魚郭以目驗言之也詩頌云鰷鱨鰋鯉是也　鮎　釋曰郭氏云別名鯷江東通呼鮎爲鮧案此經鯉鱣鰋鮎舍人曰鯉一名鱣孫炎曰鰋一名鮎則是舍人以鯉鱣爲一魚孫炎以鰋鮎爲一魚郭氏以爲四魚者如陸機之言又以今語驗之則鯉鮪鱣鮥皆異魚也故郭氏云先儒及毛詩訓傳皆謂此魚有兩名今此魚種類形狀有殊無緣強合之爲一物是郭氏所以異也　鱧注鮦也　釋曰今鱧魚也鮦與鱧音義同詩小雅云魚麗于罶魴鱧是也　鯇注今鯶魚似鱒而大　釋曰舍人云鱧一名鯇郭氏所不取也　鯊鮀　釋曰鯊一名鮀詩小雅云魚麗于罶鱨鯊陸機云魚狹而小常張口吹沙故郭氏云今吹沙小魚也　鮂黑鰦　釋曰

鮂一名黑鰦郭云即白鯈江東呼爲鮂者以時驗而言之也詩頌曰鰷鱨鰋鯉是也　鮹鰌　釋曰鮹一名鰌即今泥鰌也穴於泥中因以名云　鰹大鮦小者鮵　釋曰此即上文鱧也其大者名鰹小者名鮵故注云今青州呼小鱺爲鮵鱺與鱧音義同　魾大鱯小者鮡　釋曰鮡魚名似鮎而大白色鱯之大者別名魾小者別名鮡也　鰝大鰕　釋曰鰕之大者長二三丈鬚長數尺若此之類者名鰝　鯤魚子　釋曰凡魚之子揔名鯤詩云其魚魴鱮鄭云鱮魚子鯤鱮字異蓋古字通用也魯語云宣公夏濫於泗淵里革斷其罟而棄之曰魚禁鯤鮞鳥翼鷇卵蕃庶物也是亦以鯤爲魚子也　注鱀鰌至有之　釋曰鱀魚一名是鱁鮧之屬也云鱧似鱏者字林云鱏長鼻魚也重千斤傳曰伯牙鼓琴鱏魚出聽是也鱀魚之體似之也云尾如鯯魚者說文云鯯魚名出樂浪潘國一曰鯯魚出江東有兩乳今鱀魚之尾如鯯魚之尾故云尾如鯯魚也云大腹以下者時驗而言也　注家語曰其小者鱦魚也　釋曰案家語宓子賤仕魯爲單父宰孔子使巫馬期往觀政焉期陰免衣弊裘入界見魰者得魚輒捨之期問焉曰凡魰者爲得魚也何以得魚卻捨之曰魚之大者名爲鱄鱨吾大夫愛之其小者名爲鱦吾大夫欲長之是以得二者輒捨之是也引之證鱦是小魚

之名也　鮥鮛鮪　釋曰郭義具注陸機云鮪魚形似鱣而青黑頭小而尖似
鐵兜鍪口亦在頷下其甲可以摩薑大者不過七八尺益州人謂之鱣鮪大者
爲王鮪小者爲鮛鮪一名鮥肉色白味不如鱣也今東萊遼東人謂之尉魚或
謂之仲明仲明者樂浪尉也溺死海中化爲此魚又曰河南鞏縣東北崖上山
腹有穴舊說云此穴與江湖通鮪從此穴而來北入河西上龍門入漆沮故張
衡賦云王鮪岫居山穴爲岫謂此穴也月令季春薦鮪於寢廟天官獻人春獻
王鮪是也　鰠當魱　釋曰鰠一名當魱海魚也　注海魚至音胡　釋曰云似
鯿而大鱗者案鯿似魴而大腹細而長今鰠魚似之但鱗大耳云肥美以下者
時驗而知也　鮤鱴刀　釋曰鮤魚一名鱴刀郭氏云今之鮆魚也說文云鮆飲
而不食刀魚也九江有之亦呼爲魴魚是則此魚一名鮤一名鱴刀一名魛魚
一名鮆魚也　鱊鮬鱖鯞　釋曰郭云小魚也似鮒子而黑廣雅云鯯鱭也此
魚似其小者故云似鮒子而黑色爲異也江東呼爲妾魚說文云鯞魚出樂浪
潘國是也　魚有力者徽　釋曰凡魚之強大多力異於羣輩者名徽　魵鰕
釋曰魵魚一名鰕郭云出穢邪頭國見呂氏字林案說文亦云　鮅鱒　釋曰
鮅一名鱒詩云九罭之魚鱒魴陸機云鱒似鯶魚而鱗細於鯶赤眼是也

魴魾　釋曰魴一名魾江東呼爲鯿詩云其魚魴鱮陸機云魴今伊洛濟頴魴
魚也廣而薄肥恬而少肉細鱗魚之美者遼東梁水魴特肥而厚尤美於中
國魴故其鄉語曰居就粮梁水魴是也　蛸蠑　釋曰井中小赤蟲也一名蛸
一名蠑又名蛣蟩又一名孑孓廣雅云孑孓蛸是也　蛭蟣　釋曰此水中蟲
喜入人肉者江東呼爲蟣本草謂之水蛭一名馬蜞一名馬耆即楚王食寒菹
得而吞之能去結積者是也　科斗活東　釋曰郭云蝦蟆子此蟲一名科斗
一名活東頭圓大而尾細古文似之故孔安國云皆科斗文字是也　魁陸
釋曰即魁蛤也見本草　注本草至蚶也　釋曰案本草蟲魚部云魁蛤一名
魁陸生東海正圓兩頭空表有文陶隱居注云形似紡軖軖音小狹長外有縱
橫文理云是老蝙蝠化爲者是也云即今之蚶也者案字書云蚶蛤也出會稽
可食是也然則又一名蚶也　鼁𪓰蟾諸在水者黽　釋曰此有多種鼁𪓰一
名蟾諸郭云似蝦蟆居陸地淮南謂之去蚥然蟾諸非蝦蟆但相似耳案本草
蝦蟆陶注云此是腹大皮上多痱磊者也蟾諸亦類此抱朴子曰蟾諸壽三千
歲者頭上有角頷下有丹書八字玄中記云蟾諸頭生角者食之壽千歲是也
其居水者名黽一名耿黽一名土鴨狀似青蛙而腹大爲異陶注本草云大而

青脊者俗名土鴨其鳴甚壯即此鼃也陶又云一種小形善鳴喚名爲䵷者
即郭云青蛙者也　蟼蟆　釋曰此一名蟆蛙屬也說文云脩爲蟆圓爲蝦郭
云今江東呼蛙長而狹者爲蟆蟲其肉可爲醢周禮醢人掌饋食之豆云脾析
蠯醢是也　蚌含漿　釋曰說文云蜃屬郭云即蜃也謂老産珠者也一名蚌
一名含漿周禮謂之貍物　鼈三足能　龜三足賁　釋曰鼈龜皆四足三足者
異故異其名鼈之三足者名能龜之三足者名賁也　注山海至六眼龜　釋曰
案中山經云游戲山東南二十里曰從山從水出其上潛其下其中多三足鼈
食之無蠱疾是從山多三足鼈也又云放皐山東五十七里曰大苦山陽狂水
出焉西南注伊水中多三足龜食者無大疾可以已腫是大苦山多三足龜也
云吴興郡以下者以時驗而言也　蚹蠃螔蝓　釋曰蚹蠃一名螔蝓郭云即
蝸牛也案本草蝸牛陶注云生山中及人家頭形似蛞蝓但背負殼爾海邊
又一種正相似以火炙殻便走出食之益顏色名寄居亦可作醢周禮饋食之
豆葵菹蠃醢是也　蠃小者蜬　釋曰蠃與螺音義同其小者名蜬　螖蠌小
者蟧　釋曰螖即彭螖也似蟹而小一名蠌其小者別名蟧案蠌蒼即云螺屬
郭氏兩從之　蜃小者珧　釋曰蜃大蛤也月令孟冬之月云雉入大水爲蜃

其小者名珧一名玉珧可飾佩刀削詩傳云天子玉琫而珧珌是也山海經曰皐
皐山皐水出焉東注激女水其中多蜃珧　龜俯至不若　釋曰此辨龜之俯
仰前後左右其形不同其名亦異也云龜者目諸龜也云俯者靈者謂行時頭
低周禮天龜曰靈屬是也云仰者謝者謂行時頭仰周禮地龜曰繹屬是也云
前弇諸果者諸亦辭也謂甲前長弇覆者名果周禮東龜曰果屬是也云後弇
諸獵者諸亦辭也謂甲後長弇覆者名獵周禮南龜曰獵屬是也云左倪不類
者倪庳也不發聲也謂行時頭左邊庳下者名類周禮西龜曰靁屬是也云右
倪不若者不亦發聲也謂行時頭右邊庳下者名若周禮北龜曰若屬是也周
禮又云各以其方之色與其體辨之鄭注云屬言非一也色謂天龜玄地龜黃
東龜青西龜白南龜赤北龜黑龜俯者靈仰者繹前弇果後弇獵左倪靁右
倪若是其體也東龜南龜長前後在陽象經也西龜北龜長左右在陰象緯也
天龜俯地龜仰東龜前南龜卻西龜左北龜右各從其耦也是周禮先有成
文故此釋之鄭取此文爲說其言正同惟繹與謝靁與類小異耳其義亦同
注行頭至上靁　釋曰案賈公彥說周禮以倪爲睥睨則左倪右倪是左顧右
顧也郭氏以庳解倪及云今江東所謂左食者皆以時驗而言也云以甲上靁

言用此龜之甲以卜吉凶審諦也　貝居至而橢　釋曰此辨貝居陸居水大小文彩不同之名也云貝者目諸貝也說文云貝海介蟲也取其甲以飾器物古者貨貝周而有泉至秦廢貝行錢居陸者名𧴩在水者名蜬至大者名魧至小者名鰿黑色之貝名貽貝黃爲質白爲文點者名餘貾白爲質黃爲文點者名餘泉中央廣兩頭銳者名蚆大而污薄者名蜠小而狹長者名鰿　注書大至魧屬　釋曰案大傳云西伯既戡耆紂囚之牖里散宜生之江淮之浦取大貝大如大車之渠以備其辜是也考工記謂車輞爲渠故云渠謂車輞其貝形曲及大小如車輞故比之也引之以證此經魧是其大如車輞者故云即魧屬　注以白至文點　釋曰舍人云貝水中蟲也李巡曰餘貾貝甲黃爲質白爲文彩餘泉貝甲白爲質黃爲文彩陸機疏云貝水中介蟲也龜鼈之屬其文彩之異大小之殊甚衆古者貨貝是也餘貾黃爲質以白爲文餘泉白爲質以黃爲文又有紫貝其白質如玉紫點爲文皆行列相當其貝大者常至一尺六七寸者今九真交趾以爲杯盤寶物也是先儒相傳爲然但解紫貝與郭氏以異陸機以白爲質紫爲文郭氏以紫爲質黑爲文是其異也書云文貝仍几詩云成是貝錦山海經陰山濁浴水出焉南流注蕃澤其中多文貝皆謂此餘貾餘

泉也　注即上至形容　釋曰云即上小貝知者以其同名蟦也云𥠶謂狹而
長者詩云嶞山喬嶽楚辭云南北順𥠶其循幾何皆是𥠶爲狹長之名也
蠑螈至守宮也　釋曰詩小雅正月云胡爲虺蜴謂此也蠑螈蜥蜴蝘蜓守宮
一物形狀相類而四名也字林云蠑螈蛇醫也說文云在草曰蜥蜴在壁曰蝘
蜓方言云秦晉西夏謂之守宮或謂之蠦蝘盧蝘蠦音或謂之刺易音蜴人刺蝘蜓其在澤
中者謂之易蜥南楚謂之蛇醫或謂之蠑螈又東方朔云非守宮即蜥蜴案此
諸文則是在草澤中者名蠑螈蜥蜴在壁者名蝘蜓守宮也博物志云以器
養之食以眞朱體盡赤重七斤擣萬杵以點女人體終身不滅耦則落故號
守宮陸機疏云青綠色大如指形狀可惡是也　駃蝁　釋曰蛇也蝮虺之屬
大眼有毒一名駃又名蝁淮南人呼蝁子者是也　螣螣蛇　釋曰蛇似龍者
也名螣一名螣蛇能興雲霧而遊其中也　注淮南云蟒蛇　釋曰蟒當爲奔
案淮南子覽冥篇說女媧云功烈上際九天下契黃壚名聲被後世光輝重萬
物乘雷車服應龍驂青虯援絕瑞席蘿圖雲黃璐前白螭後奔蛇許慎云奔
蛇馳蛇是也或曰淮南人呼此螣爲蟒蛇義亦通　蟒王蛇　釋曰此蛇之最
大者也名蟒又名王蛇與上螣蛇異　蝮虺至如擘　釋曰博廣也首頭也擘

拇指也此自一種毒蛇名蝮虺身廣三寸其頭大如人拇指　注身廣至蝮虺
釋曰案郭注三蒼云擘大指也蒼頡篇以爲足大指鄭注儀禮以爲手大指
然則手足大指皆得名擘故注云頭大如人擘指又名拇孫炎云頭如拇指是
也案舍人曰蝮一名虺江淮以南曰蝮江淮以北曰虺孫炎曰江淮以南謂虺爲
蝮廣三寸頭如拇指有牙最毒郭璞曰此自一種蛇人自名爲蝮虺今蛇細頸
大頭色如艾綬文文間有毛似豬鬣鼻上有針大者長七八寸一名反鼻如虺
類足以明此自一種蛇如郭意此蛇人自名蝮虺非南北之異蛇實是蟲以有
鱗故在釋魚且魚亦蟲之屬也　鯢大者謂之鰕　釋曰鯢雌鯨也大者長八
九尺別名鰕　魚枕至之丙　釋曰此釋魚之骨體腸尾之名也其魚頭中骨
爲枕其骨形似篆書丁字故因謂之丁其腸似篆書乙字尾似篆書丙字亦
因名之也　注禮記曰魚去乙　釋曰此禮記内則文也鄭玄注云乙魚體中害
人者名也今東海鰫魚有骨名乙在目旁狀如篆乙食之鯁人不可出者與此
經違非郭義也　一曰至火龜　釋曰易損卦六五爻辭云十朋之龜弗克違
馬鄭皆取此文解之則此經十龜所以釋易也神龜者龜之最神明者也禮統
曰神龜之象上圓法天下方法地背上有盤法丘山玄文交錯以成列宿長尺

二寸明吉凶不言而信者是也靈龜龜之有靈次神龜者雒書曰靈龜者玄文五色神靈之精也攝龜龜之小者腹甲曲折能自張閉者也寶龜傳國所寶者春秋經曰盜竊寶玉大弓公羊傳曰寶者何龜青純何休云謂之寶者言世世保用之辭是也文龜甲有文彩者筮龜在蓍叢下者山龜生山中者澤龜生澤中者水龜生水中者火龜生火中者　注書曰遺我大寶龜　釋曰此周書大誥文也　注河圖至青文　釋曰引此以證龜甲有文彩也其實河圖說靈龜也非此經之文龜取其下邊耳　注常在至策傳　釋曰龜策傳云傳曰上有擣蓍下有神龜又云聞蓍生滿百莖者其下必有神龜守之其上常有青雲覆之傳曰天下和平王道得而蓍莖長丈其叢生滿百莖是也　注火龜猶火鼠耳　釋曰嫌龜不生於火故以火鼠猶之也郭注山海經云今去天南東萬里有耆薄國復五千里許有火山國其山雖霖雨火常燃火中白鼠時出山邊求食人捕得之以毛作布名之火澣布是也

爾雅疏卷第九

爾雅疏卷第十

翰林侍講學士朝請大夫守國子祭酒上柱國賜紫金魚袋臣邢昺等奉

勑校定

釋鳥第十七

釋曰說文云鳥者羽禽之摠名象形字左傳曰少皥氏以鳥名官之類此篇廣釋其名也　隹其鳺鴀　釋曰舍人曰鵻一名夫不李巡曰今楚鳩也某氏引春秋云祝鳩氏司徒祝鳩即鵻其夫不孝故爲司徒也郭云今鵓鳩詩曰翩翩者鵻毛傳云鵻夫不也一宿之鳥鄭箋云一宿者一意於所宿之木又云鳥之謹愨者人皆愛之則此是謹愨孝順之鳥也陸機云今小鳩也一名鵓鳩幽州人或謂之鶌鳩梁宋之間謂之隹揚州人亦然　鶌鳩鶻鵃　釋曰春秋左氏傳云鶻鳩氏司事也杜注云鶻鳩鶻鵃也春來秋去故爲司事即此鶌鳩也舍人曰鶌鳩一名鶻鵃今之班鳩孫炎曰鶻鵃一名鳴鳩月令云鳴鳩拂其羽郭云似山鵲而小短尾青黑色多聲今江東亦呼爲鶻鵃案舊說及廣雅皆云

班鳩非也　鳲鳩鴶鵴　釋曰左傳云鳲鳩氏司空也詩召南云維鵲有巢
維鳩居之皆謂此也郭云今之布穀江東呼為穫穀埤倉云鴶鵴方言云戴
勝謝氏云布穀類也陸機疏云今梁宋之間謂布穀為鴶鵴一名擊穀一名桑
鳩案戴勝自生穴中不巢生而方言云戴勝非也　鷑鳩鵧鷑　釋曰鷑鳩一
名鵧鷑郭云小黑鳥鳴自呼江東名為烏鵙　鵙鳩王鵙　釋曰李巡曰王鵙
一名鵙鳩郭云鵰類今江東呼之為鶚好在江渚山邊食魚詩周南云關關
鵙鳩陸機疏云鵙鳩大小如鴟深目目上骨露幽州人謂之鷲而楊雄許慎
皆曰白鷢似鷹尾上白　注毛詩傳曰鳥摯而有別　釋曰此即關雎傳文也
摯至也謂鳥中雎雄情意至厚而猶能有別故以興后妃說樂君子情深猶能
不淫其色　鵅鵋鵙　釋曰鵅一名鵋鵙郭云今江東呼鵂鶹為鵋鵙亦謂之
鴝鵅　鴗天狗　釋曰鴗一名天狗郭云小鳥也青似翠食魚江東呼為水狗
鷚天鸙　釋曰鷚一名天鸙郭云大如鷃雀色似鶉好高飛作聲今江東名之
曰天鷚音綢繆者詩豳風云綢繆牖戶取其音同故讀從之　鵱鷜鵞　釋曰
鵱鷜者野鵞之別名也郭云今之野鵞　鶬麋鴰　釋曰鶬一名麋鴰郭云今
呼鶬鴰　鷁烏鸔　釋曰鷁一名烏鸔郭云水鳥也似鶂而短頸腹翅紫白背

上綠色江東呼鳥鵝　舒鴈鵞　釋曰鵞一名舒鴈今江東呼鳴某氏云在野舒翼飛遠者爲鵞李巡曰野曰鴈家曰鵞　注禮記曰出如舒鴈　釋曰聘禮記文也案彼云私覿愉愉焉出如舒鴈鄭注云威儀自然而有行列是也　舒鳧鶩　釋曰鶩鴨也一名舒鳧李巡曰野曰鳧家曰鶩禮記內則辨鳥之不可食者云舒鳧翠　鳽鵁鶄　釋曰鵁鶄一名鳽郭云似鳧脚高毛冠江東人家養之以厭火災　鶿鶿鷧　釋曰舍人曰鶿一名鶿鷧郭云今之鶿鸕也好羣飛沈水食魚一名洿澤俗呼之爲淘河詩曹風云維鵜在梁陸機疏云鵜水鳥形如鶚而極大喙長尺餘直而廣口中正赤頷下胡大如數升囊若小澤中有魚便羣共抒水滿其胡而棄之令水竭盡魚在陸地乃共食之故曰淘河　鶾天雞　釋曰鶾一名天雞赤羽之鳥也　注逸周書至獻之　釋曰云逸周書曰者雖是周書不注尚書百篇內故曰逸周書見今所謂汲冢周書也云文鶾若彩雞者王會篇文也案彼云蜀人以文鶾文鶾者若翬雉孔晁注云鳥有文彩者是也云成王時蜀人獻之者案彼孔晁注又云王城既成大會諸侯及四夷故知當成王時蜀人獻之也　鷽山鵲　釋曰山鵲一名鷽郭云以鵲而有文彩長尾觜脚赤說文云知來事鳥也　鷣負雀　釋曰鷣一名負雀

郭云鷂鶅也江南呼之為鷣善捉雀因名云 鳸鶅老 釋曰鳸一名鶅老郭
云鴳鴳俗呼為癡鳥字林云句喙鳥 鳸鴳 釋曰別二名也郭云今鴳雀案
舍人李巡孫炎郭氏皆斷老上屬鳸下屬鳸解云鳸一名鶅老鴳一名鳸鳸雀也
唯樊光斷鳸鶅為句以老下屬注云春秋云九扈為九農正九扈者春扈夏扈
秋扈冬扈棘扈行扈宵扈桑扈老扈是以老為下屬唯鴳一不重耳杜預仍云
老扈鴳鴳非郭義 桑扈竊脂 釋曰桑扈一名竊脂郭云俗謂之青雀觜
曲食肉好盜脂膏因名云鄭玄詩箋云竊脂肉食陸機毛詩疏云竊脂青雀也
好竊人脯肉脂及筩中膏故以名竊脂也諸儒說竊脂皆謂盜人脂膏即如
下云竊玄竊黃者豈復盜竊玄黃乎案下篇釋獸云虎竊毛謂之虦貓雖如
小能竊毛而黃竊毛皆謂淺毛竊即古之淺字但此鳥其色不純竊玄淺黑也
竊藍淺青也竊黃淺黃也竊丹淺赤也四色皆具則竊脂為淺白也而諸儒必
為盜竊脂膏者以此經下別云桑鳸與竊玄竊黃等并列則為淺白者也春秋
九扈是也此自別一種青雀好竊脂肉目驗而然詩小雅交交桑扈是也且鄭
玄郭璞陸機皆當世名儒無容不知竊為淺義脂為白色而待後人刊正也後
人不達此言妄說異端非也 鳭鷯剖葦 釋曰鳭鷯一名剖葦郭云好剖葦

皮食其中蟲因名云江東呼蘆虎似雀青班長尾　桃蟲鷦其雌鴱　釋曰舍
人曰桃蟲名鷦其雌名鴱郭云鷦䳽桃雀也俗呼爲巧婦此鷦䳽小鳥而生鵰
鶚者也詩周頌云肇允彼桃蟲拚飛維鳥毛傳云桃蟲鷦也鳥之始小終大者
陸機䟽云今鷦鷯是也微小於黄雀其鶵化而爲鵰故俗語鷦鷯生鵰鄭詩
箋云鷦之所爲鳥題肩也或曰鴞皆惡聲之鳥其義未詳方言說巧婦之名自
關而東謂之工爵或謂之過鸁或謂之女鴎自關而東謂之鸋鴂自關而西
謂之桑飛或謂之蔑爵是也　鶠鳳其雌皇　釋曰鳳一名鶠郭云瑞應鳥雞
頭蛇頸燕頷龜背魚尾五彩色高六尺許說文云神鳥也天老曰鳳像麟前鹿
後蛇頸魚尾龍文龜背燕頷雞喙五色備舉出於東方君子之國翱翔四海
之外過崐崘飲砥柱濯羽弱水莫宿丹穴見則天下大安寧字從鳥凡聲鳳飛
則羣鳥從以萬數故鳳古作朋字山海經曰丹穴之山有鳥焉其狀如鶴五彩
而文名曰鳳首文曰德翼文曰順背文曰義膺文曰仁腹文曰信是鳥也飲食
自歌自舞見則天下大安寧京房易傳曰鳳皇高丈二漢時鳳皇數至漢書
云高五六尺是說鳳皇之狀也　鵙鴒雝渠　釋曰鵙鴒一名雝渠水鳥也郭
云雀屬也飛則鳴行則搖詩小雅云脊令在原陸機䟽云大如鷃雀長脚長尾

尖喙背上青灰色腹下白頸下黒如連錢故杜陽人謂之連錢是也鸒斯鵯
鶋 釋曰鸒斯一名鵯鶋郭云雅烏也小而多羣腹下白江東亦呼爲鵯烏詩
小雅云弁彼鸒斯毛傳云鸒鵯鶋然則此鳥名鸒而云斯者語辭猶蓼彼蕭
斯之類也小爾雅云小而腹下白不反哺者謂之雅烏說文字林皆云楚烏是
也 燕白脰烏 釋曰脰頸也頸項也小爾雅云白項而羣飛者謂之燕烏燕
烏白脰烏是也 鴽鴾母 釋曰李巡云鴽鶕一名鴾母郭云鶕也青州呼鴾
母田鼠所化者也月令季春田鼠化爲鴽是也 巂周 釋曰子巂鳥也出蜀
中說文云巂蜀王望帝化爲子巂今謂之子規是也 燕燕鳦 釋曰燕燕又
名鳦郭云一名玄鳥齊人呼鳦此燕燕即今之燕古人重言之詩云燕燕于飛
漢書童謠云燕燕尾涎涎是也孫炎舍人以巂周燕燕鳦爲一物三名郭所
不取也 注詩云至呼鳦 釋曰詩云燕燕于飛者詩邶風衛莊姜送歸妾之
詩也云一名玄鳥者案月令仲春之月玄鳥至以其色玄故謂之玄鳥是也云
齊人呼鳦者案商本紀云簡狄行浴見玄鳥墮其卵取而吞之因孕生契諸
緯候皆言簡狄吞鳦卵而生契是玄鳥又名鳦也 鴟鴞鸋鴂 釋曰舍人云
鴟鴞一名鸋鴂郭云鴟類詩豳風云鴟鴞鴟鴞毛傳云鴟鴞鸋鴂陸機疏云

鴟鴞似黃雀而小其喙尖如錐取茅秀爲窠以麻紩之如刺韈然縣著樹枝或一房或二房幽州人謂之鸋鴂或曰巧婦或曰女匠關東謂之工雀或謂之過羸關西謂之桑飛或謂之韈雀或曰巧女先儒皆以爲今之巧婦郭注此云鴟類又注方言云鸋鴂鴟鴞鴟屬非此小雀明矣是與先儒意異也今爾雅以郭氏爲宗且依郭氏　狂茅鴟怪鴟梟鴟　釋曰此別鴟類也茅鴟一名狂廣雅云茅鴟鵂也郭云今鵂鴟也似鷹而白怪鴟廣雅謂之鴟鵂郭云今江東通呼此屬爲怪鳥梟一名鴟郭云土梟說文云梟食母不孝之鳥故冬至捕梟磔之字從鳥首在木上詩陳風云墓門有梅有鴞萃止毛傳云惡聲之鳥也一名鵩一名梟一名鴟大雅瞻卬云爲梟爲鴟陸機云鴞大如班鳩綠色惡聲之鳥也入人家凶賈誼所賦鵩鳥是也其肉甚美可爲羹臛又可爲炙漢供御物各隨其時鴞冬夏常施之以其美故也　生哺鷇生噣雛　釋曰辨鳥子之異名也鳥子生須母哺而食者名鷇謂燕雀之屬也史記趙武靈王探雀鷇而食之是也鳥子生而能自啄食者名雛謂雞雉之屬也禮記內則云雛尾不盈握弗食是也　爰居雜縣　釋曰爰居海鳥也大如馬駒一名雜縣漢元帝時琅邪有之　注國語至爰居　釋曰云國語曰海鳥爰居者案魯語曰海鳥

曰爰居止於魯東門之外三日臧文仲命國人祭之展禽曰越哉臧孫之為政也夫祀國之大節也節政之所成也故制祭祀以為國典今無故而加典非政之宜也今海鳥至己不知而祀之以為國典難以言仁且知矣無功而祀之非仁也弗知而弗問非知也今茲海其有災乎夫廣川之鳥獸皆知辟其災是歲海多大風冬煖是其事也 春鳸至嘖嘖。釋曰李巡云諸鳸別春夏秋冬四時之名唶唶嘖嘖鳥聲貌也郭注云諸鳸皆因其毛色音聲以為名竊藍青色案昭十七年左傳云九扈為九農正以此八鳸并上鳸鴳為九賈逵注云春扈分循相五七之宜趣民耕種者也夏扈竊玄趣民耘苗者也秋扈竊藍趣民收斂者也冬扈竊黃趣民蓋藏者也棘扈竊丹為果驅鳥者也行扈唶唶晝為民驅鳥者也宵扈嘖嘖夜為農驅獸者也桑扈竊脂為蠶驅雀者也老扈鷃鷃趣民收麥令不得晏起者也舍人樊光注爾雅其言亦與賈同其意皆謂以扈為官還令依此諸扈而動作也然則趣民耕耘及收斂蓋藏其事可得召民使聚而揔號令之其為果驅鳥為蠶驅雀豈得多置其官分使之就果樹蠶室為民驅之哉又晝驅鳥夜驅獸不可竟日通宵常在田野溥天之下何以可周且其言不經難可據信也故郭氏及杜預皆不從也 鶌鳩鶻鵃 釋曰李巡

云戴勝一名鴟鵄郭云鵀鳥即頭上勝今亦呼為戴勝鴟鵄猶鶝鶔語聲轉耳
月令季春云戴勝降于桑方言云燕之東北朝鮮洌水之間謂之鶝鶔自關而
東謂之戴鵀鳥或謂之戴鳻或謂之戴勝東齊吳揚之間謂之鵀鳥自關而西謂
之服鶝或謂之鶝鶔　鶭鳥澤虞　釋曰澤虞一名鶭鳥郭云今婟澤鳥似水鴞蒼
黑色常在澤中見人輒鳴喚不去有象主守之官因名云俗呼為護田鳥說文
云婟嫪也聲類云婟嫪戀惜也以此鳥戀惜池澤見人不去因名婟澤鳥也
鶿鷧　釋曰別二名也字林云似鶂而黑郭云即鸕鶿也　鷯鶉其雄鶛牝庳
釋曰李巡曰別雄雌異方之言鶉一名鷯其雄名鶛其牝名庳郭云鶉鷯屬
鴽即上云如鴽鴾母田鼠所化者鶉舊說云蝦蟆所化者也　鸍沈鳧　釋曰鸍
一名沈鳧郭云似鴨而小長尾背上有文今江東亦呼為鸍陸機云大小如鴨青
色卑脚短喙水鳥之謹愿者也大雅云鳧鷖在涇　鴢頭鵁　釋曰鴢一名頭
鵁郭云似鳧脚近尾略不能行江東謂之魚鵁音髐箭嫌讀為鵁鶄之鵁故
音之山海經云青要山畛水出焉北注河其中有鳥名鴢狀如鳧青身朱目赤
尾食之宜子是也　鵽鳩寇雉　釋曰寇雉一名鵽鳩郭云鵽大如鴿似雌雉
鼠脚無後指岐尾為鳥憨急羣飛出北方沙漠地又謂之泆泆下云寇雉泆泆

是也 萑老鵵 釋曰老鵵一名萑郭云木兔也似鴟鵂而小兔頭有角毛脚
夜飛好食鷄 鶟鶘鳥 釋曰鶟鶘鳥名也郭云似雉青身白頭 狂䴈鳥
釋曰䴈鳥一名狂五采之鳥也 注狂鳥五色有冠見山海經 釋曰案大荒
西經云栗廣之野有五采之鳥有冠名曰狂鳥是也 皇黄鳥 釋曰舍人曰
皇名黄鳥郭云俗呼黄離留亦名摶黍詩周南云黄鳥于飛陸機䟽云黄鳥
黄鸝留也或謂之黄栗留幽州人謂之黄鸎鶯一名倉庚一名商庚一名鵹黄一
名楚雀齊人謂之摶黍常葚熟時來在桑間故里語曰黄栗留看我麥黄
葚熟亦是應節趨時之鳥也自此以下諸言倉庚商庚鵹黄楚雀倉庚鵹黄
之文與此一也 翠鷸 釋曰李巡曰鷸一名爲翠其羽可以爲飾樊光云青
羽出交州郭云似燕紺色生鬱林說文云翠青羽雀也案漢書尉佗獻文帝翠
鳥毛然則鷸羽可以飾器物故僖二十四年左氏傳鄭子臧好聚鷸冠是也
鸀山烏 釋曰山烏一名鸀郭云似烏而小赤觜穴乳出西方 蝙蝠服翼
釋曰蝙蝠一名服翼郭云齊人呼爲蟙蠌或謂之仙鼠方言云蝙蝠自關而東
謂之服翼或謂之飛鼠自關而西秦隴之間謂之蝙蝠北燕謂之蟙蠌 晨風
鸇 釋曰舍人曰晨風一名鸇鸇摯鳥也郭云鷂屬陸機云鸇似鷂青黄色燕

領句喙鄉風搖翅乃因風飛急疾擊鳩鴿燕雀食之洋詩曰鴥彼晨風
釋曰詩秦風晨風篇文也　楊鳥白鷢　釋曰楊鳥一名白鷢郭云似鷹尾上白
鷏蟁母　釋曰鷏一名蟁母郭云似烏鸔而大黃白雜文鳴如鴿聲今江東呼
為蚊母俗説此鳥常吐蚊因以名云蟁蚊音義同　鸍須蠃　釋曰鸍一名須
蠃郭云鸍鷿鷉似鳧而小膏中瑩刀　鼯鼠夷由　釋曰鼯鼠一名夷由郭
云狀如小狐似蝙蝠肉翅翅尾項脅毛紫赤色背上蒼艾色腹下黃喙頷雜
白脚短爪長尾三尺許飛且乳亦謂之飛生聲如人呼食火烟能從高赴下不
能從下上高　鷹鶆鳩　釋曰樊光曰來鳩爽鳩也春秋曰爽鳩氏司寇鷹鷙鳥
故為司寇郭云鶆當為鷞字之誤耳左傳作鷞鳩是也案昭十七年左傳郯子
曰少皞氏以鳥名官爽鳩氏司寇也杜注云爽鳩鷹也鷙故為司寇主盜賊是
也　鶼鶼比翼　釋曰鶼鶼比翼鳥名也説在釋地篇故注云説已在上　鴷
斲木　釋曰斲木鳥一名鴷郭云口如錐長數寸常斲樹食蟲因名云　鸄
鶶鷵　釋曰鸄一名鶶鷵郭云似烏蒼白色　鷺舂鉏　釋曰鷺一名舂鉏郭
云白鷺也頭翅背上皆有長翰毛今江東人取以為睫攡名之曰白鷺縗詩陳
風云值其鷺羽陸機疏云鷺水鳥也好而潔白故謂之白鳥齊魯之間謂之舂

鉏遼東樂浪吳揚皆謂之白鷺青脚高尺七八寸尾如鷹尾喙長三寸頭上
有長毛十數枚長尺餘毵毵然與衆毛異好欲取魚時則弭之今吳人亦養
焉楚威王時有朱鷺合沓飛翔而來舞則復有赤者舊鼓吹朱鷺曲是也然
則鳥名白鷺赤者少耳　鷂雉至西方曰鷷　釋曰別諸雉之名也鷂雉者郭
云青質五采即下文江淮而南者是也云鷮雉者郭云即鷮鷄也長尾走且鳴
說文云鷮長尾雉走鳴乘輿以尾爲防釳著馬頭上詩小雅云有集維鷮陸璣
疏云鷮微小於翟也走而且鳴曰鷮鷮其尾長肉甚美故林木山下人語曰四
足之美有麃兩足之美有鷮麃者似鹿而小是也山海經女几山其鳥多白鷮
云鳪雉者雉之黃色鳴自呼者名鳪一名鷩雉者案山海經牝山之上鳥多赤鷩
郭注云即鷩雉也尚書謂之華蟲周禮春官司服職云鷩冕七章之服也畫雉
鷩雉郭云似山雞而小冠背毛黃腹下赤項綠色鮮明云秩秩海雉者海雉一
名秩秩郭云如雉而黑在海中山上云鸐山雉者山雉一名鸐郭云尾長者今
俗呼山雞是也云韓雉鵫雉者別二名也郭云今白鵫出江東呼白韓亦名白
雉云雉絕有力奮者謂雉之壯大有力能鬭者名奮郭云最健鬭云伊洛而
南素質五采皆備成章曰翬者李巡曰素質五采備具文章鮮明曰翬孫炎曰

翬雉白質五色爲文也郭云翬亦雉屬言其毛色光鮮王后之服以爲飾案周
禮內司服云王后之六服褘衣鄭注云王后之服刻繒爲之形而采畫之綴於
衣以爲文章褘衣畫翬者是也云江淮而南青質五采皆備成章曰鷂者有
雉青質五采備具而成文章名曰鷂雉郭云即鷂雉也亦王后之服以爲飾周
禮云揄狄鄭注云揄狄畫揺者是也揺與鷂音義同云南方曰𠷎東方曰鶅北
方曰鵗西方曰鷷者郭云說四方雉之名左傳曰五雉爲五工正杜預取此四
方之雉并上翬雉以爲五也必取翬雉者伊洛土之中區故與四方之雉爲五
也樊光賈逵以此五雉分屬五工無所馮據不可采用故略而不言　鳥鼠同
穴其鳥爲鵌其鼠爲鼵　釋曰尚書禹貢云導渭自鳥鼠同穴不言鳥獸之
名故此釋之也李巡云鵌鼵鳥鼠之名共處一穴天性然也郭云鼵如人家鼠
而短尾鵌似鵽而小黃黑色穴入地三四尺鼠在內鳥在外今在隴西首陽縣
鳥鼠同穴山中孔氏尚書傳云共爲雌雄張氏地理記云不爲牝牡郭氏並載
此言未知誰得其實也　鸛鷒鶝鶔如鵲短尾射之銜矢射人　釋曰鸛鷒一
名鶝鶔郭云或曰鸛鷒鶝鶔一名媠羿案字書云媠古以爲懈惰字羿古之
善射者言此鳥捷勁雖羿之善射亦懈惰不敢射也故以名云郭　圖讚云鸛

鶉之鳥一名隳婁羿應弦銜鏑矢不著地逢蒙縮手養由不睨鵲鶪醜其飛也
翪　釋曰鵙伯勞也翪竦也醜類也鵲鵙之類不能翱翔遠飛但竦翅上下而
已　鳶烏醜其飛也翔　釋曰鳶鴟也烏鵶烏之類其飛也布翅翱翔　鷹隼醜
其飛也翬　釋曰舍人曰謂隼鷂之屬也翬翬其飛疾羽聲也郭云鼓翅翬翬
然疾是急疾之鳥也說文云隼鷙鳥也陸機云隼鷂屬也齊人謂之擊征或謂
之題肩或謂之雀鷹鷹春化爲布穀者是也　鳧鴈醜其足蹼其踵企　釋曰鳧
水鳥也鴈陽鳥也蹼猶蹼屬相著之謂也踵脚跟也鳧鴈之類脚指間有幕蹼
屬相著飛則伸其脚跟企直也　烏鵲醜其掌縮　釋曰掌足也烏鵲之類飛
時縮足於其腹下　亢鳥嚨其粻嗉　釋曰別鳥咽嗉之名也亢者鳥喉嚨也
其受粻處名嗉郭云嚨謂喉嚨亢即咽也嗉者受食之處別名嗉今江東呼粻
鶉子鳼鴽子鸋　釋曰別鶉鴽之名也鶉之子鶕名鳼鴽之子鶕名鸋
雉之暮子爲鷚　釋曰鷚是雉晚生之子名也郭云晚生者今呼少雞爲鷚
鳥之雌雄不可別者以翼右掩左雄左掩右雌　釋曰鄭詩箋云陰陽相下之
義也　鳥少美長醜爲鶹鷅　釋曰鳥之少爲子而美長食母而醜其名爲鶹
鷅郭云鶹鷅猶留離詩所謂留離之子者案詩邶風云瑣兮尾兮流離之子

陸機疏云流離梟也自關而西謂梟爲流離其子適長大還食其母故張奐
云鶹鷅食母許慎云梟不孝鳥是也流與鶹同　二足而羽謂之禽四足而毛
謂之獸　釋曰別禽獸之異也凡語有通別別而言之羽則曰禽毛則曰獸所
以然者禽者擒也言鳥力小可擒捉而取之獸者守也言其力多不易可擒先
須圍守然後乃獲故曰獸也通而爲說鳥不可曰獸獸亦可曰禽故曲禮鸚鵡
不曰獸而猩猩通曰禽也易云王用三驅失前禽則驅走者亦曰禽也又周禮
司馬職云大獸公之小禽私之以此而言則禽未必皆鳥也又鄭玄注周禮云
凡鳥獸未孕曰禽周禮又云以禽作六摯卿羔大夫鴈白虎通云禽者鳥獸之
揔名以其小獸可擒故得通名禽也　鶪伯勞也　釋曰李巡云伯勞一名鶪
樊光曰春秋傳曰少皡氏以鳥名官伯趙氏司至伯趙鶪也以夏至來冬至去
郭云似鶷鶡而大陳思王惡鳥論云伯勞以五月鳴應陰氣之動陽氣爲仁養
陰爲殺殘賊伯勞蓋賊害之鳥也其聲鶪鶪故以其音名云月令仲夏之月服
始鳴是也　注似鶷至趙是　釋曰云似鶷鶡而大者字林云鶷鶡似伯勞而
小故也云左傳伯趙是者案昭十七年云伯趙氏司至者也杜注云伯趙伯勞
也以夏至鳴冬至止是也　倉庚黧黃也　釋曰即上黃鳥也郭云其色黧黑

而黃因以名云

釋獸第十八

釋曰釋鳥云四足而毛謂之獸說文云獸守備也此篇釋其名狀故曰釋獸

麋牡至力狄　釋曰此釋麋之種類也說文云麋鹿屬也冬至解其角春秋莊十七年冬多麋麋揔名也其牡者名麔其牝者名麎詩吉日云其麀麎孔有是也其所生之子名麇其脚跡所踐之處名躔其絕異壯大有力者名狄也　注國語曰獸長麑䴠麋夭　釋曰此魯語文也魯宣公夏濫於泗淵里革斷其罟而棄之曰且夫山不槎蘖澤不伐夭魚禁鯤鮞獸長麑䴠鳥翼鷇卵蟲舍蚳蝝蕃庶物也古之訓也今魚方別孕不教魚長又行網罟貪無藝也韋昭云麑鹿子曰麑麋子曰䴠是其事也

鹿牡至力麉　釋曰此辨鹿之種類也說文云鹿解角獸也羣萃善走者也其牡名麚其牝名麀詩小雅云麀鹿麌麌其跡名速絕有力者名麉

麕牡麌至力豜　釋曰此辨麕之種類也說文云麕麞也麕其揔名也牡名麌牝名麜其子名麆其跡名解絕有力名豜　注詩曰至言耳　釋曰詩小雅吉日篇文也鄭箋云麕牡曰麌麌復麌言多也是鄭康成解即謂此也云但重言耳者謂再言麌麌也

狼牡至力迅　釋曰此辨狼之種類也

舍人曰狼牡名獾牝名狼其子名獥絶有力者名迅孫炎曰迅疾也詩齊風云
並驅從兩狼兮陸機疏云其鳴能小能大善為小兒啼聲以誘人去數十步其
猛健者雖善用兵者不能免也其膏可煎和其皮可為裘故禮記狼臅膏又
曰君之右虎裘厥左狼裘是也　兔子嬎至力欣　釋曰此辨兔之種類也崔
豹古今注云兔有九孔論衡曰兔舐毫而孕及其生子從口而出其子名嬎郭
云俗呼曰嬬其跡名迒字林云迒兔道也絶有力名欣　豕子至牝豝　釋曰
此辨豕之種類也其子名豬郭云今亦曰彘江東呼豨皆通名也說文云豬豕
而三毛叢居者字林云豕後蹄廢謂之彘小爾雅云彘豬也其子曰豚大者謂
之豜方言云北燕朝鮮之間謂之豭關東西或謂之彘或謂之豕南楚謂之
豨其子或謂之豚或謂之豯吴揚之間謂之豬子云獖獖者舍人曰獖一名
獖郭云俗呼小獖豬為獖子獖謂犍豬也云幺幼者豕之最後生者名也郭
云最後生者俗呼為幺豚云奏者豱者謂皮理腠蹙者名豱郭云今豱豬短頭
皮理腠蹙云豕生三豵二師一特者郭云豬生子常多故別其少者之名詩召
南云一發五豵鄭箋云豕生三曰豵張逸問曰豕生三曰豵不知母豕也豚也
荅曰豚也過三以往猶謂之豵以自三以上更無名也故知過三亦為豵其生

子二者爲師一者爲特云所寢櫓者郭云櫓其所臥蓐方言云其檻及蓐曰櫓
是也舍人曰豕所寢草名爲櫓其氏曰臨淮人謂野豬所寢爲櫓李巡曰豬臥
處名櫓櫓是所居之處云四豴皆白豥者豴蹄也豕四蹄皆白名豥其跡名刻
絕有力名豟即下篇豕高五尺者也云牝豝者豕之牝者名豝 注詩云有豕
白蹢 釋曰小雅漸漸之石篇文也案詩經直云白蹢不云豥則白蹢不知幾
蹄白而郭氏引之者以爾雅主謂釋詩詩中言豕白蹢惟此而已故知本以訓
此也鄭箋以豥爲駭豥者躁疾之言也駭與豥字異義同 注詩云一發五豝
釋曰召南騶虞篇文也毛傳云豕牝曰豝虞人翼五豝以待公之發鄭箋云君
射一發而翼五豝者戰禽獸之命也戰之者仁心之至是也 虎竊毛謂之虦
貓 釋曰竊淺也虎之淺毛者別名虦貓 注詩曰有貓有虎 釋曰詩大雅
韓奕篇文也 貘白豹 釋曰貘一名白豹字林云似熊而白黃出蜀郡一曰
白豹郭云似熊小頭庳腳黑白駮能舐食銅鐵及竹骨骨節強直中實少髓
反辟濕或曰豹白色者別名貘 甝白虎 釋曰白虎一名甝郭云漢宣帝時
南郡獲白虎獻其皮骨爪牙 虪黑虎 釋曰黑虎一名虪郭云晉永嘉四年
建平秭歸縣檻得之狀如小虎而黑毛深者爲斑山海經云幽都山多玄虎玄

豹者案海内經云北海之内有山名曰幽都之山黑水出焉其上有玄鳥玄蛇
玄豹玄虎是也　貀無前足　釋曰字林云獸無前足似虎而黑者名貀郭云
晉太康七年召陵扶夷縣檻得一獸似狗豹文有角兩脚即此種類也或説貀
似虎而黑無前兩足　鼳鼠身長須而賊秦人謂之小驢　釋曰鼳獸名也身
如鼠有長須而賊害於物秦人呼爲小驢郭云鼳似鼠而馬蹄一歳千斤爲物
殘賊　熊虎醜至力麙　釋曰醜類也熊虎之類其子名狗絶有力名麙郭云
律曰捕虎一購錢三千其狗半之此當時之律也引之以證虎子名狗之義也
貍子隸　釋曰字林云貍伏獸似貙其子名隸郭云今或呼豾貍者字林云豾
貍也　貈子貆　釋曰字林云貈似狐善睡其子名貆郭云其雌者名㹶今江
東呼貉爲㹶狭字林云㹶貍類貁謂之貜廣雅云貜貁也然則皆貈之通名也
貒子貗　釋曰字林云貒獸似豕而肥其子名貗郭云貒豚也一名貛　貔白狐
其子豰　釋曰字林云貔豹屬一名白狐其子名豰郭云一名執夷虎豹之屬
詩大雅云獻其貔皮陸機疏云貔似虎或曰似熊一名執夷一名白狐遼東人
謂之白羆　麝父麕足　釋曰字林云小鹿有香其足似麞故云麕足郭云脚
似麕有香　豺狗足　釋曰説文云豺狼屬狗聲郭云脚似狗貪殘之獸左傳

云戎狄豻貙不可厭也　貙獌似貍　釋曰字林云貙似貍而大一名獌郭注云今山民呼貙虎之大者爲貙豻字林云豻胡地野狗似狐黑喙皆貙之類故又呼貙豻　羆如熊黃白文　釋曰舍人曰羆如熊色黃白也郭云似熊而長頭高脚猛憨多力能拔樹木關西呼曰貑羆詩大雅韓奕云赤豹黃羆陸機疏云羆有黃羆有赤羆大於熊其脂如熊白而麤理不如熊白美也　麢大羊　釋曰羊之大者名麢郭云麢羊似羊而大角員銳好在山崖間陶注本草云今出建平宜都諸蠻中及西域多兩角有一角者爲勝角甚多節蹙蹙員繞別有山羊角極長唯一邊有節節亦踈大而不入用羌夷云只此名麢羊　麠大麃牛尾一角　釋曰麃麞也大麞牛尾一角者名麠即所謂麟也郭云漢武帝郊雍得一角獸若麃然謂之麟者此是也者漢書郊祀志文也麃即麞也　麠大麃旄毛狗足　釋曰麃亦麞也旄毛獵長毛也大麞毛長狗足者名麠山海經云女几山其獸多麢麖麠　魋如小熊竊毛而黃　釋曰竊淺也獸如小熊淺毛而黃者名魋郭云今建平山中有此獸狀如熊而小毛麤淺赤黃色俗呼爲赤熊即魋也　猰貐類貙虎爪食人迅走　釋曰迅疾也猰貐之獸其狀類貙而虎爪食人疾走山海經云少咸山有獸狀如牛而赤身人面馬足名曰猰貐其

音如嬰兒食人其名與此同其狀與此錯　狻麑如虦貓食虎豹　釋曰即師子也出西域其狀如虦貓食虎豹善走者也　注漢順帝至百里　釋曰云漢順帝時疏勒王來獻犎牛及師子者案後漢帝紀云孝順帝諱保安帝之子也陽嘉三年疏勒國獻師子犎牛注引東觀記曰疏勒王盤遣使文時詣闕師子似虎正黃有顧耏尾端茸毛大如斗封牛其領上肉隆起若封然因以名之即今之峯牛是也云穆天子傳曰後猊日走五百里案穆天子傳云柏夭曰名獸使足後猊野馬走五百里是也　驨如馬一角不角者騏　釋曰驨獸名也狀如馬一角不角者名騏郭云元康八年九眞郡獵得一獸大如馬一角角如鹿茸此即驨也今深山中人時或見之亦有無角者　羱如羊　釋曰字林云野羊大角者也郭云羱羊似吴羊而大角角橢出西方橢謂狹而長也　麐麕身牛尾一角　釋曰李巡曰麐瑞應獸名孫炎曰靈獸也京房易傳曰麐麕身牛尾狼額馬蹄有五采腹下黃高丈二詩周南云麟之趾毛傳云麟信而應禮以足至者也鄭箋云麟角之末有肉示有武而不用陸機疏云麟麕身牛尾馬足黃色圓蹄一角角端有肉音中鍾呂行中規矩遊必擇地詳而後處不履生蟲不踐生草不羣居不侶行不入陷阱不罹羅網王者至仁則出今并州界有

麟大小如鹿非瑞應麟也故司馬相如賦曰射麋脚麟謂此麟也注公羊傳
曰有麕而角　釋曰案春秋哀十四年春西狩獲麟公羊傳云有以告者曰有
麕而角者孔子曰孰爲來哉孰爲來哉是其事也　猶如麂善登木　釋曰說
文云猶玃屬也其狀如麂爲獸健捷善能上樹　貄脩毫　釋曰脩長也廣雅
云㲠毛謂之毫言貄獸體多長毛　貙似貍　釋曰貙獸其文似貍郭云今貙
虎也大如狗文如貍　兕似牛　釋曰郭云一角青色重千斤說文云兕如野
牛青毛其皮堅厚可制　交州記曰兕出九德有一角角長三尺餘形如馬鞭
柄是也　犀似豕　釋曰郭云形似水牛豬頭大腹庳脚脚有三蹄黑色三角
一在頂上在額上一在鼻上鼻上者即食角也小而不橢齰好食棘亦有一角
者劉欣期交州記曰犀出九德毛如豕蹄有甲頭似馬吴録地理志云武陵阮
南縣以南皆有犀　彙毛刺　釋曰彙即蝟也其毛如針郭云今蝟狀如鼠
狒狒如人被髮迅走食人　釋曰狒狒獸名狀如人被髮亟疾走食人山海經謂之
梟羊又謂之贛巨人周書王會云北方謂之吐嘍郭云梟羊也山海經曰
其狀如人面長脣黑身有毛反踵見人則笑交廣及南康郡山中亦有此物
大者長丈許俗呼之曰山都云山海經曰者海內南經文也案彼文云梟羊在

此眴之西其狀人面長脣有毛反踵見人笑亦笑左手操管又海内經云笑則脣蔽其面因可逃也故郭讚云狒狒怪萌被髮操竹獲人則笑脣蔽其目終亦號吼反爲我戮是也云反踵者脚跟反向也大傳云周成王時州靡國獻之也　貍狐貒貈醜其足蹯其跡厹　釋曰說文云蹯掌也此四獸之類皆有掌蹯宣二年左傳云宰夫胹熊蹯是其類也其指頭著地處名厹　蒙頌猱狀　釋曰蒙頌一名蒙貴狀似猿猱故曰猱狀郭云即蒙貴也狀如蜼而小紫黑色可畜健捕鼠勝於猫九真日南皆出之猱亦獼猴之類　猱蝯善援　釋曰猱一名蝯善攀援樹枝郭云便攀援者便謂便捷也　玃父善顧　釋曰大蝯也能玃持人又善顧眄因名云郭云貑玃也似獼猴而大色蒼黑能玃持人好顧眄　威夷長脊而泥　釋曰泥弱也威夷之獸長脊而劣弱少才力也　麔麚短脰　釋曰脰項也麔麚之獸皆短項　贙有力　釋曰贙似犬之獸名也郭云出西海大秦國有養者似狗多力獷惡　豦迅頭　釋曰豦似猴之獸也好奮迅其頭故曰迅頭郭云今建平山中有豦大如狗似獼猴黄黑色多髯鬣奮迅其頭能舉石擿人玃類也　蜼卬鼻而長尾　釋曰蜼亦猴類之獸卬鼻而尾長大郭云蜼似獼猴而大黄黑色尾長數尺似獺尾末有岐鼻露向上雨

即自縣於樹以尾塞鼻或以兩指江東人亦取養之爲物健捷山海經曰鬲山
多獲蜼是也　時善乘領　釋曰好登山峯之獸也　猩猩小而好啼　釋曰能
言獸也曲禮曰猩猩能言周書王會曰都郭狌狌欺羽狌狌若黃狗人面能言
郭云山海經曰人面豕身能言語今交趾封谿縣出猩猩狀如貛㹠聲似小兒
啼云山海經者海內南經文也　闟泄多狃　釋曰舊說以爲闟泄獸名其腳
多狃狃指也然其形所未詳聞　寓屬　釋曰寓寄也言此上獸屬多寄寓
木上故題云寓屬　鼢鼠　釋曰此別鼠屬也云鼢鼠者郭云地中
行者說文云地中行鼠伯勞所作也廣雅云鼢鼠也方言名犂鼠即此鼠也謂
起地若耕因名云云鼸鼠者大戴禮云田鼠者鼸鼠也鼸是頰裏藏食之名鼠
若此者因名鼸鼠云鼷鼠者李巡曰鼱鼩鼠郭云有螫毒者蓋如今鼠狼春秋
成七年食郊牛角者是也博物志云鼠之最小者或謂之甘鼠何休亦云鼷鼠
者鼠中之微者云鼶鼠者似鼬之鼠也郭云夏小正曰鼶鼬則穴者在九月云
鼬鼠者字林云如鼠赤黃而文郭云今鼬似鼦赤黃色大尾啖鼠江東呼爲
鼪即莊子云騏驥驊騮捕鼠不如狸鼪是也云鼩鼠者鼱鼩小鼠也本云一名
鼷鼠郭云小鼱鼩也亦名䶉鼩云鼫鼠者孫炎曰五技鼠許慎云鼫鼠五技能

飛不能上屋能游不能渡谷能緣不能窮木能走不能先人能穴不能覆身此
之謂五技蔡邕以此爲螻蛄郭云形大如鼠頭似兔尾有毛青黃色好在田中
食粟豆關西呼爲鼩鼠見廣雅鼩鼱今本作鼩誤也案詩魏風云碩鼠碩鼠
陸機疏云今河東有大鼠能人立交前兩脚於頸上跳舞善鳴食人禾苗人逐
則走入樹空中亦有技或謂之雀鼠案此與郭氏所說同云豹文鼮鼠者郭云
鼠文彩如豹者漢武帝時得此鼠孝廉郎終軍知之賜絹百匹者案漢書云終
軍字子雲濟南人也少好學以辯博能屬文初入關棄繻而去至長安上書拜
爲謁者給事中使南越爲呂嘉所殺死時年二十餘故世號之終童武帝嘗得
豹文鼠終軍以爾雅辨其名故受賜也鼷鼠者鼷鼠名也郭云今江東山中
有鼷鼠狀如鼠而大蒼色在樹木上　注山海經說獸云狀如鼣鼠　釋曰案
中山經云筍帝山其上多玉下多金有獸焉狀如鼣鼠白喙名狙如見則其國
有大兵是也　鼠屬　釋曰言此上皆鼠之屬類也鼠小獸也亦四足而毛故於
此釋之案字林云鼸鼠即鼩鼠也今郭氏分爲二又說文云鼮豹文鼠也今郭
氏以豹文下屬未知孰是故略言之　牛曰齝羊曰齛　釋曰此别鳥獸嚼食之
名也牛名曰齝郭云食之已久復出嚼之羊名曰齛郭云今江東呼齝爲齛屢

鹿名曰齸郭云江東名咽爲齸齸者齝食之所在依名云鳥名曰嗉郭云咽中
裏食處即上篇其粻嗉也寓木之獸及鼠皆曰嗛郭云頰裏貯食處寓謂獼
猴之類寄寓木上此屬皆咽中藏食復出嚼之故題云齸屬獸曰釁鳥曰
狊 釋曰此辨人魚鳥獸氣體所須之名也獸之自奮迅動作名釁人之罷倦
頻伸夭撟舒展屈折名撟魚之鼓動兩頰若人之欠須道其氣息者名須鳥之
張兩翅狊狊然摇動者名狊此皆是氣倦體罷所須若此故題云須屬也

釋畜第十九

釋曰案字林畜作嘼說文云獸也人之畜養者也所以與釋獸異篇者以其畜
是畜養之名獸是毛蟲揔號故此篇唯論馬牛羊豕犬雞前篇則通釋百獸
之名所以異也 騊駼馬 釋曰良馬名騊駼字林云北狄良馬也一曰野馬瑞
應圖云幽隱之獸也有明王在位即至是也 注山海經云色青 釋曰海外北經
文也青色二字郭氏語也 野馬 釋曰如馬而小出塞外案穆天子傳云野馬
日走五百里是也 駮如馬倨牙食虎豹 釋曰駮亦野馬名也其狀如馬其
牙倨曲而食虎豹也詩秦風云隰有六駮傳引此文以釋之是也 注山海經
虎豹 釋曰案西山經云中曲山有獸如馬而身黑二尾一角虎牙爪音如鼓

名曰駮食虎豹可以禦兵言雖小異正謂此也　騉蹄趼善陞甗　釋曰舍人云騉蹄者淵蹄也趼平也謂蹄平正善陞甗者登山隒也云甗者阪也言騉善登高歷險上下於阪秦時有騉蹄苑是也李云騉者其蹄正堅而平似趼也顧云山嶺曰甗郭云甗山形似甑上大下小騉蹄蹄似趼而健上山秦時有騉蹄苑者取此駿馬以名其苑也　騉駼枝蹄趼善陞甗　釋曰騉駼馬名李巡曰騉駼其跡枝平似趼亦能登高歷危險也孫炎云騉駼之馬枝蹄如牛而下平郭云騉駼亦似馬而牛蹄也　小領盜驪　釋曰領頸也盜驪駿馬名也駿馬小頸名曰盜驪　注穆天至領頸　釋曰案穆天子傳云丙寅天子屬官效器乃命正公郊父受敕憲用中八駿之乘以飲于枝洔之中積石之南河天子之駿赤驥盜驪白義渠黃華騮綠耳郭注云盜驪者爲馬細頸驪黑色也綠耳者紀年曰北唐之君來見驪馬是生綠耳魏時西甲獻千里馬白色而兩耳黃因名之爲黃耳即此類也云又曰右服盜驪者案彼云癸酉天子命駕八駿之乘右服盜驪而左綠耳右驂赤驥而左白義天子主車造父爲御是也

絕有力駥　釋曰馬絕有力者名駥郭云即馬高八尺者即下文馬八尺爲駥者也　膝上至惟馵　釋曰此辨馬白色所在之異名也馬之膝上皆白者惟

馬昇也骹膝下也四膝下皆白名驓蹢蹄也四蹢皆白名首俗呼爲踏雪馬言蹢
白似踏雪也前兩足皆白名騱後兩足皆白名狗前右足白名啓前左足白名
踦後右足白名驤後左足白名馵駵馬赤色黑鬣尾馬也若駵馬腹下白者別名
騵詩大雅云四騵彭彭是也孫炎云驪黑也白跨股脚白也郭云驪黑色跨髀
間也謂黑馬髀間白名驈詩魯頌云有驈有皇是也州竅也謂馬之白尻者名
驠本根株也馬尾株白者名騴但尾毛白者名駺的顙者舍人曰的白也顙額
也額有白毛今之戴星馬也易震爲的顙素皐莖也其白首額下達首皐莖者
名縣俗所謂漫驢徹齒其面額皆白者惟駹馬也　注左傳曰啓服　釋曰案
昭二十九年公至自乾侯處于鄆衞侯來獻其乘馬曰啓服杜預云啓服馬名
是也　注易曰震爲馬昇足　釋曰說卦文也取其動而見也　回毛至閔廣郭
釋曰此別馬旋毛所在之名也回旋也膺胷也旋毛在膺者名宜乘樊光云俗
呼之官府馬伯樂相馬法旋毛在腹下如乳者千里馬也旋毛在肘後者名減
陽幹脅也旋毛在脅者名茀方旋毛在背者名閔廣郭云皆別旋毛所在之
名也　逆毛居馻　釋曰字林云馬逆毛也郭云馬毛逆刺　駷牝驪牡注詩
云至見周禮　釋曰云詩云駷牝三千者鄘風定之方中篇文也云七尺已上

爲騋見周禮者庾人文也案鄭玄注禮記檀弓引此文云騋牝驪牡玄謂七尺
曰騋牝者色驪牡者色玄與郭異也　玄駒褭驂　釋曰此郭氏兩解一云玄
駒小馬別名褭驂耳指謂今馬駒也一云或曰此即騕褭古之良馬名言玄駒
褭驂即騕褭也　牡曰騭牝曰騇　釋曰別馬牝牡之異名也郭云今江東呼
駁馬爲騭騇即草馬之名也　駵白駁至白魚　釋曰此別馬毛色不純之異名
也孫炎曰駵赤色也謂馬有駵處有白處者曰駁有黃處有白處者曰騜駵馬
脊毛黃者名騝驪馬脊毛黃者名騽青驪駽舍人曰青驪馬今名駽馬也孫炎
曰色青之間青毛黑毛相雜者名騧今之鐵驄也青驪驎驒孫炎曰色有淺深
似魚鱗郭云色有深淺班駁隱鄰名驒今之連錢驄說文云馬文如鼉詩云有
驒有駱是也毛色青黑而鬣驤繁多者名騥毛色黑白而復有雜毛相錯者名
駂詩云叔于田乘乘駂是也今謂之烏驄毛色黃白而復有雜毛者名駓今謂
之桃華馬陰淺黑色也毛淺黑而白兼雜毛者名駰今謂之泥驄詩云有駰有
騢是也蒼淺青也毛有淺青及白兼雜毛者名騅彤赤也毛赤白兼雜毛者名
騢說文云文似鰕魚也即今之赭白馬也驪鬣驄也白馬黑鬣驄者名駱白馬黑脣
者名駩喙口也黑喙者名騧說文云黃馬黑喙曰騧郭云今之淺黃色者爲騧

馬詩云驈驪是驂是也一目白者名瞯二目白者名魚言似魚目也　注詩曰騜駁其馬　釋曰豳風東山篇文也　注禮記至髦驤　釋曰云周人黄馬蕃鬣驤者明堂位文也云蕃鬣驤兩被毛者郭氏釋之也言蕃鬣驤者分其髦鬣兩邊被之也云或云美髦鬣者又引或人以爲一解言其髦鬣繁多而美也今[illegible]太繁作蕃則或說爲得　注詩曰有騅有駓又詩曰有驔有魚　釋曰皆魯頌駉駉篇文也　注禮記曰夏后氏駱馬黑鬣　釋曰亦明堂位文也　注既差至齊足　釋曰云既差我馬者此詩小雅吉日篇文也作者引之證後作者[illegible]也者詁差爲揀擇之義也云宗廟齊毫戎事齊力田獵齊足者此遂言齊馬之事也李巡曰祭於宗廟當加謹敬取其同色也某氏曰戎事謂兵革戰伐之事當齊其力以載干戈之屬舍人曰田獵取牲於苑囿之中追飛逐走取其疾而已郭云尚純尚強尚疾者此毛傳文也案詩小雅車攻云我馬既同毛傳引此文則每增二字以解之云宗廟齊毫尚純也戎事齊力尚強也田獵齊足尚疾也言齊其毫毛尚純色齊其馬力尚強壯齊其馬足尚迅疾義與此合故郭氏取以爲說也　馬屬　釋曰自騊駼已下雖駿異毛色不同皆馬之屬類故以此題之也下倣此　犘牛至欣犌　釋曰此別牛屬也云犘牛名也郭云

出巴中重千斤㺓牛領上肉㺓朕起之牛也郭云即犎牛也者即上注云漢順
時踈勒王來獻犎牛是也云領上肉㺓朕起高二尺許者謂領上肉腫墳起也
云狀如橐駝肉鞍一邊者山海經云虢山獸多橐駝彼注云有肉鞍善行流沙
中日行三百里負千斤知水泉所在是也橐駝肉鞍朕起有二此牛領肉朕起
惟一故云一邊云健行者日三百餘里今交州合浦徐聞縣出此牛犤牛名也
郭云犤牛庳小今之㹀牛也又呼果下牛出廣州高涼郡以其庳小可行果樹
下故又呼果下牛魏犩亦牛名也郭云即犪牛也如牛而大肉數千斤出蜀中山
海經曰岷山多犪牛案中山經云崍山其獸多犀象犪牛彼注云今蜀中有大
牛重數千斤名為犪牛晉大興元年此牛出上庸郡人弩射殺得之三十擔肉
即爾雅魏犩牛是也犣亦牛名也郭云旄牛也髀膝尾皆有長毛案山海經潘侯
山有獸狀如牛而四節生毛名曰旄牛彼注云今旄牛背膝及胡尾皆有長毛
是也犝牛者無角牛名也易云童牛之牿是也俯低也牛角一低一仰者名觭
言傾欹也踊豎也牛而角豎者名㸷牛黑脣者名犉眥目匡也牛之目匡黑者
名牰黑耳者名犚黑腹者名牧黑脚者名犈郭云皆別牛黑所在之名其子所
生之子名犢郭云今青州呼犢為㸬體身也凡牛之身長者名牬絕有力壯大

者名欣犌 注毛詩至脣牛 釋曰詩小雅無羊篇云誰謂爾無牛九十其犉
毛傳云黃牛黑脣曰犉毛意以此言黑脣明不與身同色而牛之黃者衆故
云黃牛也其實不主爲黃牛故郭氏云此宜通謂黑脣牛一羊牡羒至力奮
釋曰此别羊屬也云謂吴羊也其牡者名羒即白羝也其牝者名牂云夏羊
者黑羖攊也其牡者名羭即黑羝也其牝者名羖郭云今人便以牂羖爲白黑
羊名其實牂白羊牝者名牂黑羊牝者名羖羊角不齊一長一短者名觤觠捲
也羊角捲三匝者名羷羊之黃腹者名䐱羊新生未成羊者名羜郭云俗呼
五月羊爲羜詩小雅伐木云既有肥羜是也壯大絕有力者名奮 注詩云牂
羊墳首 釋曰小雅苕之華篇文也 注歸藏曰兩壺兩羭 釋曰歸藏者成
湯之所作也言萬物歸之所藏也是三易之一也云兩壺兩羭者齊母經瞿有
之文也案彼云瞿有瞿有觚宵粱爲酒尊於兩壺兩羭飲之三日然后鯀去有
澤我取其魚是也 犬生至狗也 釋曰此别狗屬也云犬者說文云狗之有
縣蹏者也象形孔子曰視犬之字如畫狗也犬生三子則曰獴二曰師三曰獥
豪是韓毛也犬子未生韓毛者名狗喙口也犬長口者名獫短口者名猲獢壯
大絕有力者名狣尨即狗也說文孔子曰狗叩也叩气吠以守也 注此與至

出入　釋曰云此與豬生子義同者案釋獸注云豬生子常多故別其少者之名犬生子亦常多而此亦別其少者之名故云義同云名亦相出入者謂此獫師玁與彼猣師特字雖小異大意則同故云亦相出入　注詩曰載獫猲獢　釋曰秦風駟驖篇文也毛傳云田犬也長喙曰獫短喙曰猲獢鄭箋云載始也始田犬者謂達其搏噬始成之也　注詩曰無使尨也吠　釋曰召南野有死麕篇文也毛傳云尨狗也非理相陵則狗吠是也　雞大者蜀　釋曰此別雞屬也案春秋說題辭曰雞為積陽南方之象火陽精物炎上故陽出雞鳴以類感也雞者知時之畜其大者名蜀郭云今蜀雞蜀之雛子名雓雛之稍長未成雞者名僆郭云江東呼雞少者曰僆壯大絕有力者名奮郭云諸物有氣力多者無不健自奮迅故皆以名云者謂上文雉也羊也并此雞皆云絕有力奮故此釋之也　馬八尺至為駥　釋曰此別六畜絕大者名也馬高八尺者名駥牛高七尺者名犉羊高六尺者名羬山海經云錢來山有獸其狀如羊而馬尾名羬注云今大月氏國有大羊如驢馬尾是也彘豬也豬高五尺者名豟狗高四尺者名獒雞高三尺者名鶤　注周禮至為龍　釋曰夏官庾人職文也　注詩曰至尸子　釋曰小雅無羊篇文也上云牛黑脣犉注引此詩傳此犉七

尺爲犉又引此詩文是犉有二義則牛黑脣者爲犉牛七尺者亦爲犉義得兩通故並引之云亦見尸子者尸子說六畜云大牛爲犉七尺故云亦見尸子下羊桑倣此　注公羊至之獒　釋曰案宣六年傳云晉靈公將殺趙盾趙盾躇階而走靈公有周狗謂之獒呼獒而屬之獒亦躇階而從之祁彌明逆而跛之絶其頷趙盾顧曰君之獒不若臣之獒也何休云周狗可以比周之狗所指如意是也今此周作害蓋傳寫爲誤或所見本異也

爾雅䟽卷第十

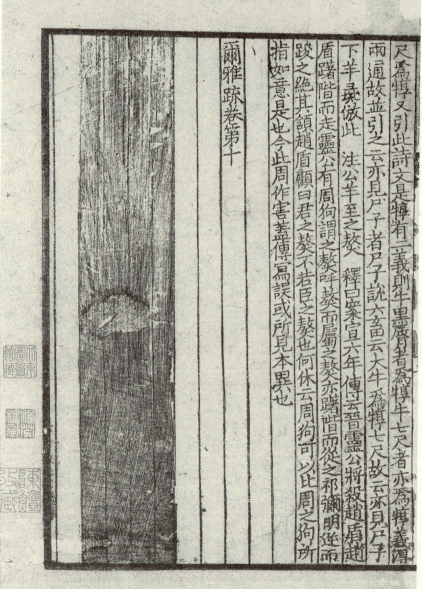

中華古籍保護計劃

ZHONG HUA GU JI BAO HU JI HUA CHENG GUO

·成果·

宋本爾雅疏

（宋）邢昺 撰

第一册

國家圖書館出版社

圖書在版編目(CIP)數據

宋本爾雅疏:全二册/(宋)邢昺撰.-- 北京:國家圖書館出版社,2018.6

(國學基本典籍叢刊)

ISBN 978-7-5013-6377-3

Ⅰ.①宋… Ⅱ.①邢… Ⅲ.①《爾雅》—注釋 Ⅳ.①H131.2

中國版本圖書館 CIP 數據核字(2018)第 050368 號

書　　名	宋本爾雅疏(全二册)
著　　者	(宋)邢昺　撰
責任編輯	陳瑩瑩
封面設計	徐新狀
出　　版	國家圖書館出版社(100034　北京市西城區文津街7號) (原書目文獻出版社　北京圖書館出版社)
發　　行	010-66114536　66126153　66151313　66175620 66121706(傳真)　66126156(門市部)
E-mail	nlcpress@nlc.cn(郵購)
Website	www.nlcpress.com→投稿中心
經　　銷	新華書店
印　　裝	北京市通州興龍印刷廠
版　　次	2018年6月第1版　2018年6月第1次印刷
開　　本	880×1230(毫米)　1/32
印　　張	10.5
書　　號	ISBN 978-7-5013-6377-3
定　　價	38.00圓

《國學基本典籍叢刊》編委會

《國學基本典籍叢刊》前言

國家圖書館出版社（原書目文獻出版社 北京圖書館出版社）成立三十多年來，出版了大量的中國傳統文化典籍。由於這些典籍的出版往往採用叢書的方式或綫裝形式，供公共圖書館和大學圖書館典藏使用，普通讀者因價格較高、部頭較大，不易購買使用。爲弘揚優秀傳統文化，滿足廣大普通讀者的需求，現將經、史、子、集各部的常用典籍，選擇善本，分輯陸續出版單行本。每書之前均加簡要説明，必要者加編目録和索引，總名《國學基本典籍叢刊》。歡迎讀者提出寶貴意見和建議，以使這項工作逐步完善。

編委會

二〇一六年四月

序言

歷代官修圖書目録，從《漢書・藝文志》到《四庫全書總目》，《爾雅》一直被列在經部，或依於《孝經》，或附於《論語》，或列於小學訓詁之屬，被作爲古代教育的文獻和學習的工具。晋郭璞《爾雅序》對《爾雅》解古今之義、五經訓詁的性質作了明確的闡述：『夫《爾雅》者，所以通訓詁之指歸，敘詩人之興詠，揔絶代之離詞，辯同實而殊號者也。誠九流之津涉，六藝之鈐鍵，學覽者之潭奧，摛翰者之華苑也。若乃可以博物不惑、多識於鳥獸草木之名者，莫近於《爾雅》。』

古代經書流傳，多有牴牾之處，究其原因，經文和注疏回互改易是其重要原因。清段玉裁十分贊賞清代校勘學家盧文弨關於這一文獻流傳與整理問題的見解，在爲盧公所作墓誌銘中説：『公治經有不可磨之論，其言曰，唐人之爲義疏也，本單行，不與經注合，單行經注唐以後尚多善本。自宋後附疏於經注，而所附之經注非必孔、賈諸人所據之本也，則兩相鉏鋙矣。南宋後又附《經典釋文》於注疏間，而陸氏所據之經注又非孔、賈諸人所據也，則鉏鋙更多矣。淺人必比而同之，則彼此互改，多失其真；幸有改之不盡以滋其鉏鋙，啓人考核者。故注疏釋文合刻似便而非古法也。』清臧庸在《臧氏宋本爾雅考證》一文中也提到：『凡諸經義疏與經注皆别行，南宋以來，欲省兩讀，始合載之，名之曰兼義。然經注本與義疏往往不同，分之則兩全，合之則兩傷。』阮元在《爾雅》校勘中也時有『援經改注』的批評，如《爾雅·釋畜》『犦牛』條校勘記中指出：『陸氏所見本已有援經改注者矣。』近人黄侃在整理《爾雅》中也指出了類似的問題，他在《爾雅音訓》『厓内爲隩，外爲隈』條下校云：『《釋文》所據郭注本往往與邢疏所據本不同，故經字頗多歧异。』『不知郭之爲注，不舉經字者甚多。』『《釋文》所舉注文，亦與邢所據不同。』『是知郭注至宋時已有脱落。又《釋文》中有後人校語，亦可於此明白剖出矣。』因此，在經書的整理中，要達到校勘的求舊、求真、求是的目的，就應當遵循清代校勘學家顧廣圻『書必以不校校之』的理念與方法，力求保留經注、音義、單疏等文獻的原貌。

《爾雅》問世之後爲之作注者，代不乏人。據《隋書·經籍志》《舊唐書·經籍志》《新唐書·藝文志》《經典釋文序録》等文獻記載，在唐以前，晋郭璞注前後，有犍爲文學、劉歆、樊光、李巡、孫炎等注，另有沈旋集注，還有江漼、曹憲、施乾、謝嶠、顧野王等撰音。而晋代郭璞的《爾雅注》（以下簡稱《郭注》）成爲歷史上最著名，也是最具影響的注本。唐陸德明《爾雅音義》即以《郭注》爲本，阮元整理《四庫全書》，於《爾雅注疏》十一卷提要云：『璞時去漢未遠，……所見尚多古本，故所注多可據。後人雖迭爲補正，然宏綱大旨，終不出其範圍。』唐陸德明撰有《經典釋文》，中有

《爾雅音義》上下二卷，或名之《爾雅釋文》。陸氏於《經典釋文序録》中，對《爾雅》的條例、次第、注解傳述人多所論述；於《爾雅音義》，或辨字體、注字音，或存舊注、援書證，或舉异文、定是非，成爲研究《爾雅》的重要文獻。

在晋《郭注》和唐陸德明《爾雅音義》之後，宋邢昺的《爾雅疏》（一名《爾雅義疏》）（以下簡稱《邢疏》）成爲重要的單疏本。北宋經學家邢昺（九三二—一〇一〇，字叔明，宋曹州濟陰人）的《邢疏》就是專門訓釋《郭注》的。邢昺當時曾受詔與杜鎬（九三八—一〇一三）、孫奭（九六二—一〇三三）等校定諸經義疏，曾著有《論語正義》《爾雅疏》等。《宋史·藝文志》載：『邢昺《爾雅疏》十卷。』清謝啓崑《小學考》認爲此書已亡佚，《四庫全書總目》也曾提出疑問：『豈其初疏與注別行歟，今未見原刻，不可復考矣。』可見《爾雅》單疏本在清代已十分罕見。據《邢疏》自序記載，《邢疏》爲『奉敕校定』，之前『其爲義疏者，則俗間有孫炎、高璉，皆淺近俗儒，不經師匠』；而《邢疏》整理之旨和方法，是『考案其事，必以經籍爲宗，理義所詮，則以景純爲主』。《邢疏》還是集體合作的成果。據《邢疏》自序：『謹與尚書駕部員外郎直秘書閣臣杜鎬、尚書都官員外郎秘閣校理臣舒雅、太常博士直集賢院臣李維、諸王府侍講太常博士兼國子監直講臣孫奭、殿中丞臣李慕清、大理寺丞國子監直講臣王煥、大理評事國子監直講臣崔偓佺、前知洺州永年縣事臣劉士玄等共同討論，爲之疏釋。』說明《邢疏》是邢昺與多位學者合作的成果。

對於《邢疏》，後人褒貶不一，而以貶者居多，如清邵晉涵云：『邢氏《疏》成於宋初，多掇拾《毛詩正義》，掩爲己説。間采《尚書》《禮記》正義，復多闕略。南宋人已不滿其書，後取列諸經之疏，聊取備數而已。』（乾隆戊申［一七八八］夏餘姚邵氏家塾面水層軒藏板新鎸本《爾雅正義序》）然這樣的批評不够公允，《邢疏》雖有不足，然之後能添列《十三經注疏》，絶非偶然，自有其學術文獻價值。這些學術文獻價值體現在以下五個方面：一是可根據《邢疏》瞭解《郭注》旨意；二是《邢疏》多引書證而保存文獻；三是《邢疏》可補《郭注》闕略；四是《邢疏》已知聲義兼通；五是《邢疏》隨事指陳《爾雅》釋例。綜上所述，《邢疏》儘管存在一些不足，但在《爾雅》發展歷史上，有其學術地位和影響。《邢疏》疏釋考事，必以經籍爲宗，理義所銓，則以景純爲主。其援引書證，皆非今人所及睹，而其補注闕略，發凡起例，於《爾雅》不無益處，成爲唐以後研究《爾雅》的重要文獻。『然疏家之體，惟明本注，注所未及，不復旁搜。此亦唐以來之通弊，不能獨責於昺。』《四庫全書總目》的評價，較爲實事求是。清代阮元的《爾雅注疏校勘記》六卷在廣羅衆本、校勘异同方面多勝於前賢，其校勘引據各本中即包括宋槧《爾雅疏》十卷。

《爾雅》單注本，存世宋刻本有《古逸叢書》所收影覆宋蜀大字本，《天禄琳琅叢書》所收宋刊監本，鐵琴銅劍樓舊藏宋刊十行本。二〇一〇年上海古籍出版社整理出版《爾雅》點校本，即以宋刊十行本爲底本，校以影覆宋蜀大字本、宋刊監本、元雪窗本和明吳元恭本、宋刊《爾雅音義》（《天禄琳琅叢書》所收宋刊《經典釋文》)、宋刻宋元明初遞修公文紙印單疏本等，以宋刊單注、宋刊音義、宋刊單疏彙爲一本，以求覆《爾雅》經注、音義和單疏宋版原貌。現國家圖書館出版社重新影印宋刻宋元明初遞修公文紙印本《爾雅疏》十卷，收入《國學基本典籍叢刊》，爲我们瞭解宋刊單疏本《爾雅》的本來面貌和經疏流傳的古法提供了新印本，這不僅爲《爾雅》的學術研究，也爲經學史、印刷史和版本學史的研究提供了第一手的文獻史料。

王世偉

二〇一八年三月於上海清水灣

總目録

第一册

第二册

第一册目録

據國家圖書館藏宋刻宋元明遞
修公文紙印本影印原書版框高
二十一點一厘米寬十五厘米

仲魚圖象

爾雅疏敘

翰林侍講學士朝請大夫守國子祭酒上柱國賜紫金魚袋臣邢昺等奉

勑校定

夫爾雅者先儒授教之術後進索隱之方誠傳注之濫觴為經籍之樞要者也夫混元闢而三才肇位聖人作而六藝斯興本乎發德於衷將以納民於善洎夫醇醨既異步驟不同一物多名繫方俗之語片言殊訓滯今古之情將使後生若為鑽仰繇是聖賢間出詁訓遞陳周公倡之於前子夏和之於後蟲魚草木爰自爾以昭彰禮樂詩書盡由斯而紛郁然又時經戰國運歷挾書傳授之徒寖微發揮之道斯寡諸篇所釋世罕得聞惟漢終軍獨深其道豹鼠既辨斯文遂隆其後相傳乃可詳悉其為注者則有犍為文學劉歆樊光李巡孫炎雖各名家猶未詳備惟東晉郭景純用心幾二十年注解方畢甚得六經之旨頗詳百物之形學者祖焉最為稱首其為義疏者則俗間有孫炎高璉皆淺近俗儒不經師匠今既奉

勑校定考案其事必以經籍為宗理義所詮則以景純為主雖復研精覃思尚慮學淺意疏謹與尚書駕部員外郎直秘閣臣杜鎬尚書都官員外郎秘閣校

理臣舒雅太常博士直集賢院臣李維諸王府侍講太常博士兼國子監直講臣孫奭殿中丞臣李慕清大理寺丞國子監直講臣王煥大理評事國子監直講臣崔偓佺前知洺州永年縣事臣劉士玄等共相討論爲之疏釋凡一十卷

雖上遵

睿旨共竭於顓蒙而下示將來尚慙於疏略謹序

爾雅疏卷第一

爾雅序

釋曰爾雅者釋文云所以訓釋五經辯章同異實九經之通路百氏之指南多識鳥獸草木之名博覽而不惑者也爾近也雅正也言可近而取正也釋詁一篇蓋周公所作釋言以下或言仲尼所增子夏所足叔孫通所益梁文所補張揖云昔在周公纘述唐虞宗翼文武克定四海勤相成王踐阼理政日昊不食坐而待旦德化宣流越裳來貢嘉禾貫桑六年制禮以導天下著爾雅一篇以釋其義傳乎後嗣歷載五百墳典散落唯爾雅常存禮三朝記哀公曰寡人欲學小辯以觀於政其可乎孔子曰爾雅以觀於古足以辯言矣春秋元命包言子夏問夫子作春秋不以初哉首基爲始何是以知周公所造也率斯以降

逮絶六國越踰秦焚爰暨帝劉魯人叔孫通撰置禮記文不違古今俗所傳三篇爾雅或言仲尼所增或言子夏所益或言叔孫通所補或言沛郡梁文所著皆解家所說先師口傳既無正驗聖人所言是故疑不能明也夫爾雅之為書也文約而義固其陳道也精研而無誤真九經之檢度學問之階路儒林之警素也序與緒音義同釋詁云敘緒也言已注述之由敘陳此經之旨若繭之抽緒耳孔子作書序子夏作詩序故郭氏亦謂之序序之大指凡有五焉初自夫爾雅者至雖同實而殊號者也明此書之用也二自誠九流之津涉至摛翰者之華苑也言為群經之樞要也三自若乃至莫近於爾雅言其博物他書不之過也四自爾雅者至其業亦顯明其興隆之時也五自英儒贍聞之士至序末物序己所以作注之意也今各依文解之　夫爾雅者至同實而殊號者也釋曰此明其用也夫者發語辭亦指示語指此爾雅者所以通詁訓之指歸也詁古也通古今之言使人知也訓道也道物之貌以告人也指歸謂指意歸鄉也言此書所以通暢古今之言訓道百物之貌使人知其指意歸鄉也若言初哉首基者其指歸在始也若言番番矯矯者其指歸在勇也略舉一隅他皆放此云敘詩人之興詠者敘次敘也鄭玄注周禮大司樂云興者以善物喻善

事又注大師云興者見今之美嫌於媚諛取善事以喻勸之鄭司農云興者託
於事物詠者永言也故舜典云歌永言孔注云歌詠其義以長其言又詩序云
言之不足故嗟嘆之嗟嘆之不足故永歌之斯皆詩人所爲此書能次序之故
書敘詩人之興詠也若言噰噰喈喈以興民協服也其虛其徐以詠威儀容止
也如此之類皆是案爾雅所釋徧解六經而獨云敘詩人之興詠者以爾雅之
作多爲釋詩故毛公傳詩皆據爾雅謂之詁訓傳亦此意也云揔絕代之離
詞者揔聚也絕代猶遠代也離詞猶異詞也郭璞序方言云標六代之絕語類
離詞之指韻亦猶此也以其六代絕遠四方乖越故今古語異夷夏詞殊此書
能揔聚而釋之使人知也若其繹又祭也周曰繹商曰肜夏曰復胙及注引方
言之類是也云辯同實而殊號者也者辯謂辯別凡物雖殊其號而同一實者
此書辯之若罿謂之罬罬謂之罦罦覆車也又釋草云唐蒙女蘿女蘿
菟絲注云別四名如此之類是也　誠九至苑也　釋曰此明其樞要也云誠九
流之津涉者誠實也九流者序六藝爲九種言於六經若水之下流也津涉者
濟渡之處名言九流之多非此書無以通喻九河之廣非津涉無以渡案漢書
藝文志云儒家者流五十三家八百三十五篇蓋出於司徒之官助人君順陰

陽明教化者也游文於六經之中留意於仁義之際祖述堯舜憲章文武宗師
仲尼以重其言於道最為高孔子曰如有所譽其有所試唐虞之隆殷周之盛
仲尼之業已試之效者也然惑者既失精微而辟者又隨時抑揚違離道本苟
以譁衆取寵後進循之是以五經乖析儒學寖衰此辟儒之患也道家者流三
十七家九百九十三篇蓋出於史官歷記成敗存亡禍福古今之道然後知秉
要執本清虛以自守卑弱以自持此人君南面之術也合於堯舜之克攘易之
嗛嗛一謙而四益此其所長也陰陽家者流二十一家三百六十九篇蓋出於
羲和之官敬順昊天歷象日月星辰敬授民時此其所長也法家者流十家二
百一十七篇蓋出於理官信賞必罰以輔禮制易曰先王以明罰飭法此其所
長也名家者流七家三十六篇蓋出於禮官古者名位不同禮亦異數孔子曰
必也正名乎名不正則言不順言不順則事不成此其所長也墨家者
流六家八十六篇蓋出於清廟之官茅屋采椽是以貴儉養三老五更是以兼
愛選士大射是以上賢宗祀嚴父是以右鬼順四時而行是以非命以孝視天
下是以上同此其所長也縱橫家者流十二家百七篇蓋出於行人之官孔子
曰誦詩三百使於四方不能專對雖多亦奚以為又曰使乎使乎言其當權事

制宜受命而不受辭此其所長也雜家者流二十家四百三篇蓋出於議官兼
儒墨合名法知國體之有此見王治之無不貫此其所長也農家者流九家百
一十四篇蓋出於農稷之官播百穀勸耕桑以足衣食故八政一曰食二曰貨
孔子曰所重民食此其所長也此九流之大旨也云六藝之鈐鍵者案漢書藝
文志六藝謂易書詩禮樂春秋六經也凡六藝一百三家三千一百二十三篇說
文云鈐鍵也方言云戶鑰自關之東陳楚之間謂之鍵小爾雅云鍵謂之鑰言
此書為六藝之鍵鑰必開通之然後得其微言也故云六藝之鈐鍵也云學覽
者之潭奧者潭淵也室中西南隅謂之奧言隱奧也此書釋二儀之形象載八
表之民昏禁雖博學廣覽之士莫能究淵深隱奧故云學覽者之潭奧也云摛翰
者之華苑也者言此書森羅萬有純粹六經摛文染翰之士足以擬其英華若
園苑然故云華苑也　若乃至爾雅　釋曰此言其博物也云若乃者因上起
下語上既言其功用此復美其博物故云若乃既可以博釋庶物又能多識辨
於鳥獸草木之名者莫近於爾雅言爾雅最近之又案公羊傳說春秋功德云
撥亂世反諸正莫近諸春秋何休云莫近猶莫過之也然則博物多識他書亦
莫過於爾雅也　爾雅至亦顯　釋曰此言興隆之時也云蓋興於中古者爾

雅之作經傳莫言其人及時世但相傳云周公作之以教成王無正文故云蓋或
以疑之經典通以伏犧爲上古文王爲中古孔子爲下古周公文王子父統子
業周公亦可言中古故云蓋興於中古云隆於漢氏者以夫子没微言絶散亡
戰國陵遲嬴秦燔滅則此書亦從而墜矣洎乎漢氏御宇旁求典籍除挾書
之律開獻書之路此書亦從而隆矣故曰隆於漢氏也云豹鼠既辨其業亦顯
者謂漢武帝時孝廉郎終軍既辨豹文之鼠人服其博物故爭相傳授爾雅之
業於是遂顯言不但興行兼亦廣顯故云亦也　英儒至序末　釋曰此言已
所以作注之意也云英儒贍聞之士者案禮辯名記德過千人曰英儒者孝也
能以德柔服人也贍多也士者有德之稱言英俊通儒多聞之士也云洪筆麗
藻之客者洪大也麗美也藻水草也有文以喻人之文章言其有詞筆美於文
章之客也云靡不欽玩耽味爲之義訓者靡無也欽玩猶敬愛也耽味猶樂嗜
也言英儒之等無不敬愛此書如耽廣樂嗜音者有焉故曰耽味而爲之義理訓解
謂作注也云璞不揆檮昧少而習焉者此自謙也揆度也檮謂檮杌無知之貌
昧闇也郭氏言己不度其無知闇昧自少小而習此書焉云沈研鑽極二九載
矣者此言用功深不敢苟爲注解也謂深沈研覈鑽求窮極凡十八載故云二

九載矣云雖註者十餘然猶未詳備者言作註者雖十有餘家猶尚未能輒詳
具備十餘家者陸德明敘錄犍為文學注三卷劉歆注三卷樊光注六卷李巡
注三卷孫炎注三卷惟此五家而已又五經正義援引有某氏謝氏顧氏今郭
氏言十餘者典籍散亡未知誰氏或云沈旋施乾謝嶠顧野王者非也此四家
存郭氏之後故知非也云並多紛謬有所漏略者言十家所註並多紛紜錯繆
若孫叔然觀髮茀離字別為義是紛繆也其所難解則全不入根節是漏略也
云是以復綴集異聞會稡舊說者是以者因前起後語因前十家所注紛繆漏
略起已作注之意故言是以對前已有注故云復綴集謂聯綴聚集異聞者注
所引六經子史之類是也會稡者廣雅云會收也稡聚也舊說謂十家所說也
雖不能盡善亦時有可觀其所善者則收聚用之也云考方國之語者考成也
四方之國言語不同有可通經者則援引考成之注引方言是也云采謠俗之
志者采取也徒歌謂之謠案漢書地理志云好惡取舍動靜亡常隨君上之情
欲故謂之俗但童謠遊戲之言及俗間有所記志可以通此書者亦采用之若
檕檷注引齊人諺曰上山斫檀檕檷先殫蟰蛸注云俗呼為喜子之類是也云
錯綜樊孫者謂交錯綜聚樊光孫炎二家之注取其理長者用之云博關羣言

者有關涉也名言謂子史之小說也言非但引六經亦博通此子史等以爲注
說也云剟其瑕礫搴其蕭稂者此喻前已作　去惡取善也剟其瑕礫以玉石喻
也剟削也剟削去其瑕玷瓦礫以取瑾瑜也搴其蕭稂以禾莠喻也搴拔也蕭
蒿也稂童梁也莠類也拔去其蕭蒿稂莠以存其嘉禾也云事有隱滯援據徵
之者援引也徵成也若事有隱奥未滯泥者則援引經據以證成之也云其所易
了闕而不論者謂通見詩書不難曉了者則不須援引故闕而不論也云別爲
音圖用祛未寤者謂注解之外別爲音一卷圖贊二卷字形難識者則審音以
知之物狀難辨者則披圖以別之用此音圖以祛除未曉寤者故云用祛未寤
也云輒復擁篲清道企望塵躅者此郭氏自問也擁手持也篲帚也清道謂清
潔道路企望者企踵而瞻望也塵躅者塵路躅跡也言已注此書若人持帚
以淸道企踵而望其芳塵美跡可以繼者何謂是自問也云以將來君子爲亦
有涉乎此也者此自答也言已注此書非他以爲將來有德君子之爲必欲研
覈此自以深討九流非爾雅不可必涉歷此途若其注釋未備則恐迷誤後人作
注之由良爲此也　爾雅卷上　郭璞注　釋曰上者對中下生名宜以簡編
重多分爲上中下三卷無義例也郭璞字景純河東人東晉弘農太守著作郎

注者著也解釋經指使義理著明也亦言己之意以釋此書也詩書謂之傳傳者傳也傳識經意使可示後人也此皆其人自題故或言傳或言注無義例也

釋詁第一

釋曰釋解也詁古也古今異言解之使人知也釋言則釋詁之別故爾雅序篇云釋詁釋言通古今之字古與今異言也第次也一數之始也以其作最在先故為第一此篇相承以為周公作但其文有周公後事故先儒共致疑焉或曰仲尼子夏所增足也或曰當周公時自有之今無者或亡散之中然則詩書所有非周公所釋乃後人依放故言雅記而爲之文故與之同郭氏因即撰述以成其義若言胡不承權輿及緇衣之蓆兮此秦康鄭武之詩在周公之後明矣其義猶今爲文採摭故事以爲辭耳則此篇所載悉周公時所有何足疑也其諸篇所次舊無明解或以爲有親必須宮室宮室既備事資器用今謂不然何則造物之始莫先兩儀而樂器居天地之先豈天地乃樂器所資乎蓋以先作者居前增益者處後作非一時故題次無定例也其篇之名義逐篇具釋此不繁言此書之作以釋六經之言而字別爲義無復章句今而作疏亦不分科段所解經文若其易了及郭氏未詳者則闕而不論其稍難解則援引經傳及諸家之說以證之郭氏之注多采經記若其通見可曉者則但指篇目

自兩已其或書名僻異義旨隱奧者則具載彼文以祛未寤者耳　初哉首基
肇祖元胎俶落權輿始也　釋曰皆初始之異名也初者說文云從衣從刀裁
衣之始也哉者古文作才說文云才草木之初也以聲近借爲哉始之哉首者
頭也身之始也基者說文云牆始築也肇者說文作肁始開也祖者宗廟之始
也元者善之長也長即始義胎者人成形之始也俶者動作之始也落者木葉
隕墜之始也權輿者天地之始也天圓而地方因名云此皆造字之本意也及
乎詩書雅記所載之言則不必盡取此理但事之初始俱得言焉他皆倣此
注尚書至殊語　釋曰云尚書曰三月哉生魄者康誥文云詩曰令終有俶者
大雅既醉文又曰俶載南畝者周頌載芟文又曰訪予落止者周頌訪落文又
曰胡不承權輿者秦風權輿文云胚胎未成亦物之始也者說文云胚婦孕一
月也胎婦孕三月也然則尚未成形而爲形之始故曰胚胎未成亦物之始物
則形也云其餘皆義之常行者耳者謂初首基肇祖元也通見詩書故曰義之
常行云此所以釋古今之異言通方俗之殊語者楊雄說方言云皆古今語也
初別國不相往來之言也今或同而舊書雅記故俗語不失其方而後人不知
故爲之作釋也郭彼注云謂作釋詁釋言是也　林烝天帝皇王后辟公侯君

也　釋曰皆天子諸侯南面之君異稱也白虎通云君羣也羣下之所歸心也林者說文云平地有叢木曰林烝者左傳云天生烝民樹之以君而司牧之然則人物之衆必立君長以司牧之故以林烝爲君也天者說卦云乾爲天爲君以其俱尊極故也大雅皆謂君爲天是也帝皇者白虎通云德合天地者稱帝帝者諦也象可承也皇美也大也天之揔美大稱也時質故揔稱之號之爲皇煌煌人莫違也王者往也天下所歸往說文云后者繼體君也象人之形施令以告四方故后之從一口發號者君后也辟者法也爲下所法則也公者通也公正無私之意也侯者候也候逆順也天帝皇王惟謂天子公侯惟謂諸侯餘皆通稱　注詩曰至詩書　釋曰云詩曰有壬有林者小雅賓之初筵文又曰文王烝哉者大雅文王有聲文云其餘義皆通見詩書者謂天帝皇王后辟公侯皆義之常行故不備引　弘廓宏溥介純夏幠厖墳嘏丕弈洪誕戎駿假京碩濯訏宇穹壬路淫甫景廢壯冢簡箌昄晊將業席大也　釋曰此皆廣大之異言也弘者含容之大也周書洛誥云武王弘朕恭廓者方言云張小使大謂之廓宏者書曰若保宏父介者方言云東齊海岱之閒謂之介純者魯頌閟宮公天錫公純嘏夏者方言云自關而西秦晉之閒凡物之壯大而愛偉之謂之

夏庬者深之大也墳㙕者方言云墳地大也青幽之間凡土而高且大者謂之
墳秦晉之間凡物壯大謂之㙕丕者書云嘉乃丕績弈者詩大雅韓弈云弈
弈梁山洪者書大誥云延洪惟我幼沖人誕者大雅生民云誕彌厥月戎者方
言云宋魯陳衛之間謂之㙕或曰戎京碩濯訏者秦晉之間凡人大謂之奘燕
之北鄙齊楚之郊或曰京齊宋之間曰碩荆吳揚甌之郊曰濯中齊西楚之間
曰訏此皆謂大方俗之殊語也甫者詩齊風云無田甫田景者周頌潛篇云以
介景福壯者秦晉之間凡人大謂之奘或謂之壯冢者舍人曰冢封之大也大
雅緜篇云乃立冢土簡者周頌執競云降福簡簡劉者郭云義未聞顧氏云
都角切說文云草大也韓詩云劉彼圃田將者周頌云日就月將業者版之大
也大雅靈臺云虡業維樅餘皆見注　注詩曰至一實　釋曰云我受命溥將
者商頌烈祖文又曰亂如此幠者小雅巧言文云下國駿厖者商頌長發文云
湯孫奏假者商頌那篇文云王公伊濯者大雅文王有聲文云訏謨定命者大
雅抑篇文云有壬有林者小雅賓之初筵文云厥聲載路者大雅生民文云旣
有淫威者周頌有客文云廢爲殘賊者小雅四月文云爾土宇昄章者大雅卷
阿文云緇衣之席兮者鄭風緇衣文云廓落宇宙穹隆至極亦爲大也者[illegible]落

大貌四方上下曰宇說文云宙舟輿所極也穹隆天之形也郭氏讀晊爲至故
云至極是鄭宇穹晊亦爲大也云尸子曰此皆大有十餘名而同一實者漢書
藝文志云尸子二十篇注曰名佼魯人秦相商君師之鞅死佼逃入蜀案尸子
廣澤篇云墨子貴兼孔子貴公皇子貴衷田子貴均列子貴虛料子貴別囿其
學之相非也數世矣而已皆弇於私也天帝后皇辟公弘廓閎溥介純夏幠冢
晊昄皆大也十有餘名而實一也若使兼公虛均衷平易別囿一實也則無相
非也以其數字皆訓爲大故引之也周公作詁必以始也君也大也居先者始
者無先之稱君者至尊之號大則無所不包故先言之一曰此三者天也人也地
也易乾卦云萬物資始坤卦云直方大老子云域中有四大王居其一焉故以
此三者爲先乾坤相對之物而以地在人後者以人居天地之中且尊尚人君
故進之自此而下隨便即言無義例也　幠厖有也　釋曰二者又爲有言大
有也成十六年左傳云民生敦厖言人生衆豐厚大有也　注詩曰遂幠大東
釋曰魯頌閟宮文也案今詩本作遂荒此言遂幠者所見本異也或當在齊
魯韓詩　迄臻極到赴來弔艐格戾懷摧詹至也　釋曰迄者自古至今也
大雅生民云以迄于今臻者詩邶風泉水云遄臻于衛言疾至於衛也極者窮

臺之至也樂記云及夫禮樂之極乎天而蟠乎地言禮樂之道上至於天下至
於地也到者自遠而至也大雅韓奕云靡國不到赴者趨而至也雜記云凡赴
於君來者自彼至我也春秋經曰祭伯來言至魯也弔者小雅天保云神之弔
矣艐讀爲屆屆格戾懷摧詹皆方俗語　注齊楚至言云　釋曰云齊楚之
會郊曰懷宋曰屆者方言文云詩曰先祖於摧者大雅雲漢文又曰六日不詹
者小雅采綠文云詹摧皆楚語方言云者案方言云假㹮各古格字懷摧詹戾艐
字古屆至至也邠唐冀兗之間曰假或曰㹮齊楚之會郊或曰懷摧詹戾楚語也艐
宋語也皆古雅之別語也今則或同是也　如適之嫁徂逝往也　釋曰皆謂
造於彼也如者自我而往也春秋公及大夫朝聘皆曰如之者論語云之一邦
言又往一國也適嫁徂逝皆方俗語　注方言云自家而出謂之嫁猶女出爲
嫁　釋曰案方言云嫁逝徂適往也自家而出謂之嫁猶女而出爲嫁也逝秦
晉語也徂齊語也適宋魯語也往凡語也　賚貢錫畀予貺賜也　釋曰皆謂
賜與也賚者賜有功善人也書湯誓曰予其大賚汝貢者下與上也左傳齊桓
責楚云爾貢包茅不入錫者嘉賜也禹貢云禹錫玄圭畀者付與也詩鄘風干
旄云何以畀之予者授與也小雅采菽云天子所予貺者惠賜也小雅彤弓云

中心貺之　儀若祥淑鮮省臧嘉令類綝彀攻穀介徽善也　釋曰皆謂美善也儀者形象之善也若者惠順之善也祥者李巡曰福之善也書泰誓云襲于休祥淑者有德之善也詩曹風鳲鳩云淑人君子鮮者潔之善也邶風新臺云籧篨不鮮省綝彀郭氏未詳臧者功能之善也詩齊風云射則臧兮嘉者美之善也詩大雅抑篇云無不柔嘉令者大雅卷阿云令聞令望類者昭二十八年左傳云勤施無私曰類攻者堅緻之善穀者養生之善詩小雅小明云式穀以女介者大善也徽者美善也　注詩曰至常語　釋曰云詩曰儀刑文王者大雅文王篇文云左傳曰禁禦不若者左傳無全文案文十八年說四凶云投諸四裔以禦魑魅宣三年傳言昔鑄鼎象物故民入山林不逢不若蓋採合傳文故云禁禦不若也云詩曰永錫爾類者大雅既醉文云我車既攻者小雅車攻文云介人維藩者大雅板篇文云大姒嗣徽音者思齊文云餘皆常語者謂祥淑鮮臧嘉令等書傳多有之故云皆常語　舒業順敘緒也　釋曰敘謂次敘舒者展舒徐緩有次也業者事有次敘也順者不逆有敘也舒業順敘四者又為端緒互相訓也　怡懌悅欣衎喜愉豫愷康妉般樂也　釋曰皆謂喜樂也怡者和樂也小雅節南山云既夷既懌怡夷音義同懌者悅樂也周

頌那篇云亦不夷懌悅者皆心樂也小雅都人士云我心不說說悅音義同欣者
笑喜之樂也大雅鳧鷖篇云旨酒欣欣毛傳云欣欣然樂也衎者飲食之樂也小
雅南有嘉魚云嘉賓式燕以衎喜者說文云不言而悅也小雅彤弓云中心喜
之愉者安閒之樂也唐風山有樞云他人是愉毛傳云愉樂也豫者逸樂也小
雅白駒云逸豫無期愷者康樂也小雅魚藻云豈樂飲酒康者安樂也唐風蟋
蟀云無以大康妉者樂之久也小雅鹿鳴云和樂且湛又衛風氓篇云無與士
耽鄭箋云耽非禮之樂般者遊樂也周頌般篇名也鄭箋云般樂也　注皆見
詩　釋曰郭以爾雅之作多爲釋詩且詩中備有此文故云皆見詩其實六經
之中所訓亦爾但以詩書之作作非一人故有音義雖同而字形踳駮者詩文
作湛耽而此作妉詩文作豈說豈樂　而此作怡悅愷般之類直以異人之作
故不同爾無義例也他皆放此悅懌愉釋賓協服也　釋曰皆謂喜而服從也
悅懌愉者皆喜樂而服也釋者釋去恨怨而服也賓者懷德而服也旅獒云四
夷咸賓協者和合而服也左傳曰謀其不協　遹遵率循由從自也遹遵率循
也　釋曰自亦從也轉互相訓也遹者大雅緜篇云聿來胥宇遹聿音義同遵
者周南汝墳云遵彼汝墳率者大雅緜篇云率西水滸循者顧命云率循大卞

由者曲禮大夫士出入君門由闑右從者小雅何人斯云伊誰云從遹遵率三
者又爲循行靖惟漠圖詢度咨諏究如慮謨猷肇基訪謀也　釋曰皆謂謀議
也靖者安謀也小雅小旻文云靖共爾位惟者思謀也漠者舍人曰心之謀也小
雅小弁云聖人莫之漠莫音義同圖者大雅崧高云我圖爾居詢度咨諏者小
雅皇皇者華傳云訪問於善爲咨咨事爲諏咨事之難易爲謀咨禮義所宜爲
度親戚之謀爲詢究者小雅小弁云不舒究之慮者計謀也謨者大謀也大雅
云訏謨定命猷者以道而謀也大雅文王云厥猶翼翼猷猶音義同肇者大雅
江漢云肇敏戎公基者君子作事謀始也訪者謀政事也　注國語至見詩
釋曰云國語曰詢於八虞咨于二虢度于閎夭謀于南宮諏于蔡原訪于辛尹
者是晉語胥臣對文公辭說文王之即位也韋氏解云八虞周八士皆在虞官
二虢文王弟虢仲虢叔南宮南宮括也蔡蔡公原原公辛辛甲尹尹逸皆周大
史也　典彝法則刑範矩庸恒律戛職秩常也　釋曰皆謂常禮法也典刑者
詩大雅蕩篇云尚有典刑彝者洪範云彝倫攸敘法則者天官冢宰以八灋治
官府以八則治都鄙鄭注云邦國官府謂之禮法常所守以爲法式也則亦
法也典法則所用異異其名也範者模法之常也矩者度方有常也庸者書皐

陶謨云自我五禮有庸哉恒久之常也湯誥云若有恒性律者常法也康

誥云不率大戞職者主之常也秩者商頌烈祖云有秩斯祜　柯憲刑範辟律

矩則法也　釋曰此亦謂常法轉互相訓柯者執以取法也憲者大雅桑扈云

百辟爲憲辟罪法也刑範律矩則皆謂常法也　注詩曰至踰矩　釋曰云詩

曰伐柯伐柯其則不遠者豳風伐柯文云論語曰不踰矩者爲政文辜辟戾辠

也　釋曰皆謂刑罪也辜者書仲虺之誥云罔不懼于非辜辟者呂刑云墨辟

疑赦戾者大雅抑篇云亦維斯戾辠罪古今字也說文云辠犯法也從辛從自

言辠人蹙鼻苦辛之憂秦以辠似皇改爲罪取非人自投於网自古文以爲鼻

黃髮齯齒鮐背耇老壽也　釋曰皆壽考之通稱也黃髮者舍人曰黃髮老人

髮白復黃也郭云黃髮髮落更生黃者齯齒者說文云齯老人兒齒也郭云齒

隋更生細者魯頌閟宮云既多受祉黃髮兒齒鄭箋云兒齒亦壽徵鮐背者舍

人曰老人氣衰皮膚消瘠背若鮐魚郭云鮐背背皮如鮐魚劉熙釋名云九十

曰鮐背背有鮐文大雅行葦云黃耇台背毛傳云台背大老也　鄭箋云台之

言鮐也大老則背有鮐文方言云秦晉之郊陳兗之會謂老曰耇鮐耇者郭云

耇也方言云燕代北鄙謂耇爲梨郭彼注云梨面色似凍梨也舍人曰耇覯也

與氣精華觀竭言色赤黑如狗矣孫炎曰耇面如凍梨色似浮垢老人壽徵也
老者說文云七十曰老從人毛匕言須髮變白也　允孚亶展諶誠亮詢信也
釋曰皆謂誠實不欺也　注方言至見詩　釋曰案方言云允訦（音諶）恂（音詢）展諒（音亮）
穆信也齊魯之間曰允燕代東齊曰訦宋衛汝潁之間曰恂荊吳淮汭之間
曰展西甌毒屋黃石野之間曰穆眾信曰諒周南召南衛之語也二亦皆見詩
者鄘風定之方中云終然允臧大雅文王云萬邦作孚小雅祈父云亶不聰鄘
風君子偕老云展如之人兮大雅蕩篇云其命匪諶誠者復言之信也鄘柏舟
云不諒人只鄭風溱洧云洵訏且樂亮諒詢洵音義同　展諶允慎亶誠也
釋曰皆謂至誠轉相訓也　注詩曰慎爾優遊　釋曰小雅白駒文　謔浪笑
敖戲謔也　釋曰詩曰謔浪笑敖者不敬之戲謔也舍人曰謔戲謔也浪意明
也笑心樂也敖意舒也戲笑邪戲謔笑之貌郭云謂調戲也見詩者此邶風終
風文　粵于爰曰也爰粵于也　釋曰皆謂語辭發端轉互相訓也說文云曰
從開口象氣出於口也　注書曰至出征　釋曰尚書曰土爰稼穡者周書洪
範文云詩曰對越在天者周頌清廟文云王于出征者小雅采芑文　爰粵于
那都繇於也　釋曰皆語之韻絕歎辭也爰粵于三者又為於乎　注左傳至

於也 釋曰云左傳曰卜筮曰則邪哀公十二年 謂之兆者龜者辭也云書曰皐陶曰

都者虞書皐陶謨文也云繇辭者繇卦兆也云辭也云於乎者周頌維天之命云

於乎不顯是也 郃盍翕仇偶妃匹會合也 釋曰皆謂對合也 以者說文

云亼會也郃者和合也盍者衆合也易豫卦九四云勿疑朋盍簪翕者斂合也

書皐陶謨云翕受敷施仇者左傳曰怨耦曰仇偶者相對合也左傳曰大都耦

國妃者嘉耦曰妃匹者配合也大雅文王有聲云作豐伊匹會者集合也周禮

曰時見曰會 仇讎敵妃知儀匹也 釋曰比目謂匹合也仇者孫炎云相求之

匹讎者讎侶輩類之匹也敵者相當之匹也妃合耦之匹也 注詩云至輩也

釋曰云詩云君子好仇者周南關雎文云樂子之無知者檜風隰有萇楚文云

實維我儀者鄘柏舟文也云國語亦云丹朱馮身以儀之者案周語惠王十五年

有神降於莘王問於内史過曰今是何神也對曰昔昭王娶於房曰房后實有

爽德協于丹朱丹朱馮身以儀之生穆王焉實臨照周之子孫而禍福之夫神

一不遠徙遷若由是觀之其丹朱乎韋氏解云馮依也儀匹也言房后之行有

以丹朱丹朱馮依其身而匹偶之生穆王焉 妃合會對也妃媲也 釋曰此

三者又為當對妃又為媲謂相偶媲也 紹胤嗣續纂緌績武係繼也 釋曰

相聯繼不絶也紹者大雅抑篇云弗念厥紹胤者大雅既醉云永錫祚胤嗣者
周頌酌篇云載用有嗣續者小雅斯干云似續妣祖纂者魯頌閟宮云纘禹之
緒緌武見注績者陳風東門之枌云不績其麻係者繫屬之繫易曰係小子失
丈夫　注詩曰至常語　釋曰云詩曰下武維周者大雅下武文云緌見釋水者
釋水云汎汎楊舟紼纚維之紼繂也纚緌也是矣　忥謐溢蟄愼貉謐顗頠密寧
靜也　釋曰皆安靜也謐者古人死將葬誄列其行而作之也溢者盈溢者宜靜
周頌維天之命云假以溢我蟄者藏伏靜處也易曰龍蛇之蟄愼者謹靜也大
雅云淑愼爾止貉者靜定也大雅皇矣云貊其德音鄭箋云德政應和曰貊
謐者說文云靜語也密者周頌昊天有成命云夙夜基命宥密寧者周頌良
耜云婦子寧止　隕磒湮下降墜摽蘦落也　釋曰皆謂墮落也隕者說文云
從高墜也易曰有隕自天磒者石落也郭云磒猶隕也方俗語有輕重耳湮沉
落也下者自上而落也降即下也曲禮謂羽鳥死曰降墜者說文曰從高墮也
左傳曰弗敢失墜摽者召南云摽有梅蘦者說文云草曰蘦木曰落此對文爾
散而言之他物之落亦言蘦鄘風定之方中云靈雨既零蘦零音義同　命令
禧畛祈請謁訊誥告也　釋曰皆謂告請也命者使告也詩唐風揚之水云我

聞有命令者發號以告也論語云其身正不令而行眕者致告也祈者求告也
書召誥云祈天永命請者言告也婚禮五曰請期謁者告白也月令曰謁於大
子訊者告問也詩云歌以訊之誥者布告也書大誥洛誥之類是也　注禮記
曰眕於鬼神　釋曰下曲禮文　永悠迥違遐逷闊遠也永悠迥遠遐遠也　釋
曰皆謂遼遠也永者長遠也周南漢廣云江之永矣悠者小雅漸漸之石云山
川悠遠迥者大雅云泂酌彼行潦迥泂音義同違者離遠也召南殷其靁云何
斯違斯遐者大雅旱麓云遐不作人逷者古文逖也闊者相疎遠也邶風擊鼓
云于嗟闊兮永悠迥遠四者又爲遐逷也遐逷亦遠也轉相訓爾　注書曰逷矣西
土之人　釋曰周書牧誓文也　虧壞圮垝毀也　釋曰皆謂毀敗也虧者損
毀祭義云不虧其體壞者人毀也音怪一云自毀也呼怪圮者岸毀也書序曰祖
乙圮于耿垝是毀垣也　注書曰至語耳　釋曰云書曰方命圮族者堯典文
孔安國云圮毀族類也言鮌性很戾好此方名命而行事輒毀敗善類云詩曰
乘彼垝垣者衛風氓篇文也　矢雉引延順薦劉繹尸旅陳也　釋曰皆謂敷
陳也矢者書序云皐陶矢厥謨引者伸陳也延鋪陳也薦者饌陳也繹者復陳
也周頌賚篇云時周之命於繹思尸者主陳也旅者謂布陳也大雅賓之初筵

云縠祴維旅 注禮記曰尸陳也 釋曰郊特牲文 尸職主也 釋曰皆謂
為之主宰也 注左傳至亂階 釋曰云左傳曰殺老牛莫之敢尸者成十七
年傳云晉欒書中行偃遂執公焉召韓厥韓厥辭曰昔吾畜於趙氏孟姬之讒
吾能違兵古人有言曰殺老牛莫之敢尸而況君乎二三子不能事君焉用厥
也是其事云詩曰誰其尸之者召南采蘋文又曰職為亂階者小雅巧言文
尸寀也寀寮官也 釋曰寀謂寀地主事者必有寀地寀采也采取賦稅以供
已有寀地及言同寮者皆謂居官者也 注官地至為寮 釋曰云官地為寀
者禮運云大夫有采以處其子孫是也云同官為寮者左傳文七年荀林父告
先蔑之辭也 績緒采業服宜貫公事也 釋曰皆事為也績者功事也商頌
云設都于禹之績緒者事業也魯頌閟宮云纘大王之緒采者皐陶謨云亮采
有邦業者學人所有事書周官云業廣惟勤服者周南關雎云寤寐思服宜
者宜其事也大雅鳧鷖篇云公尸來燕來宜貫者魏風碩鼠云三歲貫女公者周
頌酌篇云實維爾公允師 注論語曰仍舊貫 釋曰先進篇云魯人為長府
閔子騫曰仍舊貫如之何何必改作是也 永羕引延融駿長也 釋曰說文
云長久遠也方言云施於眾長謂之永引者漢書律歷志云十丈為引引者信

也郭解古曰信訓也日轉言眞身延者方言云延年長也凡施於年者謂之延又曰宋衛荊吳
之閒曰融駿者長大也　喬嵩崇高也崇充也　釋曰皆高大貌喬周頌般篇
云墮山喬嶽　釋山云山大而高崧高崧音義同崇者高貴也亦爲充盛也字說云
復綴以崇　注左傳曰師叔楚之崇也　釋曰宣十二年傳文也杜注云師叔
潘尫爲楚人所崇貴　犯奢果毅剋捷功肩堪勝也　釋曰皆謂得勝也奢人
曰肩強之勝也孫炎曰戡勝之勝也　陵犯誇奢殺敵爲果致果爲毅剋殺捷獲
有功肩剋堪任皆得勝也　注左傳以至堪黎　釋曰云左傳曰殺敵爲果者
宣二年君子辭也云書曰西伯堪黎者商書篇名也　勝肩戡劉殺克也
釋曰克亦勝也詩周頌敬之云佛時仔肩毛傳云仔肩克也又爲殺也皆謂得
勝而殺之轉互相訓耳　注公羊傳曰克之者何殺之也　釋曰在隱元年經
曰夏五月鄭伯克段于鄢傳曰克之者何殺之也　劉獮斬刺殺也　釋曰說
文云殺戮也斬者文二十年左傳曰狼瞫取戈以斬囚餘皆具注　注書曰至之
也　釋曰云書曰咸劉厥敵者周書君奭文云秋獵爲獮者釋天文云應殺氣
也者言秋氣肅殺故名秋獵爲獮大司馬云中秋教治兵遂以獮田是也公羊
傳曰刺之者何殺之也者僖二十七年傳文也經云公子買戍衛不卒戍刺之

故傳云此也　亹亹蠠沒孟敦勗釗茂劭勔勉也　釋曰皆謂勸勉也敦者厚
相勉也勗者邶風燕燕云以勗寡人劭者勉力也餘見注　注詩曰至未聞
釋曰云詩曰亹亹文王者大雅文王文也言勉勉乎不倦文王之勤用明德也
云蠠沒猶黽勉者以其聲相近方俗語有輕重耳邶風谷風云黽勉同心云書
曰茂哉茂哉者臯陶謨文也書作懋茂懋古今字也云方言云以下者案彼云
釗薄勉也秦晉曰釗或曰薄故其鄙語曰薄努猶勉努也南楚之外曰薄努
自關而東周鄭之閒曰勔釗齊魯曰勗茲是也　鶩務昬暋強也　釋曰皆
謂自勉強也鶩者謂馳鶩務謂先務二者皆以力勉強孫炎曰昬夙夜之強也
注書曰至畏死　釋曰云書曰不昬作勞者盤庚文云暋不畏死者康誥文

爾雅疏卷第

爾雅疏卷第二

翰林侍講學士朝請大夫守國子祭酒上柱國賜紫金魚袋臣邢昺等奉

勑校定

釋詁下

卬吾台予朕身甫余言我也　釋曰我者施身自謂也此皆我之别稱也卬者郭云卬猶姎也語之轉耳說文云女人稱我曰姎由其語轉故曰卬邶風匏有苦葉云人涉卬否吾者孔子曰吾自衛反魯身者我之躬也余者邶谷風云伊余來既餘皆見注　注書曰至見詩　釋曰云書曰非台小子者湯誓文云古者貴賤皆自稱朕者大禹謨云帝曰朕宅帝位禹曰朕德罔克屈原亦云朕皇考曰伯庸是貴賤皆自稱朕史記秦始皇二十六年定為至尊之稱漢因不改以迄於今云禮記云授政任功曰予一人躬於鬼神曰有某甫者皆下曲禮文云言見詩者周南葛覃云言告師氏言告言歸是也　朕余躬身也

釋曰身即我也郭云今人亦自呼為身舍人曰余謙卑之身也孫炎曰余舒遲之身也僖九年左傳云齊侯曰小白余杜注云小白齊侯名余身也邶谷風云我躬不閱　台朕賚畀卜陽予也　釋曰予即與也皆謂賜與台者遺與也讀

與貽同朕者我與之也賚畀卜皆賜與也說命云夢帝賚予良弼鄘風干旄
云何以畀之小雅天保云君曰卜爾萬壽無疆　注與猶至阿陽　釋曰云
與猶予也因通其名耳者說文云與黨與也予推予前人也象兩手相與之形
今經典多以與爲推予故云因通其名耳云魯詩云陽如之何者漢書藝文志
云魯申公爲詩訓故是爲魯詩其經云陽如之何申公以陽爲予故引之云今
巴濮之人自呼阿陽者以時驗而言也　肅延誘薦餤晉寅藎進也　釋曰皆
謂進道延者引而進之射義云子路出延射誘者道而進之也召南野有死麕
云吉士誘之薦者進獻也月令云先薦寢廟餘皆見注　注禮記至進也　釋
曰云禮記曰主人肅客者上曲禮文也鄭注云進客謂道之云詩曰亂是用餤
者小雅巧言文云王之藎臣者大雅文王文云易曰晉進也者晉卦彖辭也
羞餞迪烝進也注皆見詩禮　釋曰謂進與也羞者曲禮云閽子有客使某羞
餞者進飲食之名也迪者以道而進也烝者周頌豐年云烝畀祖妣　詔亮左
右相導也詔相導左右助勴也亮介尚右也左右亮也　釋曰詔者大宗伯云
詔相王之大禮亮者大雅大明云涼彼武王左右者周南關雎云左右流之相
者鄉飲酒云相者二人此皆謂教導之也教導即贊勉也故又爲勴說文云勴

助也不以力助以心助也郭云紹介勸尙皆相佑助孫炎曰介者相助之義
人之左右手故以介爲左右也大雅生民云攸介攸止故轉爲右左右即亮也
亦皆謂佐助反覆相訓以盡其義亮凉音義同　緝熙烈顯昭晧頲光也　釋
曰顯者光明也大雅假樂云顯顯令德說文云昭日明也大雅雲漢云昭回于
天晧者亦日光也熲火光也小雅無將大車云不出于熲　注詩曰至烈光
釋曰云學有緝熙于光明者周頌敬之文又曰休有烈光周頌載見文　劼鞏堅
篤掔虔膠固也　釋曰皆牢固也劼者確固也鞏者說文云以革有所束也堅
者剛彊之固也論語曰不曰堅乎磨而不磷篤者厚也物厚者牢固掔者堅
亦牢固之意虔者恭之固也膠著者所以固物小雅隰桑云德音孔膠　注劼虔
至志也　釋曰云劼虔皆見詩書者酒誥云劼毖殷獻臣大雅韓奕云虔共
爾位云易曰鞏用黃牛之革固志也者案革卦云初九鞏用黃牛之革遯卦六
二象曰執用黃牛固志也文與此異然則郭云固志者所以釋革卦之鞏非謂
遯之固志　疇孰誰也　釋曰皆謂語辭不爲義也又猶言誰人也論語云君
孰與不足陳風墓門云誰昔然矣　注易曰疇離祉　釋曰否卦九四爻辭也
暀暀皇皇藐藐穆穆休嘉珍禕懿鑠美也　釋曰皆謂美盛也少儀云祭祀之

美齊齊皇皇鄭玄云皇皇讀如歸往之往彼言皇皇則此暀暀也少儀又云言
語之美穆穆皇皇曲禮云天子穆穆諸侯皇皇鄭注皆云行容止之貌然則皇
皇穆穆者皆言語容止之美盛也大雅崧高云既成藐藐毛傳云藐藐美貌休
者大禹謨云戒之用休又曰嘉乃丕績儒行云席上之珍以待聘褘者歎美之大也
懿者周頌時邁云我求懿德鑠者周頌酌篇云於鑠王師是皆謂美之常語爾
諧輯協和也關關嗈嗈音聲和也勰燮和也　釋曰此皆謂和同協者說文云衆
之同和也關關嗈嗈者皆鳥鳴音聲相和也周南關雎云關關雎鳩邶風匏有
苦葉云嗈嗈鳴鴈勰即古文協字　注書曰至柔克　釋曰書曰八音克諧虞
書舜典文云左傳曰百姓輯睦者案僖十五年及成十六年皆云羣臣輯睦其
是乎云書曰燮友柔克者周書洪範文　從申神加彌崇重也　釋曰隨從申
重加增彌輔崇充皆所以為重疊也大雅鳧鷖云福祿來崇觳悉卒泯忽滅
罄空畢罊殲拔殄盡也　注觳今至見詩　釋曰此皆謂終盡觳今直語耳忽
然盡貌左傳曰皇陶庭堅不祀忽諸云今江東呼厭極為罊者以時驗而言也
說文云器中盡也云餘皆見詩者悉者說文云詳盡也卒者終盡也衛風日月
云畜我不卒泯者滅盡也大雅桑柔云靡國不泯滅絕盡也小雅正月云寧或

瀐之罄缶說文云器中空也小雅蓼莪云缾之罄矣空者小雅大東云杼柚其
空畢者小雅無羊云畢來既升殲者舍人曰衆之盡也秦風黄鳥云殲我良人
拔者搴除使盡也殄者詩云邦國殄瘁 苞蕪茂豐也 釋曰皆豐盛也苞者
草木叢生也禹貢云草木漸苞蕪者繁蕪也洪範云庶草蕃廡蕪廡音義同茂
者茂盛也小雅天保云如松柏之茂 揫斂屈收戢蒐裒鳩摟聚也 釋曰皆
會聚也斂者率聚也禮記大學曰百乘之家不畜聚斂之臣收者周頌維天之
命云我其收之戢者藏聚也周頌時邁云載戢干戈餘皆見注 注禮記至聚
也 釋曰云禮記曰秋之言揫揫斂也者鄉飲酒義文云春獵為蒐蒐者以
其聚人衆也者春獵為蒐釋天文也云詩曰屈此羣醜者魯頌泮水文云原隰
裒矣者小雅常棣文云左傳曰以鳩其民者隱八年文云摟猶今言拘摟聚也
者以時驗而言也 肅齊遄速亟屢數迅疾也 釋曰皆謂急疾也肅者召
南小星云肅肅宵征毛傳云肅肅疾貌齊者壯疾也遄者邶風泉水云遄臻于
衛速者論語云無欲速亟者嬉與論語曰好從事而亟失時一云不亟嬉力大雅靈
臺云匪亟其欲屢者小雅巧言云君子屢盟數者祭義云祭不欲數迅者疾速
也論語云迅雷風烈必變 注詩曰仲山甫徂齊 釋曰大雅烝民文 寔驗

肅齊遄速也 釋曰速亦疾也肅齊遄轉相訓耳駿者猶迅也禮記大傳云遂
奔走駿浚音義同鄭注云疾奔走言勸事也 注詩曰不遑故也 釋曰鄭風
遵大路文 壑阬阬滕徵隍漮虛也 釋曰皆謂空虛也壑者谿壑也大雅韓
奕云實墉實壑阬阬者坎陷之處也阬重言耳隍者城池無水者易曰城復于
隍漮者注引方言云漮之言空也彼注云漮空貌亦丘墟之空無小雅賓之
初筵云酌彼康爵鄭箋云康虛也漮康音義同 黎庶烝多醜師旅衆也 釋
曰皆謂衆夥也注云皆見詩者大雅雲漢云周餘黎民靈臺云庶民子來烝
民云天生烝民周頌載見云思皇多祜大雅緜篇云戎醜攸行棫樸云六師及
之小雅采芑云振旅闐闐之類是也 洋觀裒衆那多也 釋曰皆謂重多也
洋者洋溢亦多貌魯頌閟宮云萬舞洋洋裒者聚之多也易曰君子以裒多益
寡衆者周頌臣工云命我衆人 注詩曰至不那 釋曰詩曰薄言觀者小雅
采綠文又曰受福不那者桑扈文 流差柬擇也 釋曰皆選擇也周南關雎
云左右流之小雅吉日云既差我馬邶風云簡兮簡兮皆是也簡柬音義同
戰慄震驚戁竦恐慴懼也 釋曰皆惶怖也論語曰使民戰栗詩秦風黃鳥
云惴惴其慄易曰震來虩虩又曰驚遠而懼邇也詩云不戁不竦月令曰國有大恐

有恐樂記曰柔氣不懾是皆懼也懾即慴也 左詩曰不戁不竦 釋曰商頌
長發文也 痡瘏虺頹玄黃劬勞咎顇瘽瘉鰥戮癙癵痻痒疷疧閔逐疚痗
瘥痱瘨瘵瘼癠病也 釋曰疾甚曰病此皆病之通名耳孫炎曰痡人疲不能
行之病瘏馬疲不能進之病虺頹馬罷不能升高之病玄黃馬更黃色之病然
則虺頹者病之狀玄黃者病之變色郭云皆人病之通名而說者便為之馬病
失其義也蓋指孫炎不能弘通故云失其義也咎者罪病也顇者小雅雨無正
云維躬是瘁顇瘁音義同瘽者勞苦之病也瘉者小雅角弓云交相為瘉戮者
相戮辱亦可恥病也癙及痒者小雅正月云癙憂以痒舍人云癙癵痻痒皆心
憂憊之病也孫炎云癙者畏之病也痻者小雅十月云悠悠我里痻里音義同
疷者孫炎云滯之病也小雅白華云俾我疷兮疧者瑕釁小病也閔者豳風鴟
鴞云鬻子之閔斯逐者衞風考槃云碩人之軸鄭箋云軸病也軸與逐蓋今古
字郭氏未詳疚者小雅采薇云憂心孔疚痗者小雅十月云亦孔之痗瘥者節
南山云天方薦瘥痱者四月云百卉具腓痱腓音義同瘨者大雅板篇云下民
卒瘨瘵者大雅瞻卬云士民其瘵瘼者大雅桑柔云瘼此下民餘皆見注一注
詩曰至見詩 釋曰云生我劬勞者小雅蓼莪文云書曰智藏瘝在者周書君

誥文云今江東呼病曰瘵者以時驗而言云東齊曰瘼者方言文云禮記曰親
瘠色容不盛者玉藻文　恙寫悝盱繇慘恤罹憂也　釋曰皆謂憂愁也恙
者聘禮云公問君賓對公再拜鄭注云拜其無恙郭云今人云無恙謂無憂也
寫者有憂者思散寫也小雅車舝云我心寫兮繇者繇役亦為憂愁慘者心
憂也恤者小雅祈父云胡轉予于恤罹者王風兔爰云逢此百罹　注詩曰至
盱矣　釋曰云詩曰悠悠我悝者小雅十月文云何盱矣者卷耳及都人士文
也　倫勩邛敕勤愉庸癉勞也　釋曰皆謂勞苦也倫者理也理治事務者必
勞勤者廣雅云苦也孫炎曰習事之勞也敕者相約敕也亦為勞苦勤者勞力
也梓材云既勤垣墉愉者懶也郭云勞苦者多惰愉今字或作窳同庸者民功
曰庸癉者說文云勞病也　注詩曰至庸者　釋曰云詩曰莫知我勤者小雅
雨無正文云維王之邛者巧言文云哀我癉人者大東文云國語曰無功庸者
晉語韓獻子老使公族穆子受事於朝辭曰厲公之亂無忌備公族不能死
臣聞之曰無功庸者不敢居高位今無忌智不能匡君使至於難仁不能救勇
不能死敵辱君朝以忝韓宗請退也固辭不立悼公聞之曰難雖不能死而能
讓不可不賞使掌公族大夫是其事也　勞來強事謂翦篲勤也　釋曰皆謂

勤勞也勞來者以其有勤勞也自勉強者亦爲勤由能事事有功者亦爲勤注詩曰職勞不來逆其謂之 釋曰云職勞不來者小雅大東文人以不被勞來者爲不見勤故采薇序曰杖杜以勤歸即是勞來也云逆其謂之者召南摽有梅文也 悠傷憂思也 釋曰皆感思也悠者秦風渭陽云悠悠我思傷者周南卷耳云維以不永傷憂者愁思也 懷惟慮願念惄思也 釋曰此皆思念也方言云鬱悠懷惄惟慮願念靖慎思也晉宋衛魯之間謂之鬱悠惟凡思也慮謀思也願欲思也念常思也東齊海岱之間曰靖秦晉或曰慎凡思之貌亦曰慎或曰惄舍人曰惄志而不得之思也 注詩曰惄如調飢 釋曰周南汝墳文 祿祉履戩祓禧褫祜福也 釋曰皆福祐也福祿對文則小異散則祿亦福也商頌玄鳥云百祿是何鄭箋謂當擔負天之多福祉者繁多之福也周頌烈文云錫茲祉福祜者小雅信南山云受天之祜 注詩曰至康矣釋曰云詩曰福履綏之者周南樛木文云俾爾戩穀者小雅天保文云祓祿康矣者大雅卷阿文 禋祀祠蒸嘗禴祭也 釋曰皆祭之別名祭際也人神交際說文云從示從又從肉又手也以手持肉示神所以祭也禋者說文云絜祀也祀者說文云祭無巳也餘者四時祭名疏具釋天 注書曰禋于六宗 釋

曰虞書舜典文孔安國云精意以享謂之禋宗尊也所尊祭者其祀有六謂四
時也寒暑也日也月也星也水旱也　儼恪祗翼諲恭欽寅熯敬也　釋曰皆
謂謹敬也儼者郭云儼然敬貌論語云儼然人望而畏之恪者心敬也周書微
子之命云恪慎克孝祗者虞書大禹謨云祗承于帝翼者小心之敬也云恭者
敬貌也大雅桑柔云温温恭人欽者堯典云欽若昊天　注書曰至熯矣　釋
曰云書曰夙夜惟寅者虞書舜典文云詩曰我孔熯矣者小雅楚茨文　朝
旦夙晨晙早也　釋曰早者說文云晨也從日在甲上十古文甲字今即以不
晚爲早朝者鄘風蝃蝀云崇朝其雨毛傳云崇終也從旦至食時爲終朝旦者
說文云明也從日在一上一地也陳風東門之枌云穀旦于差夙者齊風東方
未明云不夙則莫晨者說文云晨昧爽也東方未明云不能晨夜晙亦明之早也
額竢替戾底止徯待也　釋曰皆相待也額者邶風匏有苦葉云卬須我友竢
者齊風著篇云俟我于著乎而額須竢俟音義同替戾底者郭云皆止也止亦
相待　注書曰徯我后　釋曰商書大甲文　噊幾烖殆危也　釋曰皆危險
也說文云危在高而懼幾者幾猶殆也周書顧命云無以釗冒貢于非幾殆者
小雅節南山云無小人殆　譏汔也　釋曰說文云剴摩也郭讀譏爲剴云謂

相摩近孫炎云汔近也大雅民勞云汔可小康鄭箋云汔幾也反覆相訓故
汔得爲幾也昭二十年左傳亦引此詩杜預云汔期也然則期字雖別皆是近
義言其近當如此史記稱漢高祖欲廢太子周昌曰臣口不能言然臣期知其
不可陛下雖欲廢太子臣期不奉詔言期者意亦與此同也 治肆古故也
釋曰肆之爲故語更端辭也商書湯誥曰肆台小子古之爲故謂舊故也周頌
云以耜云續古之人 肆故今也 釋曰詩大雅緜篇云肆不殄厥慍毛傳云肆
故今也即以肆之一字爲故今因上起下之語郭氏字別爲義云肆旣爲故又
爲今今亦爲故故亦爲今此義相反而兼通者事例在下在下者謂在下文徂
在存也注 惇亶祜篤掔仍肶埤竺腹厚也 釋曰皆重厚也惇者周書武成
云惇信明義亶者誠之厚也大雅桑柔云亶逢天僤怒小雅天保云俾爾單厚周
頌昊天有成命云單厥心皆訓厚也亶僤單音義同祜者福厚也篤者周頌維
天之命云曾孫篤之掔然厚貌頻仍埤益肶輔皆重厚釋天云仍飢爲荐邶風
北門云政事一埤益我小雅節南山云天子是毗又采菽云福禄膍之肶毗膍
音義同竺與篤同腹者小雅蓼莪云出入腹我月令云水澤腹堅 載謨食詐
僞也 釋曰皆虚僞也郭云載者言而不信謨者謀而不忠者以載詁爲言謨

爲謀今又爲僞故以爲言而不信謀而不忠不信不忠則是僞也食者孫炎曰食言之僞也哀二十五年左傳云孟武伯惡郭重曰何肥也公曰是食言多矣能無肥乎然則言而不行如食之消盡後終不行前言爲僞故通謂僞言爲食言故此訓食爲僞也詐者方言云膠譎詐也涼州西南之間曰膠自關而東西或曰譎或曰膠詐通語也　注書曰朕不食言　釋曰商書湯誓文　話猷載行訛言也　釋曰皆謂言辭也話者善言也孫炎曰善人之言也猷者道也道亦言也載者載於簡策之言也郭云今江東通謂語爲行世以妖言爲訛　注詩曰至之載　釋曰云詩曰愼爾出話者大雅抑篇文云周禮曰作盟詛之載者春官詛祝職文也　遘逢遇也遘逢遇遻也遘逢遇遻見也　釋曰皆謂相遭遇觸遻而相見也召南草蟲云亦旣遘止周書洪範云子孫其逢吉鄭風野有蔓草云邂逅相遇轉復相訓三者又爲相觸遻遘逢遇遻四者皆行而相值之名行而相值即見也故又爲見　顯昭覲釗覿見也　釋曰顯昭皆明見也周頌敬之云天維顯思又時邁云明昭有周覲釗覿者皆卑下見上也曲禮云天子當依而立諸侯北面而見天子曰覲郊特牲云不敢私覿　注逸書曰釗我周王　釋曰不在今尚書之内故曰逸　監瞻臨涖頫相視也　釋曰皆謂察

視也小雅節南山云何用不監又曰民具爾瞻大雅大明云上帝臨女文王山
子云成王幼不能涖阼覜者考工記云瑑圭璋八寸璧琮八寸以覜聘鄭注云
覜視也聘問也衆來曰覜特來曰聘相者小雅小弁云相彼投兔　鞫訩溢盈
也　釋曰皆謂盈多訩訟滿溢皆盈多也　注詩曰降此鞫訩　釋曰小雅節
南山文毛傳云鞫盈訩訟也鄭箋云盈猶多也以盈者必多故鄭轉云盈猶多
也　孔魄哉延虛無之言間也　釋曰間謂間隙也孔者孔穴小雅角弓云如
酌孔取魄潛形也謂月之無光之處名魄也康誥云惟三月哉生魄延者今墓
道也　虛無者空無所有也是皆有間隙也　瘞幽隱匿蔽竄微也　釋曰微
謂逃藏也瘞者埋藏之微也幽者深微也隱者潛隱而微也匿者貪人因藏之
微也蔽者覆障使微也竄者行之微是皆微昧不顯揚也　注左傳曰其徒微
之是也　釋曰案昭十七年傳云楚白公勝作亂殺子西子期葉公子高遇
箴尹固帥其屬將與白公子高曰微二子者楚不國矣棄德從賊其可保乎乃
從葉公使與國人以攻白公白公奔山而縊其徒微之是也　注訖徽妥懷安按
替戾底底尼定曷遏止也　釋曰皆謂止住也訖者終止也妥者坐止也懷至
止也安休止也抑按替廢皆止住也大雅云以按徂旅小雅云勿替引之定

亦靜止也遏者俗以抑止為遏今以逆相止為遏餘皆見注 注戾底至尼之
釋曰云戾底義見詩者小雅采菽云亦是戾矣底者在物之下是亦止也凡注
言見詩今毛詩無者蓋在齊魯韓詩也云國語曰戾久將底者案晉語云文
公在翟十二年狐偃曰日吾來此也非以翟為榮可以成事也吾曰奔而易達
困而有資休以擇利可以戾也今戾久矣戾久將底底著滯淫誰能興之盍速
行乎是其事也云孟子曰行或尼之者案孟子魯平公將見孟子嬖人臧倉止
之樂正子見孟子曰克告於君君為來見也嬖人有臧倉者沮君君是以不來也
曰行或使之止或尼之行止非人所能也吾之不遇魯侯天也臧氏之子焉能
使予不遇哉是其事也此云行或尼之者所見本異或傳寫誤 豫射厭也
注詩曰服之無斁 釋曰謂厭倦也云詩曰者周南葛覃文也 烈績業也
釋曰謂功業也烈者周頌執競云無競維烈績者大雅文王有聲云維禹之績
績勳功也 釋曰謂功勞也績者虞書大禹謨云帝乃丕績勳者案周禮司勳
職云王功曰勳鄭注云輔成王業若周公 功勳績頌猶殊異其實一也 就成也 釋曰
皆謂成濟也勳功績業皆有成也事有分明亦成濟也舜典云三載考績周頌
敬之云日就月將皆言成功也 注詩曰至成也 釋曰云詩曰質爾民人者

大雅抑篇文云禮記曰年穀不登者下曲禮文云穀梁傳曰平者成也者宣十
五年文也　梏梗較頲庭道直也　釋曰梏梗較頲皆正直也庭條直也道者
頲道無所屈　注詩曰既庭且碩　釋曰小雅大田文　謐康靜也　釋曰皆
安靜也周頌昊天有成命夙夜基命宥密大雅生民云不康禋祀　豫寧綏康
柔安也　釋曰皆安樂也大雅板篇云不敢戲豫虞書大禹謨云萬邦咸寧
商書太甲云撫綏萬邦大雅民勞云汔可小康虞書舜典云柔遠能邇　平均
夷弟易也　釋曰易者不難也和平均一皆易直也周頌天作云岐有夷之行
大雅泂酌云豈弟君子　矢弛也弛易也　釋曰郭云弛放也以弓釋弦曰弛
故云弛放禮記雜記云一張一弛弛又爲易謂相延易也　希寡鮮罕也鮮
寡也　釋曰皆簡少之稱也論語云希不失矣易說卦云巽爲寡髮大雅抑
篇云鮮不爲則郭云罕亦希也鄭風大叔于田云叔發罕忌鮮又爲寡轉互
相訓皆謂希少爾　酬酢侑報也　釋曰皆相報荅也郭云此通謂相報荅不
主於飲酒者以飲酒之禮主人酌酒於賓曰獻賓既卒爵洗而酌主人曰酢主
人既卒酢爵又酌自飲卒爵復酌進賓曰酬故說者以酬酢主謂飲酒相報荅
郭以易繫辭云可與酬酢謂應對萬物也小雅楚茨云萬壽攸酢是神報主

人也故云不主于飲酒侑者案公食大夫禮侑賓三飯之後云公受宰夫束帛以
侑注云束帛十端帛也侑猶勸也主國君以爲食賓殷勤之意未至復發幣
以勸之欲其深安賓也是侑者主人所以報賓也　毗劉暴樂也　釋曰舍人
曰毗劉爆爍之意也木枝葉稀疏不均爲爆爍郭云謂樹葉缺落蔭疏爆爍見
詩者大雅桑柔云捋采其劉毛傳云劉爆爍而希也是矣　覭髳茀離也　釋
曰郭云謂草木之叢茸翳薈也茀離即彌離彌離猶蒙蘢耳孫叔然字別爲義
失矣郭以時驗而爲此解孫氏每字各別爲義故云失矣　蠱謟貳疑也　釋
曰皆謂疑惑也郭云蠱惑有貳心者皆疑也者案昭元年左傳晉趙孟問於醫
和曰何謂蠱對曰淫溺惑亂之所生也於文皿蟲爲蠱穀之飛亦爲蠱在周易
女惑男風落山謂之蠱是蠱惑也貳者心疑不一也大雅大明云無貳爾心毛
傳云無敢懷貳心也云左傳曰天命不謟者哀十七年葉公子高辭也　楨翰
儀榦也　釋曰舍人曰楨正也築牆所立兩木也翰所以當牆兩邊障土者也
大雅生民云維周之楨又崧高云維周之翰儀表亦體榦也　弼棐輔比俌
也　釋曰俌猶輔也弼者商書說命云夢帝賴予良弼棐者周書康誥云天威
棐忱輔者商書湯誓云爾尚輔予一人比者易比卦彖云比輔也　彊界邊衛圉

垂也　釋曰謂四垂也郭云疆埸竟界邊旁營衛守圉皆在外垂也舍人曰圉拒
邊垂也孫炎曰圉國之四垂也　注左傳曰聊以固吾圉也　釋曰隱十一年鄭伯
辭也　昌敵彊應丁當也　釋曰皆相當也昌者言當也敵者仇匹相當也文
六年左傳曰敵惠敵怨彊者好與物相當值應者對當也大雅下武云應侯順
德丁者雲漢云寧丁我躬　注書曰禹拜昌言　釋曰虞書大禹謨文　浡肩
搖動蠢迪俶厲作也　釋曰皆興作也浡然興作貌莊公十一年左傳云禹湯罪
已其興也浡焉肩者勝任之作也搖者考工記矢人云夾而搖之以視其豐殺
之節也動者商書咸有一德云德惟一動罔不吉蠢者鄉飲酒義云春之為言
蠢也俶者始作也厲者方言云厲卬為也甌越曰卬吳曰厲為亦作也　注公
羊至樂矣　釋曰云公羊傳曰俶甚也者隱九年云三月庚辰大雨雪何以書
記異也何異爾俶甚也云穀梁傳曰始厲樂矣者隱五年云九月考仲子之宮
初獻六羽始僭樂矣尸子曰舞夏自天子至諸侯皆用八佾初獻六羽始厲樂
矣　茲斯咨呰已此也　釋曰此者對彼之稱言近在是也茲者虞書益稷
云念茲在茲斯者召南殷其雷云何斯違斯咨與茲同呰已與此皆音相近故
得為此也郭云呰已皆方俗異語　嗟咨䁝也　釋曰皆歎也周南卷耳云嗟

[illegible]懷人堯典云疇咨若時登庸郭云今河北人云蹺歎　閑狎串貫習也　釋
曰習便習也莊二十二年左傳曰赦其不閑於教訓曲禮曰賢者狎而敬之大
雅皇矣云串夷載路齊風猗嗟云射則貫兮皆是言也郭云串厭串貫貫伏也
俗語皆然者當東晉時有此厭串貫伏之語故以爲證也　曩塵佇淹留久
也　釋曰曩鄉塵垢佇企淹滯留止皆稽久也通見詩書　逮及暨與也　釋
曰皆相親與也郭云公羊傳曰會及暨皆與也者隱元年文也云逮遝亦及也者
方言文　隮假格陟躋登陞也　釋曰皆謂陞上陟者周南卷耳云陟彼高岡
餘見注　注方言至陞也　釋曰云方言曰者案彼云躡郅音質跂音企狢躋踚音論
登也自關而西秦晉之間曰躡東齊海岱之間謂之躋魯衛曰郅梁益之間曰
狢或曰跂隮鄧格狢音義同云禮記曰天王登遐者下曲禮文云公羊傳曰躋
者何陞也者文公二年文也　揮盝歇涸竭也　釋曰皆謂竭盡也揮者郭云
揮振去水亦爲竭曲禮曰執玉器者弗揮是也盝即漉也郭云歇通語謂歇即
竭之通語也涸水竭也　注月令至成梁　釋曰云月令云無漉陂池者案月
令仲春之月是月也無竭川澤無漉陂池無焚山林鄭注云順陽養物也畜水
曰陂穿地通水曰池云國語曰水涸而成梁　梁者案周語定王使單襄公聘於

宋遂假道於陳以聘楚單子歸告王曰陳侯不有大咎國必亡王曰何故對曰
夫辰角見而雨畢天根見而水涸本見而草木節解駟見而隕霜火見而清風
戒寒故先王之教曰雨畢而除道水涸而成梁草木節解而備藏隕霜而冬
裘具清風至而脩城郭宮室今陳國火朝覿矣而道路若塞野場若棄澤不陂
障川無舟梁是廢先王之教也引之者證涸爲水竭 挋拭刷清也 釋曰郭
云振訊拭埽刷皆所以爲潔清禮記喪大記云挋用巾哀十四年公羊傳云
反袂拭面周禮凌人職云夏頒冰掌事秋刷後鄭云秋涼冰不用可以清除其
室 鴻昏於顯間代也 注鴻鴈至相代 釋曰皆謂更代也云鴻鴈知運代
者鴻鴈之屬九月而南正月而北是知其時運而更代南北也云昏主代明者
釋經昏字也日入後二刻半爲昏昏來則明往故云昏主代明云明亦代昏者
釋經顯也顯即明也云間錯亦相代者謂間厠交錯亦相更代也儀禮鄉飲酒
云乃間歌魚麗鄭注云間代也謂一歌則一吹是也又周頌桓篇云皇以間之
饁饟饋也 釋曰饋者以食遺與也野饋曰饁舍人曰饟自家之野也 注國
語云其妻饁之 釋曰晉語云臼季使舍於冀野冀缺耨其妻饁之敬相代如
賓從而問之冀芮之子也與之歸既復命而進之曰臣得賢人敢以告是也 還

運徙也　釋曰皆謂移徙也大雅皇矣云帝遷明德易曰日月運行郭云今
江東通言遷徙者時驗而言也　秉拱執也　釋曰皆謂持執也周書金縢云
植璧秉珪郭云兩手持爲拱老子云雖有拱璧　廞熙興也　釋曰皆謂興作
郭云書曰庶績咸熙者虞書舜典文云廞見周官者周官即周禮也笙師職云
大喪廞其樂器鄭注廞興也興謂作之　衞蹶假嘉也　釋曰謂嘉美也郭云
詩序曰假樂嘉成王也者大雅假樂篇序也　廢稅赦舍也　釋曰皆舍置也
廢者宣八年公羊傳云廢其無聲者赦者放置也虞書舜典云眚災肆赦郭
云詩曰召伯所稅者召南甘棠文也　棲遲憩休苦㰤齂呬息也　釋曰皆止
息也舍人曰棲遲行步之息郭云棲遲游息也陳風衡門云衡門之下可以棲
遲憩者召南甘棠云召伯所憩休者止而息也周南漢廣云不可休息苦者郭
云苦勞者宜止息㰤齂呬者郭云皆氣息貌案方言云餽䫀喙呬息也周鄭宋
沛之閒曰餽自關而西秦晉之閒或曰喙或曰餽東齊曰呬故郭云今東齊呼
息爲呬也　供峙共具也　釋曰皆謂備具也供者論語云子路共之供共音
義同峙者周書費誓云峙乃糗糧周頌臣工云庤乃錢鎛峙庤音義同共
小雅小旻云靖共爾位　憮㤱惠愛也　釋曰愛謂寵惜也方言云憮亡甫切

㤝憐牟愛也韓鄭曰憮晉衛曰㤝汝潁之間曰憐宋魯之間曰牟秦或曰憐憐通語也故郭云煤韓鄭語今江東通呼為憐煤憮音義同惠者仁愛也邶北風云惠而好我 娠蠢震戁妯騷感訛蹶動也 釋曰皆謂動作娠者說文云妊娠動也郭云娠猶震也者以大雅生民云載震載夙昭元年左傳曰邑姜方震大叔哀元年左傳曰后緡方震皆謂有身為震故云娠猶震也蠢者郭云蠢戁騷蹶自搖動貌小雅采芑云蠢爾蠻荊震者大雅常武云震驚徐方戁者恐動也商頌長發云不戁不竦騷者大雅常武云徐方繹騷蹶者大雅緜篇云文王蹶厥生 注詩曰至或訛 釋曰云詩曰憂心且妯者小雅鼓鍾文云無感我帨兮者召南野有死麕文云或寢或訛者小雅無羊文 覆察副審也 釋曰郭云覆校察視副長皆所為審諦覆芳目反月令季春云命舟牧覆舟五覆五反察者周書呂刑云惟察惟法副者次長之稱 契滅殄絕也 釋曰皆謂斷絕契者郭云今江東呼刻斷為契斷定九年左傳曰盡借邑人之車契其軸杜注云契刻也滅者小雅正月云寧或滅之殄者大雅桑柔云不殄心憂 郡臻仍迺侯乃也 釋曰乃語辭也迺乃音義同大雅緜篇云迺慰迺止是也 迪繇訓道也 釋曰虞書大禹謨云惠迪吉小雅巧言云秩秩大猷猷繇音義同周

書顧命云命汝嗣訓 僉咸胥皆也 釋曰謂衆皆也舜典云僉曰伯禹作司
空商書云咸有一德郭注云東齊曰胥見方言者案方言云僉胥皆也自山而
東五國之郊曰僉東齊曰胥是也 育孟耆艾正伯長也 釋曰皆謂長上也
郭云育養亦爲長邶谷風云既生既育鄭箋云育謂長老也孟庶長也又周書
康誥云王若曰孟侯孔安國云孟長也五侯之長者耆艾皆老長也曲禮曰五十
曰艾服官政六十曰耆指使正伯皆官長大雅雲漢云以戾庶正盤庚云邦伯
師長 艾歷也 釋曰艾又爲歷郭云長者多更歷 歷秭算數也 釋曰
皆筭數也郭云歷歷數也推律所生之數虞書大禹謨云天之歷數在汝躬秭
者周頌豐年云萬億及秭毛傳云數億至萬曰億數億至億曰秭郭云今以十
億爲秭者以時驗而言也 注論語云何足筭也 釋曰案論語子貢問曰今
之從政者何如子曰噫斗筲之人何足筭也鄭曰筭數也 歷傅也 釋曰謂
傅近也隱十一年左傳云庚辰傅於許 艾歷覛胥相也 釋曰皆謂相共也
覛者郭云覛謂相視也說文云覛邪視也郭云公羊傳曰胥盟者何相盟也者
桓三年文 乂亂靖神弗淈治也 注論語至詩書 釋曰皆治理也舍人曰
亂義之治也孫炎曰亂治之理也云論語曰予有亂臣十人者泰伯篇文也淈

書亡序篇名耳者虞書序云帝釐下土方設居方別生分類作汩作九共
汩作興也言其治民之功興故爲汩作之篇亡云餘並見詩書者舜典云有
能俾乂小雅菀柳云俾予靖之大雅生民云茀厥豐草弗茀音義同　頤艾
育養也　釋曰頤者易曰頤貞吉育者易无妄象曰先王以茂對時育萬物郭
云汝潁梁宋之閒曰艾方言云台胎陶鞠養也晉衛燕魏曰台
陳楚韓鄭之閒曰鞠秦或曰陶汝潁梁宋之閒曰胎或曰艾是也　汱渾隕墜
也　釋曰汱墜落也郭云汱渾皆水落貌春秋僖公十六年經云星隕如雨
際接翜捷也　釋曰郭云捷謂相接續也際者相會合之捷也左傳曰爾未際也
小雅菀柳云無自瘵焉鄭箋云瘵接也接者曾子問云接祭而已謂捷速而
祭也翜義未詳　毖神溢慎也　釋曰謂謹慎也毖者周書洛誥云夙夜毖祀
溢者舍人曰溢行之慎周頌維天之命云假以溢我故注云見詩書　鬱陶繇
喜也　注孟子至字耳　釋曰皆謂歡悅也鬱陶者心初悅而未暢之意也云孟
子曰鬱陶思君者案孟子云象往入舜宮舜在牀琴曰鬱陶思君爾忸怩趙氏
注云象見舜生在牀鼓琴愕然反辭曰我鬱陶思君故來爾辭也忸怩而慙是
其情也云禮記曰人喜則斯陶陶斯詠詠斯猶者下檀弓文鄭注云陶鬱陶也

㖃呃也徧當爲搖聲之誤也搖謂身動搖也秦人猶搖聲相近云猶即繇也古今字耳者言禮記猶即此輕繇也古今字異耳 馘穧獲也 釋曰皆謂克獲也郭云今以獲賊耳爲馘者大雅皇矣云攸馘安安毛傳云不服者殺而獻其左耳曰馘魯頌泮水云在泮獻馘鄭箋云馘所格者之左耳也皆謂臨陳格殺之而取其耳也 云獲禾爲穧者小雅大田云此有不斂穧穧者禾之鋪而未束故以獲禾爲穧是斂穧之詩也 阻艱難也 釋曰皆謂艱難也秦風蒹葭云道阻且長商書說命云非知之艱 剡絜利也 釋曰皆謂利也小雅大田云以我覃耜剡覃音義同周頌載芟云有略其耜絜略音義同 允任壬佞也 釋曰皆謂諂佞也允信也佞人似信任者孫炎云以佞作之佞也虞書舜典云而難任人壬猶任也皋陶謨云何畏乎巧言令色孔壬 俾拼抨使也 俾拼抨使從也 釋曰皆謂使令隨從也郭云見詩者魯頌閟宮云俾爾熾而昌大雅桑柔云荓云不逮拼荓音義同抨義亦同此皆爲使令也俾拼抨使㕥者又爲隨從 儴仍因也 釋曰皆因緣也費誓云曰無敢寇攘鄭注云因其亡失曰攘儴攘音義同施博士讀曰襄周書君奭云襄我二人郭無明說義得兩通論語云仍舊貫 董督正也 釋曰皆謂御正也虞書大禹謨云董之用威春秋左傳公廿二

年左傳序云謂督不忘享孝也　釋曰享祀孝道也小雅信南山云享於祖考
珍享獻也　釋曰致物於尊者曰獻珍者珍物宜獻也享者周禮大行人云廟
中將幣三享鄭司農云三享三獻也郭注云穀梁傳曰諸侯不享覲者僖五年文
縱縮亂也　釋曰縱放掣縮皆亂法也大雅民勞云無縱詭隨　探篡俘取也
釋曰郭云探者摸取也篡者奪取也李巡曰囚敵曰俘伐執之曰取注云書曰
俘厥寶玉者商書序云夏師敗績湯遂從之遂伐三朡俘厥寶玉孔氏云俘取
也　徂在存也　釋曰鄭風出其東門云匪我思且鄭箋云非我思存也徂且
音義同在訓存者常語也上云徂往也往則非存故郭氏引類以曉之也上云美
惡不嫌同名者案隱七年公羊傳云貴賤不嫌同號美惡不嫌同辭何休云若
繼體君亦稱即位繼弒君亦稱即位是有起文美惡不嫌同辭是也若此篇徂
也死也亦稱徂是惡也存也亦稱徂是美也各有其義故云美惡不嫌同名
在存省士察也　釋曰謂審察也虞書舜典云在璿璣玉衡以齊七政存即在
也省謂視察論語云吾日三省吾身士者理獄之官亦主聽察虞書舜典舜命
皋陶云汝作士　烈枿餘也　釋曰謂遺餘也詩大雅雲漢序云宣王承厲王
之烈李巡曰枿槁木之餘也商書盤庚云若顛木之有由蘖枿蘖音義同郭

云晉衛之間曰蘖陳鄭之間曰烈者方言文　迓迎也　釋曰謂相逢迎也郭
云公羊傳曰跛者迓跛者此成二年傳文案彼云晉郤克與臧孫許同時而聘
于齊蕭同姪子者齊君之母也踊于棓而窺客則客或跛或眇於是使跛者迓
跛者眇者迓眇者是也引之以證迓為迎也宣二年左傳曰狂狡輅鄭人杜注
云輅迎也周禮秋官有訝士及聘禮云厥明訝賓于館鄭注皆云訝迎也召南
鵲巢云百兩御之鄭注亦云御迎也字形雖別音義實同蓋以作者非一人致茲
異也當以迓為正字餘皆假借　元良首也　釋曰謂頭首也郭云左傳曰狄
人歸先軫之元者僖三十三年秋伐晉及箕八月戊子晉侯敗狄于箕郤缺獲
白狄子先軫曰匹夫逞志於君而無討敢不自討乎免冑入狄師死焉狄人歸
其元面如生是也引證元為首良未詳　薦摯臻也　釋曰臻至也薦進執摯
皆所以表至也　賡揚續也　釋曰謂相繼續也郭云書曰乃賡載歌者虞書
益稷文　祔祪祖也　釋曰謂先祖也說文云祔後死者合食於先祖也郭云
祔付也付新死者於祖廟士虞記云明日以其班祔毀廟之主名祪即尼也
釋曰尼近也言即今相近也　尼定也　釋曰尼詁為止止即定舍人曰尼止之
私之定也　邇幾暱近也　釋曰皆謂殆近也邇者鄭風東門之墠云其室則

邇幾暱近也　釋曰幾者聘義曰日幾中而后禮成暱者和云云親近也小雅菀柳云無自暱焉

妥安坐也　釋曰妥者安定之坐也郭云禮記曰妥而后傳命者案士相見禮云凡言非對也妥而後傳言鄭注云凡言謂已為君言事也妥安坐也傳言猶出言也此言禮記曰妥而后傳命者傳寫誤也或所見本異

貉縮綸也　釋曰郭云綸者繩也謂牽縛縮貉之今俗語亦然據時驗而言也大雅緜篇云其繩則直縮板以載

貉嘆安定也　釋曰皆靜定也大雅皇矣云貉其德音毛傳云貉靜也鄭箋云德正應和曰貉嘆者皇矣又云求民之莫鄭箋云求民之定謂所歸就也貉貊嘆莫音義同安者小雅斯干云乃安斯寢

伊維侯也　釋曰皆發語辭轉互相訓也邶風谷風云伊余來塈大雅大明云維此文王小雅六月云侯誰在矣

時寔是也　釋曰是此也秦風駟驖云奉時辰牡郭云公羊傳曰寔來者何是來也者案春秋桓五年冬州公如曹六年春正月寔來公羊傳曰寔來者何猶曰是人來也引之證寔為是也

卒猷假輟已也　釋曰皆謂終已也卒者終盡之已也輟止已也論語曰耰而不輟

求酋在卒就終也　釋曰皆謂終盡也求者大雅下武云世德作求郭云詩曰嗣先公爾酋矣者大雅卷阿文卒者邶風日月云畜我不卒就者凡事物成就亦終也

崩薨無祿卒徂落殪死也　釋曰此皆死之別稱也曲禮云天子死曰崩諸侯曰薨大夫曰卒士曰不祿庶人曰死鄭注云異死名者爲人褻云無知若猶不同然也自上顛壞曰崩薨顛壞之聲卒終也不祿不終其祿死之言澌也精神澌盡也又曰壽考曰卒短折曰不祿鄭注云祿謂有德行任爲大夫士而不爲者老而死從大夫之稱少而死從士之稱此云無祿者即彼之不祿也徂落者李巡曰徂落堯死之稱郭云古者死亡尊卑同稱耳故尚書堯曰殂落舜曰陟方乃死者皆虞書舜典文也謂之殂落者蓋殂爲往也言人命盡而往落者若草木葉落也殪者案隱九年左傳云衷戎師前後擊之盡殪杜注云殪死也

爾雅疏卷第一

爾雅疏卷第二

翰林侍講學士朝請大夫守國子祭酒上柱國賜紫金魚袋臣邢昺等奉

勅校定

釋言第二

釋曰說文曰直言曰言仲尼曰言以足志介之推曰言身之文也然則言者發於志而形於聲所以文章於身者也論語曰詩三百一言以蔽之曰思無邪左傳趙簡子稱子太叔遺我以九言皆以一句爲一言也漢書東方朔云十六學詩書誦二十二萬言則以一字爲一言也雖一句一字有異要以今古方國殊別學者莫能通是以方言云皆古今語也初別國不相往來之言也今或同而舊書雅記故俗語不失其方而後人不知故爲之作釋也是曰釋言

殷齊中也　釋曰殷齊皆謂正中也注書曰以殷仲春者堯典文案彼云日中星鳥以殷仲春孔安國以殷爲正中正義同故也云釋地曰岠齊州以南者彼注云岠去也齊中也謂中州爲齊州是齊得爲中也　斯誃離也　釋曰斯析誃張皆分離也孫炎曰斯析之離郭云齊陳曰斯者方言文陳風墓門云斧以斯之是也云誃見詩者小雅巷伯云哆兮侈兮成是南箕鄭箋云因箕星

之吻而叉後大之是也該後音義同　謏興起也　釋曰謏興皆作起也注禮
記曰尸謖者祭統文也　還復返也　釋曰比皆過返也春秋書師還又曰至
河乃復之類是也　宣徇徧也　釋曰皆周徧也大雅江漢云來旬來宣左傳
云徇德鄭箋云宣徧是皆為周徧也徇與徇旬音義同　馹遽轉也　釋曰是皆傳
車驛馬之名文十六年左傳曰楚子乘馹會師于臨品又僖三十三年云使遽
告於鄭又成五年曰晉侯以傳召伯宗是皆謂今驛也　蒙奄也　釋曰
皆謂奄覆唐風云葛生蒙楚孫炎曰蒙大之奄周南云葛藟荒之孫卿云
皆見詩　告謁請也　釋曰皆謂求請也成二年左傳曰郤克對齊侯曰晉
與魯衛兄弟也來告曰大國朝夕釋憾於敝邑之地詩序云無險詖私謁之
心　肅雍聲也　釋曰和樂聲也注詩曰肅雍和鳴者周頌有瞽文也　格
懷來也　釋曰謂招來也注書曰格爾衆庶者商書湯誓文也又云懷見詩者
周頌時邁云懷柔百神　眕底致也　釋曰曲禮曰眕於鬼神昭元年左傳叔
向曰底祿以德周頌武篇云耆定爾功毛傳曰耆致也王肅云致定其大功
謂誅紂定天下是毛讀耆為底故注云見詩傳　恀怙恃也　釋曰依恃
也郭璞云今江東呼母為恀小雅蓼莪云無父何怙無母何恃是也　律迥述也

釋曰皆敘述也方俗語異耳律管所以述氣遹者述行之也大雅文王有聲云
遹駿有聲之類是也 俞畣然也 釋曰皆然應也注禮記曰男唯女俞者内
則文也畣古荅字故爲應也 豫臚敘也 釋曰皆陳敘也事豫備者亦有敘
也漢書云典客秦官大初元年更名大鴻臚韋昭曰鴻大也臚陳敘也以禮大
陳敘賓客也又莊子云大儒臚傳是也 庶幾尚也 釋曰尚謂心所希望也
莊詩曰不尚息焉者小雅菀柳篇文也鄭箋云尚庶幾也以心所念尚即是庶
幾也教相反覆故引之 觀指示也 釋曰示謂呈見於人也注國語曰且觀之
兵者案周語穆王將征犬戎祭公謀父諫曰不可先王燿德不觀兵犬戎氏以
其職來王天子曰予必以不享征之且觀之兵無乃廢先王之訓而王幾頓乎
是也論語曰指其掌謂舉掌以示人也 若惠順也 釋曰順不逆也書曰若
稽古謂順考古道也詩邶風終風云惠然肯來言有順心然後可來是也
敖憮傲也 釋曰皆謂傲慢周頌絲衣云不吳不敖注禮記曰無憮無傲者投
壺文也案彼云 令弟子辭曰毋憮毋敖毋偝立毋踰言偝立踰言有常爵
是也 幼鞠離也 釋曰方言云稚年小也曲禮曰幼子常視無誑書曰兄亦
不念鞠子哀是皆謂方小也書曰者周書康誥文也 逸諐過也 釋曰此曰謂

咎過也注云書曰汝則有逸罰訓者案商書盤庚云惟予一人有佚罰訓弗負茲言云汝
則有常刑無云汝則有逸罰者師讀不同故也或者其在今子乎侃言者左傳曰
禮義不侃言之類是也　疑休戾也　釋曰戾止也書曰疑謀勿成月令云百工
休是疑休皆爲止也　疾齊肅壯也　釋曰急疾齊整皆於事敏速彊壯也
悈褊急也　釋曰悈與亟同大雅靈臺云經始勿亟文王有聲云匪棘其欲禮
記引此詩作匪革其猶革亦急也悈亟棘革字雖異音義同魏風葛屨云維
是褊心又廣雅云悈謹也褊狹陋也是皆急狹也　貿賈市也　釋曰貿謂市買
賣物也注詩曰抱布貿絲者衛風氓篇文也大雅瞻卬云如賈三倍也　厞陋
隱也　釋曰皆幽隱也注禮記曰厞用席者案有司徹云有司官徹饋饌于室
中西北隅南面如饋之設右几厞用席是也云禮記者誤也云書曰揚側陋者
堯典文也　遏遾逮也　釋曰逮謂相及也注東齊曰遏北燕曰遾者並方言文
也　征邁行也　釋曰皆出行也注詩曰王子出征者小雅六月文也云邁亦
行者詩云周王于邁是也　圮敗覆也　釋曰圮毀敗壞皆傾覆也書曰祖乙
圮于耿　荐原再也　釋曰皆重再也孫炎云荐草生之再也郭云易曰水荐
至者周易坎卦象辭也云今呼重蠶爲原蠶者周禮夏官馬質云禁原蠶者是

也　憮敉撫也　釋曰皆憐憮也方言云宋衛邠陶之間謂愛曰憮故注云憮愛撫也云敉義見書者大誥云予翼以于敉寧武圖功之類是也　臞胅瘠也　釋曰皆瘦瘠也鄭玄周禮注云瘦臞腐敗郭云齊人謂瘠瘦爲胅　桄頍充也　釋曰孫叔然本桄作光書云光被四表說文云頍是火光也是皆充盛也　屢暱亟也　釋曰亟猶數也詩頌曰屢豐年左傳曰諸夏親暱親暱者恩信必數故注云親暱者亦數　靡罔無也　釋曰無不有也詩云靡神不舉書曰罔有攸赦皆是　爽差也　爽忒也　釋曰賡興言也　爽謂差錯又爲忒變孫炎曰忒變雜不一郭云皆謂用心差錯不專一詩衛風云女也不爽大雅瞻卬云鞫人忮忒　佴貳也　釋曰佴次也次即副貳之義　劑翦齊也　釋曰皆爲齊截也郭云南方人呼翦刀爲劑刀釋器云金鏃翦羽謂之鍭　饙餾稔也　釋曰稔熟也孫炎曰蒸之曰饙均之曰餾郭云今呼餐飯爲饙饙熟爲餾說文云饙一蒸米也餾飯氣流也然則蒸米謂之饙饙必餾而熟之故言饙餾稔也大雅泂酌云可以餴饎饋餴音義同　媵將送也　釋曰皆謂送行也孫炎曰將行之送也注云左傳曰以媵秦穆姬者案僖五年晉執虞公及其大夫井伯以媵秦穆姬杜注云秦穆姬晉獻公女送女曰媵以屈辱之云詩曰遠于將之者邶風

燕燕衛莊姜送歸妾之詩也　作造爲也　釋曰謂營爲也皆見鄭風緇衣篇
餥餱食也　釋曰皆飯食也注方言云陳楚之間相呼食爲餥者案彼云餥
飵食也陳楚之内相謁而食麥饘謂之餥楚曰飵凡陳楚之郊南楚之外相
謁而飧或曰飵或曰粘秦晉之際河陰之間曰𩜹惡恨切饘五恨切此真秦
語也大雅公劉云廼裹餱糧　鞫究窮也　釋曰皆窮盡也大雅雲漢云鞫
哉庶正小雅節南山云以究王訩　滷矜鹹苦也　釋曰郭云滷苦地也者謂
斥滷可煑鹽者左傳曰表淳滷云可矜憐者亦辛苦者小雅鴻鴈云爰及矜人
鄭箋云可憐之人謂貧窮者是辛苦之人也云苦即大鹹者釋經之鹹也鹹味
極必苦故以鹹爲苦也　干流求也　釋曰皆求取也論語云子張學干祿注
詩曰左右流之周南關雎文也　流是覃也覃延也　釋曰轉相解也皆謂蔓
延相被及水之流必相延及詩周南云葛之覃兮　佻偷也　釋曰小雅鹿鳴
云視民不恌是也李巡曰佻偷薄之偷郭云謂苟且左傳趙孟曰吾儕偷食朝
不謀夕何其長也杜注云言欲苟免目前不能念長久是謂偷爲苟且也　潛深
也潛深測也　釋曰轉相解也詩曰潛雖伏矣是深矣潛深又爲測郭云測亦
水深之別名　榖鞠生也　釋曰皆生活也注詩曰榖則異室者王風大車篇

文也小雅蓼莪云毋兮鞠我 啜茹也 釋曰說文云啜嘗也郭云啜者拾食
禮記檀弓云啜菽飲水 大雅烝民云柔則茹之方言云茹食也吳越凡貪飲食
者謂之茹 茹虞度也 釋曰皆謂測度也注詩曰不可以茹者邶柏舟文也
左傳曰備豫不虞 試式用也 釋曰皆任用也注皆見詩書者小雅大東云
百僚是試雨無正云庶曰式臧商書盤庚云今予將試以汝遷又云式敷民德
之類是也 誥誓謹也 釋曰皆謹勑也以大義諭衆謂之誥集將士而戒之
曰誓尚書誥誓之篇是也故郭云皆所以約勤謹戒衆也 競逐彊也 釋曰
皆自勉彊也大雅抑篇云無競維人馳逐者亦彊梁也 禦圉禁也 釋曰皆
謂禁制小雅常棣云外禦其務養馬曰圉亦所以禁制故皆為禁也 窒薶
塞也 釋曰皆謂埋塞孔穴豳七月云穹窒熏鼠大宗伯云以貍沈祭山林
川澤是其類也 黼黻彰也 釋曰彰明也言文采著明也注黼文如斧黻文
如兩己相背者考工記云白與黑謂之黼黑與青謂之黻釋器云斧謂之黼蓋
半白半黑似斧刃白而身黑黻謂以青黑線刺繡為兩己字相背黼取能斷
黻取善惡相背 膺身親也 釋曰服膺身先皆謂躬親也 愷悌發也 釋曰
謂發明而行也注詩曰齊子愷悌者齊風載驅篇文也毛傳云言文姜於是樂

易然鄭箋云此岂弟猶言發夕也岂讀當爲闓弟古文尚書以弟爲圛圛明
也然則郭云發發行也是用鄭箋爲説 髦士官也 釋曰下云髦俊也士者
男子之大號言取俊士令居官也大雅棫樸云髦士攸宜是也 畯農夫也
釋曰田畯一曰農夫孫炎曰農夫田官也皆謂主田大夫也小雅甫田云田畯
至喜鄭箋云田畯司嗇今之嗇夫也此注云今之嗇夫是也然則田畯田官在
田司主稼穡故謂之司嗇漢及東晉亦有此官謂之嗇夫故鄭郭皆云今之嗇
夫也 蓋割裂也 釋曰割謂以刀裂之也 邕支載也 釋曰謝氏云邕字又
作擁釋云擁者護之載郭云此皆方俗語亦未詳 諈諉累也 釋曰謂相累及
也孫炎云楚人曰諈秦人曰諉郭云以事相屬累爲諈諉 漠察清也 釋曰
樊光云漠然清貌察明也是皆清明也 庇庥廕也 釋曰舍人曰庇蔽也庥
依止也郭云今俗語呼樹廕爲庥文七年左傳云葛藟猶能庇其本根
穀履祿也 釋曰此皆福祿也孝經援神契云祿者錄也取上所以敬錄接下下
所以敬錄事上注書曰旣富方穀者洪範文云詩曰福履將之者周南樛木文
也 履禮也 釋曰履又爲禮也注禮可以履行見易者序卦云物畜然後有
禮故受之以履韓康伯云履者禮也 隱占也 釋曰占者視兆以知吉凶也

必先隱度故曰隱占也 逆迎也 釋曰謂迎逆周書顧命云逆子釗于南門
之外 憯曾也 釋曰憯猶曾也曾則也皆發語辭郭云見詩者小雅節南
山云憯莫懲嗟衛風河廣云曾不崇朝之類是也 增益也 釋曰謂增益也
郭云今江東通言增 窶貧也 釋曰窶者無禮也貧者無財也由其無財以
爲禮郭云謂貧陋邶風北門云終窶且貧 薆隱也 釋曰薆郭即隱蔽也
僾唈也 釋曰孫炎曰心唈也郭云嗚唈短氣皆見詩大雅桑柔云亦孔之僾
是也 基經也基設也 釋曰基牆下止也又詁爲始作事謀始必經綸也郭
云基業所以自經營基又爲造設 祺祥也祺吉也 釋曰舍人曰祺福之祥
謂徵祥也祥即吉之先見者也故又爲吉大雅行葦云壽考惟祺 兆域也
釋曰謂塋墓界域也孝經曰卜其宅兆廣雅云兆葬地也士喪禮云筮宅冢人
營之鄭注云宅葬居也然則筮得吉兆經營之以爲界域也 肇敏也 釋曰謂
敏疾也注書曰肇牽車牛者周書酒誥文也 挾藏也 釋曰謂隱藏物也郭
云今江東通言挾史記秦有挾書之律 浹徹也 釋曰言浹潤徹洽相通徹
也 替廢也替滅也 釋曰替謂廢已也小雅楚茨云子子孫孫勿替引之是
也替又爲絕滅 速徵也徵召也 釋曰轉相解也皆謂呼召注易曰不速之

客者需卦上六爻辭也　琛寶也　釋曰謂珍寶也舍人曰美寶曰琛注詩曰來獻其琛者魯頌泮水文也　探試也　釋曰試謂嘗之也論語云見不善如探湯郭云刺探嘗試　髦選也髦俊也　釋曰廣異言也毛中之長毫曰髦士之俊選者借譬訂爲名焉故郭云士中之俊如毛中之髦　俾職也　釋曰俾詁爲使言任使使職也　紕飾也　釋曰注謂緣飾見詩者鄘風干旄云素絲紕之是也　淩慄也慄感也　釋曰轉相解也埤蒼云悽慄也郭云淩懅戰慄則淩悽音義同慄又爲感郭云戰慄者憂感秦風黃鳥云惴惴其慄　蠲明也茅明也明朗也　釋曰郭云蠲清明貌樊光云蠲除垢穢使令清明茅亦明也舍人曰茅昧之明也注左傳云前茅慮無者宣十二年傳文也杜注慮無如今軍行前有斥候蹹伏皆持以絳及白爲幡見騎賊舉絳幡見步賊舉白幡備慮有無也茅明也或曰時楚以茅爲旌識明即融朗也　猷圖也猷若也　釋曰猷謂圖謀又爲若若如也注周禮曰以猷鬼神祇者春官凡以神仕者掌三辰之法以猶鬼神示之居辨其名物是也注詩曰寔命不猶者召南小星文也　偁舉也　釋曰謂與舉也注偁爾弋者周書牧誓文也　偁好也　釋曰謂美好郭云物稱人意亦爲好　坎律銓也　釋曰謂銓量也樊光曰坎卦水也水

銓平衡也亦平銓亦平郭云易坎卦主法者說卦云坎爲水水平故主法云法律
皆所以銓量輕重首白虎通云水之爲言準也律歷志云繩直生準準正則平
衡而鈞權矣又曰權衡者衡平也權重也衡所以任權而均物平輕重也本起
於黃鍾之重一龠容千二百黍重十二銖兩之爲兩兩者兩黃鍾律之重是法
律皆所以銓量輕重也　矢誓也　釋曰相約誓也鄘柏舟云之死矢靡它
舫舟也　釋曰謂並兩船釋水曰大夫方舟　泳游也　釋曰謂潛行游水底也
邶谷風云泳之游之　逮及也　釋曰謂相及也注東齊曰逮者方言文也
冥幼也　釋曰冥謂幼少也郭云幼稚者冥昧小雅斯干云噦噦其冥　降下也
釋曰召南草蟲云我心則降　傭均也　釋曰謂齊等也小雅節南山云昊天
不傭　強暴也　釋曰彊梁者好陵暴於物詩序云彊暴之男　窕肆也肆
力也　釋曰窕者輕也肆放也輕窕者好放肆肆亦爲極力　俅戴也　釋曰謂
頭戴也注詩曰載弁俅俅者周頌絲衣文也　瘞幽也　釋曰瘞謂埋藏
氂罽也　釋曰毛氂所以爲罽舍人曰氂謂毛罽也胡人績羊毛而作衣然則罽
者織毛爲之若今之毛氍毹以衣馬之帶鞅也　烘燎也　煁烓也　釋曰舍人曰烘
以火燎也煁烓竈也郭云烘謂燒燎煁今之三隅竈也然則烓者無釜之竈其

上然火謂之烘本爲此竈上以然火照物若今之火爐也注云見詩者小雅白
華云樵彼桑薪卬烘于煁是也　陪朝也　釋曰臣見君曰朝朝之列位必
陪重是陪位爲朝也　康苛也　釋曰注謂苛刻案苛者毒草名爲政刻急
者最貌苛焉禮記孔子曰苛政猛於虎苛名康者以康安也苛刻者心安之左傳
曰州吁阻兵而安忍其類也　樊藩也　釋曰孫炎曰樊圃之藩也郭曰謂藩籬
藩以經木爲之齊風東方未明云折柳樊圃小雅青蠅云營營青蠅止于樊毛
傳云樊藩所以爲藩是也　賦量也　釋曰謂賦稅也郭云賦稅所以評量方言
云平均賦也燕之北鄙東齊北郊凡相賦斂謂之平均是評量也　粻糧也
釋曰謂糧食也郭云今江東通言粻王制云五十異粻　庶侈也庶幸也　釋曰當
庶者多奢侈郭云庶者衆多爲奢侈後書曰祿不期侈庶又爲幸望郭云庶幾僥
倖僥者求見親御也幸與倖通用之　筑拾也　釋曰拾謂拾掇舍人云凡大木
所倒皆起而築之焉郭云起其木以擁其禾　奘駔也　釋曰皆謂大也秦晉謂
大爲奘郭云今江東呼大爲駔駔猶麤麤也　集會也　釋曰說文云集羣鳥
在林木之上故曰集指事也故經典通謂聚會爲集　舫附也　釋曰孫炎
曰舫水中爲泭筏也郭云水中簰筏代方言云泭謂之簰簰謂之筏筏秦晉謂

之通語也周南漢廣云不可方思論語云乘桴浮于海注云桴編竹木大曰栰
小曰桴是也舫方洲桴音義同　洵均也洵龕龍也　釋曰李巡曰洵徧之均也
郭云謂調均大雅桑柔云菀彼桑柔其下侯旬毛傳云旬言陰均也然則洵
旬音義同洵又爲龕龍未詳　逮還也　釋曰亦謂相及方俗語異爾郭云今荆
楚人皆云遝　是則也　釋曰是不非也則法效也郭云是事可法則言不非之
事乃可爲人法則　畫形也　釋曰郭云畫者爲形象考工記云畫繢之事土
以黄其象方天時變火以圜山以章水以龍鳥獸蛇是畫者爲形象也
賑富也　釋曰皆豐財也郭云謂隱賑富有　局分也　釋曰郭云謂分部成
十六年左傳云離局姦也杜注云遠其部曲爲離局　懠怒也　釋曰舍人曰
懠怒聲也郭云詩曰天之方懠者大雅板篇文也　僁聲也　釋曰郭云謂聲
音云聲音僁僁然也　葵揆也揆度也　釋曰轉相解也皆謂商度注詩曰天
子葵之者小雅采菽文也鄘風定之方中云揆之以日　逮及也　釋曰亦謂
相及也大雅桑柔云荓云不逮　惄飢也　釋曰李巡云惄宿不食之飢也郭云
惄然飢意周南汝墳云惄如調飢毛傳云惄飢意也鄭箋釋云惄思也然則
惄之爲訓本爲思耳但飢之思食意又惄然故又以爲飢惄是飢之意非飢之

狀故郭及毛傳皆云言飢意鄭箋以爲思義相接成也　眕重也　釋曰注云
謂厚重見左傳者隱三年衛大夫石碏曰夫寵而不驕驕而能降降而不憾
憾而能眕者鮮矣杜注云如此者少也降其身則必恨恨則思亂不能自安自
重是也　獵虐也　釋曰獵謂從禽也必暴害於物故云虐郭云淩獵暴虐
土田也　釋曰別此之二名也白虎通云中央者土土主吐含萬物土之爲言
吐也釋名云土已耕者曰田田者填也五稼填滿其中也　戍遏也　釋曰遏止
也郭云戍守所以止寇賊春秋公子買戍衛　師人也　釋曰師衆也周禮大
司馬二千五百人爲師故郭云謂人衆　硈鞏也　釋曰謂牢固易文言云確
乎其不可拔又革卦初九云鞏用黃牛之革若如此說硈學當從告說文
別有硈恪八切石堅也字雖小異其義則同　棄忘也　釋曰心遺忘小雅谷風
云棄我如遺　𩔖閑也　釋曰𩔖然閑暇貌　謀心也　釋曰謀慮以心　獻聖也
釋曰郭云謚法曰聰明睿智曰獻謚法者周書篇名也　里邑也　釋曰謂邑
居也論語云里仁爲美王制云凡居民量地以制邑　襄除也　釋曰謂除去也
注詩曰不可襄者鄘風牆有茨文也　振古也　釋曰言久故也注詩曰振古
如茲猶言久若此者案周頌載芟文云匪今斯今振古如茲毛傳云振自也鄭箋

云猶亦古也言脩德行禮莫之徦報乃古古而如此所由來者久非適今時

是也 悝懟怨也 釋曰謂怨恨左傳曰以死誰懟 縭介也 釋曰郭云縭者繫

介猶閡以釋水云縭緌也緌繫著則介閡也 號謼也 釋曰謂叫謼也小雅

賓之初筵云載號載呶郭云今江東皆言謼 凶咎也 釋曰謂咎惡也通見

詩書 苞稹也 釋曰郭云今人呼物叢緻者為稹孫炎曰物叢生曰苞齊人

名曰稹唐風鴇羽云集于苞栩毛傳云苞稹鄭箋云稹者根相迫迮梱緻亦謂

叢生也 遌寤也 釋曰遌謂相干也寐而覺之曰寤郭云相干寤 顁題也

釋曰皆謂額也注詩曰麟之定者周南麟之趾文也 猷肯可也 釋曰皆堪可

也注詩曰猷來無棄者魏風陟岵文也肯今通言者邶風終風云惠然肯來

是也 務侮也 釋曰謂輕侮也注詩曰外禦其侮小雅常棣文也 貽遺也

釋曰謂相歸遺注詩云貽我握椒 貿買也 釋曰貿市也又為買郭云廣二

名詩云抱布貿絲 賄財也 釋曰財帛總名賄周禮冢宰職云商賈阜通

貨賄鄭注云布帛曰賄 甲狎也 釋曰謂狎習也衛風芄蘭云能不我甲左

傳曰水懦民狎而翫之 菼騅也菼薍也 釋曰廣異言也注詩曰毳衣如菼

者王風大車文也毛傳云菼騅也蘆之初生者也鄭箋云菼薍也以傳解菼色

未辨草名故定之也郭云菼草色如騅在青白之間者以釋畜云蒼白雜毛
騅故也 粲餐也 釋曰謂餐食也郭云今河北人呼食爲餐鄭風緇衣云還
予授子之粲兮鄭箋云自館還在采地之都我則設餐以授之愛之欲飲食之
渝變也 釋曰謂變易也詩曰赦命不渝 宜肴也 釋曰謂肴饌也李巡曰
飲酒之肴也注詩曰與子宜之者鄭風女曰雞鳴文也 夷悅也 釋曰謂喜悅
也注詩曰我心則夷者召南草蟲文 顛頂也 釋曰謂頭上也詩曰有馬白
顛 耋老也 釋曰耋鐵也孫炎曰老人面如鐵色郭云八十爲耋詩秦風車
鄰云逝者其耋毛傳云八十曰耋易離卦云大耋之嗟鄭注云年踰七十僖九
年左傳曰伯舅耋老服虔云七十曰耋此及詩傳言八十曰耋者耋有七十八
十無正文也詩以仕者七十致事仕者慮己之耋欲得早致事故以爲八十此
用詩傳爲說故與之同 輶輕也 釋曰謂輕微也注詩曰德輶如毛者大雅
烝民文 俴淺也 釋曰謂淺近注詩曰小戎俴收者秦風小戎文也 綯絞
也 釋曰謂糾絞繩索也李巡曰綯繩之絞也豳七月云宵爾索綯 訛化也
釋曰匡正之化也注詩曰四國是訛者豳風破斧文 跋躐也疐跲也 釋曰
李巡曰跋前行曰躐跲郤頓曰疐注詩云狼跋其胡載疐其尾者豳風狼跋

文也說文云跋蹎丁千切跲躓竹二切躓即疐也然則跋與疐皆是頓倒之類
跋爲躐者謂跋其胡而倒躓其尾毛傳云老狼有胡謂頷下垂胡進則躐其胡
謂躐胡而前則倒也退則跲其尾謂卻頓而倒於尾上也 烝塵也 釋曰孫炎
云烝物久之塵小雅南有嘉魚云烝然罩罩郭云今衆所以生塵埃 戎相也
釋曰戎相也如字注同一云相助也息亮切故注云相佐助也 飫私也 釋曰孫炎
曰飫非公朝私飲酒也郭云宴飲之私小雅常棣云飲酒之飫毛傳云飫私也
不脫屨升堂謂之飫鄭箋云私者圖非常之事若議大疑於堂則有飫禮焉
聽朝爲公周語曰王公立飫 孺屬也 釋曰李巡云孺骨肉相親屬也常棣
云和樂且孺毛傳云九族會曰和孺屬也鄭箋云屬者昭穆相次序 幕暮也
釋曰幕然暮夜也 爆熾也熾盛也 釋曰轉相解也皆變寵熾盛也注爆盛義
見詩者小雅十月之交云豔妻煽方處 柢本也 釋曰謂根本也周禮典瑞
云四圭有邸鄭司農云於中央爲璧圭著其四面一玉俱成即引此文云邸本
也圭本著於璧故四圭有邸圭末四出故也又曰兩圭有邸後鄭云僢而同邸
皆謂本也柢即邸音義同 窕閒也 釋曰窈窕閒隙也詩周南關雎云窈窕
淑女毛傳云窈窕幽閒鄭箋云幽閒深宮皆謂淑女所處之宮形狀窈窕然

淪率也　釋曰謂相牽率郭云相率使小雅雨無正云無淪胥以鋪　罹毒也
釋曰釋詁云罹憂也郭云憂思慘毒小雅小弁云我獨于罹　檢同也　釋曰
檢模範也郭云模範同等說文云書署也　郵過也　釋曰郵謂郵亭過經
過也郭云道路所經過郊特牲云郵表畷　遜遯也　釋曰謂逃去也春秋莊元年夫
人姜氏孫于齊公羊傳曰孫者何孫猶孫也內諱奔謂之孫穀梁傳曰孫之猶
言爲孫諱奔也　斃踣也　僨僵也　釋曰前卻顛倒之名也斃又謂之踣前
覆也檀弓云射之斃鄭注云斃仆也然則又爲仆僨謂之僵皆卻偃也左傳曰
鄭伯之車僨於濟　畛殄也　釋曰謂殄絕也周頌載芟又云徂隰徂畛毛傳曰
畛場也地官遂人云十夫有溝溝上有畛則畛謂地畔之徑路也至此而易之
故以畛爲場易則地絕故得爲殄　曷盍也　釋曰郭云盍何不也論語曰盍
各言爾志　虹潰也　釋曰潰敗亂也大雅抑篇云實虹小子召旻又云蟊賊內
訌　隌闇也　釋曰謂冥昧也郭云隌然冥貌　𥸤膠也　釋曰膠黏𥸤也方
言云𥸤䵒黏也齊魯青徐自關而東或曰𥸤或曰䵒　孔甚也　厥其也　戛禮
也　釋曰孔甚厥其通見詩書釋詁云戛常也故郭云謂常禮　闍臺也
釋曰謂城門臺也鄭風云出其闉闍毛傳云闉曲城也闍城臺也　囚拘也

釋曰謂拘執也月令云挺重囚左傳曰南冠而縶者楚囚也縶則拘縶也

攸所也展適也 釋曰易曰利有攸往郭云得自申展皆適意也鬱氣也

釋曰鬱然氣出也謂鬱烝之氣也 宅居也 釋曰謂居處也大雅文王有聲

云宅是鎬京 休慶也 釋曰謂嘉慶也商頌曰何天之休 祈叫也 釋曰祈

猶禱也求也春官大祝掌六祝之辭以祈福祥求永貞郭云祈祭者叫呼而請

事 濬幽深也哲智也 釋曰舍人曰濬下之深也哲大智也郭云濬亦深也

虞書舜典云濬哲文明孔安國云舜有深智言其智之深所知不淺近也

弄玩也 釋曰謂玩好也小雅斯干云載弄之璋鄭箋云玩以璋者欲其比德

焉 尹正也皇匡正也 釋曰正長也郭云謂官正也言為一官之長也周書君

陳曰尹茲東郊皇君威之正匡救諫之正孝經云匡救其惡注詩曰四國是皇

者豳風破斧文也 服整也 釋曰謂整治也郭云服御之令齊整周南葛覃

云服之無斁 聘問也 釋曰聘謂存省之對而言之則聘問異周禮大行人

云時聘以結諸侯之好間問以諭諸侯之德又曰凡諸侯之邦交歲相問也殷

相聘也聘禮云小聘曰問是異也散而言之皆謂相存省故此云聘問也注見

穀梁傳者案隱九年春天王使南季來聘穀梁傳曰南氏姓也季字也聘問

也是其事　愧慙也　釋曰謂慙恥也小爾雅云不直失節謂之慙慙愧也面
慙曰赧心慙曰恧體慙曰逡方言云梅㥦赧愧也晉曰挴或曰㥦秦晉之間
凡愧而見上謂之赧梁宋曰㥦又云𢥚（音腆）恧（女六切）慙也荊揚青徐之間曰𢥚若
梁益秦晉之間言心内慙矣山之東西自愧曰恧趙魏之間謂之䏌（音密亦音祕）
殛誅也　釋曰謂誅責注書曰鯀則殛死者周書洪範文　克能也　翌明也
釋曰克能通見書傳注書曰翌日乃瘳者周書金縢文　訩訟也　釋曰多爭
訟郭云言訩譊譊即讙譊小雅節南山云降此鞫訩　晦冥也奔走也逡退也
釋曰冥謂闇冥見公羊傳奔大走也左傳曰車馳卒奔逡却退也注外傳曰已
復於事而逡者齊語管仲對桓公辭也韋昭曰已畢也逡伏退也此國語也而
謂之外傳者韋昭曰左丘明采録前世穆王以來下訖魯悼智伯之誅邦國成
敗嘉言善語陰陽律呂天時人事逆順之數以爲國語其文不主於經故號曰
外傳也　疐仆也　釋曰即前文跲與躓也郭云頓躓倒仆　亞次也　諗念也
釋曰亞下次也通見書傳諗者說文云念也小雅四牡云將母來諗　屆極也
釋曰有所限極也大雅瞻卬云靡有夷屆　弇同也弇蓋也　釋曰廣異言注
詩曰奄有龜蒙者魯頌閟宮文云弇蓋覆同爲包有弇又爲蓋謂覆蓋[illegible]

惡憤而不可揜弇奄揜音義同 恫痛也 釋曰謂痛傷 詩曰神罔時恫大
雅思齊文王篇云文王之德能上順祖宗安寧百神無失其道無所怨痛
握具也 釋曰主持辦具也郭氏云謂備具李本作幄釋云居位處之具也秦風
權輿二章夏屋渠渠鄭箋云屋具也義其同乎 振訊也 釋曰謂振訊云塵也
郭云振者奮訊曲禮曰振書端書 鬩恨也 釋曰郭云相怨恨孫炎本作很
解云相很戾小雅常棣云兄弟鬩于牆毛傳云鬩很也很者忿爭之名曲禮曰
很無求勝以字形異濫故釋者致殊於義兩解得之 越揚也對遂也 釋曰
揚謂稱美郭氏云謂發揚遂者因事之辭注詩曰對揚王休者大雅江漢文
燬火也 釋曰李巡曰燬一名火孫炎曰方言有輕重故謂火爲燬郭云燬齊
人語方言云㶡呼隗切火也楚轉語也猶齊言娓音毀火也注詩曰王室如燬者周
南汝墳文 懈怠也 釋曰謂惰慢也大雅烝民云夙夜匪懈 宣緩也
釋曰謂寬緩也 遇偶也 釋曰郭云偶爾相值遇春秋隱八年春宋公衛侯
遇于垂穀梁曰不期而會曰遇 曩曏也 釋曰在今之前道既往或曰曩或曰
曏書大傳云曏之取於囿中勇力之取也注國語曰曩而言戲也者案晉語驪
姬與優施謀飲里克酒乃歌曰暇豫之吾吾不如鳥烏人皆集於苑己獨集於

梏里克矣曰何謂苑何謂梏優施曰其毋爲夫人其子爲君可不謂苑乎其死
既死其子又有謗可不謂枯乎枯且有傷優施出里克辟奠不餐而寢夜半召
優施曰曩而言戲乎如有所聞之乎是也 偟暇也 釋曰謂閒暇注詩曰不
遑啟處者小雅四牡文 宵夜也 釋曰舍人曰宵陽氣消也詩云肅肅宵
征書曰宵中星虛 愒忨也愒貪也 釋曰此皆謂愛忨貪羡也昭元年左傳云
主民翫歲而愒日杜注云翫愒皆貪也 榰柱也 釋曰郭云相榰柱也說文
云榰柱砥古用木今以石字書云柱屋之礅 裁節也並併也 釋曰易泰卦
云后以財成天地之道裁財音義同並併古今字注詩曰並坐鼓瑟者秦風車
鄰篇文 卒既也 釋曰皆謂盡已也 慒慮也 釋曰郭云謂謀慮也字書
作悰 將資也 釋曰行所資也郭云謂資裝 黹紩也 釋曰謂縫刺也郭
云今人呼縫紩衣爲黹鄭注司服云黼黻希繡希讀爲黹謂刺繡也 遞迭也
釋曰舍人曰遞者更迭間廁相代之義鄭柏舟云胡迭而微 矤況也 釋曰說
文云矤況詞從矢取詞之所之如矢也郭云詩況謝氏云忘詩況是也 廩廯
也釋曰廣雅云廯倉也則廩廯皆囷倉之別名孫炎云廯藏穀鮮切絲也舍人
云廩少鮮也郭云或說云即倉廩所未詳 逭逃也 釋曰謂逭逃亦書吳四

云自作孽不可逭注亦見禮記者案緇衣云子曰小人溺於水君子溺於口大
人溺於民皆在其所褻也下云太甲曰天作孽可違也自作孽不可以逭
訊言也　釋曰訊問以言也郭云相問訊詩云執訊獲醜　閒俔也　釋曰反
閒一名俔今之細作也注左傳謂之諜者案桓十二年云使伯嘉諜之杜注云
諜伺也兵書謂之反閒也案說文云諜軍中反閒也謂詐爲敵國之人入其軍
中伺候閒隙以反報其主又鄭注周禮掌戮云諜謂姦寇反閒者　沄沆也
釋曰說文云沄轉流也一曰汏郭云水流漭沆沆水大貌　干扞也　釋曰
郭云相扞衞孫炎曰干盾自蔽扞周南兔罝云公侯干城言公侯以武夫自固
爲扞蔽如盾爲防守如城然　趾足也跀刖也　釋曰易云賁其趾趾則足也
亦謂之脚跀一名刖斷足刑也呂刑云剕罰五百孔安國云刖足曰剕鄭注司
刑云刖斷足也周改臏作刖跀剕音義同　襄駕也　釋曰謂更駕也鄭風
大叔于田云兩服上襄注書曰懷山襄陵堯典文　忝辱也燠煖也　釋曰忝
詩小宛云詩曰無忝爾所生煖溫也洪範云哲時燠若郭云今江東通言燠
塊堛也　釋曰塊者凷土也說文云塊俗凷字也凷一名堛郭云土凷也注外
傳曰枕凷以堛　釋曰案吳語吳王夫差既許越成乃大戒師徒將以伐齊申

胥進諫曰昔楚靈王不君其臣箴諫不入乃築臺於章華之上闕為石郭陂
漢以象帝舜罷弊楚國以聞陳蔡不脩方城之內踰諸夏而圖東國三歲於
沮汾以服吳越其民不忍饑勞之殃三軍叛王於乾谿王親獨行屏營彷徨於
山林之中三日乃見其涓人疇王呼之曰余不食三日矣疇趨而進王枕其股
以寢於地王寐疇枕王以墣而去之王覺而無見乃匍匐將入於棘闈棘闈不
納也乃入芊尹申亥氏焉是其事也說文云墣坏也亦塊也今注云枕由者字
之誤也由當作王又外傳作墣郭云以塊者蓋亦理同或所見本異也　將齊
也　釋曰郭云謂分齊也詩曰或肆或將者小雅楚茨文毛傳云肆陳將齊也
或陳于牙或齊其肉王肅云分齊其肉所當用也　餬饘也　釋曰郭云糜也
下云鬻糜郭云淖糜然則餬饘鬻糜相類之物稠者曰糜淖者曰鬻餬饘是
其別名昭七年左傳云饘於是鬻於是以餬余口　啓跪也　釋曰謂跪拜也小
雅四牡云不遑啓處郭云小跪說文曰跽長跪也莊子云擎跽曲拳臣之禮也
暘窓也　釋曰郭云謂緻密　開闢也　釋曰注云書曰闢四門虞書舜典文
袍襺也　釋曰玉藻云纊為襺縕為袍鄭玄云衣有著之異名也纊謂今之新
緜縕謂今之纊及舊絮也然則襺是袍之別名謂新緜著袍者也注左傳曰

衣亦衾者襄二十一年傳云楚子使薳子馮爲令尹薳子以疾辭方暑闕地下冰而牀焉重繭衣裘鮮食而寢是也　障畛也　釋曰郭云謂壅障一名畛左傳曰封畛土略　靦姡也　釋曰郭云面姡然孫炎曰靦人面姡然說文曰靦面見人姡面靦也然則靦與姡皆面見人之貌詩云有靦面目　舒緩也　釋曰郭云謂遲緩詩云舒而脫脫兮　翿纛也纛翳也　釋曰李巡曰翿舞者所持纛也孫炎曰纛舞者所持羽也郭云今之羽葆幢鄭司農注鄉師云翿羽葆幢也蔡邕獨斷云以旄牛尾爲之大如斗在左騑馬頭上所謂黃屋左纛纛又謂之翳郭曰舞者所以自蔽翳然則翿一名爲纛纛所以爲翳故王風云左執翿毛傳云翿纛也翳也　隍壑也　釋曰隍城池無水者郭云城池空者爲壑易泰卦上六城復於隍　芼搴也　釋曰孫炎曰皆擇菜也某氏曰搴猶拔也郭云謂拔取菜以搴是拔之義史記曰斬將搴旗謂拔取敵人之旗也周爲關雎云參差荇菜左右芼之故云謂拔取菜毛傳云芼擇亦謂拔菜而擇典經也　威則也　釋曰周禮大宰之職掌建邦之六典鄭注云典常也經也也王謂之禮經常所秉以治天下也邦國官府謂之禮法常所守以爲法式也常者其上下通名郭云威儀可法則詩曰敬慎威儀維民之則　苛妎也　釋曰

說文云妎妬也郭云煩苛者介嫉妎言煩苛之人多嫉妬　芾小也　釋曰芾昜
木幹及葉之小者也召南云蔽芾甘棠此比於大木爲小也我行其野云蔽芾
其樗鄭箋云樗之蔽芾始生謂樗葉之始生形亦小也郭云芾者小貌
迷惑也　狃復也　釋曰小雅節南山云俾民不迷謂不惑也狃復習也郭云狃
忕復爲孫炎云狃忕前事復爲也說文云狃狎也忕習也鄭風云將叔無狃毛
傳云狃習也桓十三年左傳云莫敖狃於蒲騷之役杜注云狃忕也然則狃忕
皆貫習之義復亦貫習之意也　逼迫也　般還也　釋曰逼相急迫也般還反也
注左傳曰般馬之聲著襄十八年晉大夫邢伯告中行伯之辭也　班賦也
釋曰郭云謂布與桓六年左傳云諸侯之大夫戍齊齊人饋之餼使魯爲其班
聘禮記云肦肉及廋車班肦音義同左傳曰屬役賦丈　濟渡也濟成也濟益
也　釋曰郭云所以廣異訓各隨事爲義方言云過渡謂之涉濟彼注云猶今
云濟渡左傳曰濟河焚舟濟又爲成左傳曰以欲從人則可以人從欲鮮濟濟
又爲增益左傳曰　濟師於王　緡綸也　釋曰孫炎云皆繩名也郭云緡
繩也江東謂之綸注說曰維絲伊緡將召南何彼襛矣文　蠢蟊也　釋曰李
巡云訛沫蠶也郭云漉漉出涎沫鄭語云訓語有之曰夏之衰也褒人之神化

爲二龍以同于王庭而言曰余褒之二君夏后卜殺之與去之與止之莫吉卜請其漦而藏之吉韋昭云漦龍所吐沫龍之精氣也 寬綽也 釋曰孫炎云性之裕者郭云謂寬裕也皐陶謨云寬而栗 裦黻也 釋曰郭云裦衣有黻文小雅采菽云玄裦及黼裦必兼有黼黻詩但言及黼嫌於無黻故此釋之毛傳云玄裦卷龍也白與黑謂之黼鄭箋云玄裦玄衣而畫以卷龍也黼黼黻謂絺衣也諸公之服自裦冕而下 華皇也 釋曰草木之華 名皇樊光引詩云皇皇者華孫炎云皇皇猶煌煌郭云釋草曰皇華榮本引之以證皇亦華榮之名 昆後也 釋曰郭云謂先後方俗語大禹謨云官占惟先蔽志昆命于元龜 彌終也 釋曰郭云終竟也大雅生民云誕彌厥月言大矣后稷之在其母終人道十月而生也

爾雅疏卷第三

爾雅疏卷第四

翰林侍講學士朝請大夫守國子祭酒上柱國賜紫金魚袋臣邢昺等奉

勑校定

釋訓第三　釋親第四

釋訓第三

釋曰案釋詁云訓道也周禮地官有土訓誦訓鄭司農注云謂以遠方土地所生異物以告道王也後鄭云玄謂土訓能訓說土地善惡之勢誦訓能訓說四方所誦習及人所作爲久時事然則此篇以物之事義形貌告道人也故曰釋訓案此所釋多釋詩文故郭氏即以詩義解之

明明斤斤察也　釋曰舍人曰明明言其明甚孫炎曰明明性理之察也大雅常武云赫赫明明舍人曰斤斤物精詳之察也孫炎曰斤斤重愼之察也周頌執競云斤斤其明聰明鑒察也

條條秩秩智也　釋曰皆智思深長也小雅賓之初筵云左右秩秩言其威儀審智不失禮也

穆穆肅肅敬也　釋曰周頌雝篇云有來雝雝至止肅肅肅相維辟公天子穆穆此皆禘祭之時容儀謹敬也

諸諸便便辯也　釋曰皆言辭辯給也論語云便便言小雅采菽云平平左右毛傳云平平辯治也便

平古今字　肅肅翼翼恭也　釋曰皆恭敬也大雅思齊云肅肅在廟大明云
維此文王小心翼翼言文王及羣臣恭敬貌也　廱廱優優和也　釋曰大
雅思齊云雝雝在宮商頌長發云敷政優優此皆人君德政和樂也　兢兢憴
憴戒也　釋曰小雅小旻云戰戰兢兢大雅抑篇云子孫繩繩此皆小心戒慎
也憴繩音義同　戰戰蹌蹌動也　釋曰小旻云戰戰兢兢楚茨云濟濟蹌
蹌此皆恐動趨步威儀謹敬也　晏晏温温柔也　釋曰衛風氓篇云言笑晏
晏大雅抑篇云温温恭人此皆寛緩和柔也　業業翹翹危也　釋曰大雅召
旻云兢兢業業豳風鴟鴞云予室翹翹此皆懸危恐懼也　惴惴憢憢懼也
釋曰秦風黄鳥云惴惴其慄豳風鴟鴞云予維音嘵嘵此皆危恐戰懼也
番番矯矯勇也　釋曰大雅崧高云申伯番番魯頌泮水云矯矯虎臣此皆武
夫壯勇之貌　桓桓烈烈威也　釋曰皆威武嚴猛之貌周頌桓篇云桓桓武
王小雅黍苗云烈烈征師　洸洸赳赳武也　釋曰大雅江漢云武夫洸洸周
南兔罝云赳赳武夫此皆武夫果毅之貌左傳殺敵為果致果為毅　藹藹濟
濟止也　釋曰大雅卷阿云藹藹王多吉士小雅楚茨云濟濟蹌蹌此皆王
朝賢士盛多之容止也　悠悠洋洋思也　釋曰鄭風子衿云悠悠我思邶風

二子乘舟云中心養養此皆想念憂思也洋養音義同又中庸云齊明盛服以
承祭祀洋洋乎如在其上如在其左右鄭玄云洋洋人想思其傍僾之貌
蹶蹶踖踖敏也　釋曰唐風蟋蟀云良士蹶蹶小雅楚茨云執爨踖踖此皆便
速敏捷於事也　薨薨增增衆也　釋曰周南螽斯云螽斯羽薨薨兮魯頌閟
宮云烝烝徒增增此皆人物衆夥之貌楚人謂多爲夥　烝烝遂遂作也　釋曰
皆物盛興作之貌也魯頌泮水云烝烝皇皇　委委佗佗美也　釋曰李巡曰
皆寬容之美也孫炎曰委委行之美佗佗長之美詩鄘風君子偕老云委委佗
佗毛傳云委委者行可委曲從迹也佗佗者德平易也是皆佳麗美艷之貌也
恀恀惕惕愛也　釋曰李巡曰恀恀和適之愛也注詩云心焉惕惕者陳風防
有鵲巢文云韓詩以爲悅人故言愛也者燕人韓嬰爲詩作傳名曰韓詩以此
惕惕爲悅人故言愛也　偁偁格格舉也　釋曰皆謂舉持物也　蓁蓁孽
孽戴也　釋曰周南桃夭云其葉蓁蓁衞風碩人云庶姜孽孽此皆頭戴物婦
人盛飾貌　懕懕媞媞安也　釋曰秦風小戎云厭厭良人毛傳云厭厭安靜也
孫炎曰媞媞行步之安也魏風葛屨云好人提提毛傳云提提安諦謂行步安
舒而審諦也是皆好人安詳之容也　祁祁遲遲徐也　釋曰皆安徐也豳風

七月云春日遲遲采蘩祁祁　丕丕簡簡大也　釋曰書立政云以並受此丕丕基周頌執競云降福簡簡是皆多大之稱　存存萌萌在也　釋曰謂存在也易繫辭云成性存存萌萌字書作⿱萌心說文作蕄郭云未見所出　懋懋慔慔勉也　釋曰皆自勉強也書曰懋哉懋哉慔與慕同　庸庸慅慅勞也　釋曰皆劬勞也有功庸者皆勞也小雅巷伯云勞人草草毛傳云草草勞心也又陳風月出云勞心慅兮慅草音義同　赫赫躍躍迅也　釋曰孫炎云赫赫顯著之迅大雅常武云赫赫業業毛傳云赫赫然盛也何人斯云躍躍㲋兔是皆顯盛迅疾之貌　綽綽爰爰緩也　釋曰皆寬緩也小雅角弓云綽綽有裕毛傳云綽綽寬也王風兔爰云有兔爰爰毛傳云爰爰緩意郭云佊佊偁偁丕丕簡簡存存懋懋庸庸綽綽盡重語者言此數字單言之其義亦同但古人有重語者故復出之　坎坎墫墫喜也　釋曰皆鼓舞懽喜也小雅伐木云坎坎鼓我蹲蹲舞我鄭箋云為我擊鼓坎坎然為我興舞蹲蹲然謂以樂樂己也墫蹲音義同　瞿瞿休休儉也　釋曰李巡曰皆良士顧禮節之儉也唐風蟋蟀云良士瞿瞿毛傳云瞿瞿然顧禮義也又云良士休休毛傳云休休樂道之心皆良士節儉也　旭旭蹻蹻憍也　釋曰郭氏讀旭旭為好好小雅巷伯云

驕人好好鄭箋云好好者喜讒言之人也大雅板篇云小子蹻蹻毛傳云蹻蹻
驕貌是皆小人得志憍蹇之貌也　夢夢訰訰亂也　釋曰孫炎曰夢夢昏昏
之亂也大雅抑篇云視爾夢夢又曰誨爾諄諄是皆闇亂也訰諄音義同
懆懆邈邈悶也　釋曰懆懆煩悶也舍人曰邈邈憂悶也大雅抑篇云聽我藐
藐毛傳云藐藐然不入也是皆煩悶之謂也　儚儚洄洄惛也　釋曰皆迷亂
惽惑也郭音義云洄本作愇音韋　版版盪盪僻也　釋曰皆邪僻也李巡曰
版版失道之僻也蕩蕩者弗思之僻也大雅板篇云上帝板板毛傳云板板反
也上帝以稱王者也鄭箋云王爲政反先王與天之道又蕩篇云蕩蕩上帝鄭
箋云蕩蕩法度廢壞之貌版板盪蕩音義同　爞爞炎炎薰也　釋曰皆旱熱
之氣薰炙人也大雅雲漢云蘊隆蟲蟲毛傳云蘊蘊而暑隆隆而雷蟲蟲而熱
又云赫赫炎炎毛傳云赫赫氣也炎炎熱氣也爞蟲音義同　居居究究惡也
釋曰李巡曰居居不狎習之惡孫炎曰究究窮極人之惡唐風羔裘云羔裘豹
袪自我人居居又曰自我人究究毛傳曰居居懷惡不相親比之貌究究猶居
居也是皆相憎惡也　仇仇敖敖傲也　釋曰小雅正月云執我仇仇毛傳云
仇仇猶謷謷也鄭箋云王既得我執留我其禮待我謷謷然亦不問我在位

之功力言其有貪賢之名無用賢之實大雅板篇云我即爾謀聽我囂囂毛
傳云囂囂猶警警言也鄭箋云我就女而謀欲忠告以善道女反聽我言警警然
不肯受是皆傲慢賢者叛警囂音義同　佌佌瑣瑣小也　釋曰皆才器細陋
也小雅正月云佌佌彼有屋毛傳云佌佌小也鄭箋云此言小人富也舍人曰瑣
瑣計謀褊淺之貌節南山云瑣瑣姻亞鄭箋云瑣瑣婚姻妻黨之小人　悄悄
慘慘愠也　釋曰愠恨怒也皆賢人愁恨也邶風柏舟云憂心悄悄愠于羣小
毛傳云愠怒也悄悄憂貌李巡曰慘慘憂之愠大雅抑篇云我心慘慘毛傳云
慘慘憂不樂也　痯痯瘐瘐病也　釋曰小雅杕杜云四牡痯痯毛傳云痯痯
罷貌又大雅板篇云靡聖管管毛傳云管管無所依也小雅正月云憂心愈愈
毛傳云愈愈憂懼也此皆賢人失志懷憂病也　殷殷惸惸忉忉慱慱欽欽京
京忡忡惙惙怲怲弈弈憂也　釋曰小雅正月云憂心慇慇毛傳云慇慇然痛
也又云憂心惸惸毛傳云惸惸憂意也檜風羔裘云勞心忉忉鄭箋云三諫不
從待放而去思君如是心忉忉然又素冠云勞心慱慱毛傳云慱慱憂勞也秦
風云憂心欽欽毛傳云思望之心中欽欽然小雅正月云憂心京京毛傳云京
京憂不去也召南草蟲云未見君子憂心忡忡毛傳云忡忡猶衝衝也鄭箋

云未見君子者謂在塗時也在塗而憂憂不當君子無以寧父母故心衝衝然
又曰憂心惙惙毛傳云惙惙憂也小雅頍弁云憂心怲怲毛傳云怲怲憂盛滿
也又云憂心弈弈毛傳云弈弈然無所薄也此皆作者歌事以詠心憂也
畇畇田也　釋曰謂耕墾開辟土田畇畇然也小雅信南山云畇畇原隰毛傳
云畇畇墾辟貌　畟畟耜也　釋曰舍人曰畟畟耜入地之貌周頌良耜云畟
畟良耜俶載南畝毛傳云畟畟猶測測也鄭箋云良善也農人測測以利善之
耜熾菑是南畝也是言耜之嚴利也　郝郝耕也　釋曰謂耕地其土解散郝
郝然也周頌載芟云其耕澤澤鄭箋云土氣烝達而和耕之則澤澤然解散郝
郝澤澤並音釋其義亦同　繹繹生也　釋曰舍人云穀皆生之貌載芟云驛
驛其達毛傳云達射也鄭箋云達出地也是言其種調勻皆出地而生也繹與
驛音義同　穟穟苗也　釋曰大雅生民云禾役穟穟毛傳云役列也　穟穟
苗好美也是言茂好也　緜緜穮也　釋曰孫炎云緜緜言詳密也載芟云緜
緜其麃毛傳云麃耘也說文云穮耨鉏田也字林云穮耕禾間也是言芸耨精
也穮麃耘芸音義同　挃挃穫也　栗栗衆也　釋曰孫炎云挃挃穫聲也李巡
曰栗栗積聚之衆也良耜云穫之挃挃積之栗栗毛傳挃挃穫聲也栗栗衆多

也小爾雅云截穎謂之挃故郭云刈禾聲積聚緻也緻謂密也　溞溞淅也烰烰烝也　釋曰大雅生民云釋之叟叟烝之浮浮毛傳云釋淅米也叟叟聲也浮浮氣也鄭箋云釋之烝之以爲酒及簠簋之實故郭云洮米聲氣出盛也溞叟音異義同烰浮音義同　俅俅服也　釋曰周頌絲衣云載弁俅俅毛傳云俅俅恭順貌鄭箋云載猶戴也弁爵弁也爵弁而祭於王士服也故郭云謂戴弁服　峨峨祭也　釋曰大雅棫樸云奉璋峨峨毛傳云半圭曰璋峨峨盛壯也鄭箋云璋璋瓚也祭祀之禮王祼以圭瓚諸臣助之亞祼以璋瓚奉璋之儀峨峨然故郭云執圭璋助祭也　鍠鍠樂也　釋曰周頌執競云鍾鼓喤喤毛傳云喤喤和也鄭箋云武王既定天下祭祖考之廟奏樂而八音克諧字書云鍠鍠樂之聲也故郭云鍾鼓音喤鍠音義同

穰穰福也　釋曰執競云降福穰穰毛傳云穰穰衆也鄭箋云神與之福又衆大謂如嘏辭也是言得福饒多也　子子孫孫引無極也　釋曰子子孫孫小雅楚茨文也引無極也者作者所以釋之也舍人曰子孫長行美道引無極也郭云世世昌盛長無窮　顒顒卬卬君之德也　釋曰此道人君之顒望也顒顒卬卬大雅卷阿文也君之德也者作者釋之也案詩云顒顒卬卬如圭

如璋令聞令望毛傳云顒顒溫貌卬卬盛貌鄭箋云令善也王有賢臣與之以
禮義相切瑳體貌則顒顒然敬順志氣則卬卬然高朗如玉之圭璋也人聞之
則有善聲譽人望之則有善威儀德行相副 丁丁嚶嚶相切直也 釋曰直
猶正也小雅伐木云伐木丁丁鳥鳴嚶嚶鄭箋云昔日未居位在農之時與友
生於山巖伐木為勤苦之事猶以道德相切正也故郭云丁丁伐木聲嚶嚶兩
鳥鳴以喻朋友切磋相正 藹藹至服也 釋曰大雅卷阿云藹藹王多吉士
鄭箋云王之朝多善士藹藹然又云菶菶萋萋雝雝喈喈毛傳云梧桐盛也
鳳皇鳴也臣竭其力則地極其化天下和洽則鳳皇樂德鄭箋云菶菶萋萋
喻君德盛也雝雝喈喈喻民臣和協是臣下盡力民人協服也故郭云梧桐
茂賢士衆地極化臣竭忠鳳皇應德鳴相和百姓懷附興頌歌也 佻佻契契
愈遐急也 釋曰愈益也遐遠也謂賦役不均小國困竭賢人憂歎遠益急切
也小雅大東云糾糾葛屨可以履霜佻佻公子行彼周行毛傳云佻佻獨行貌公
子譚公子也鄭箋云葛屨夏屨也周行周之列位也言時財貨盡雖公子衣屨
不能順時乃夏之葛屨今以履霜送轉餫因見使行周之列位者而發幣焉言
雖困乏猶不得止又云契契寤歎哀我憚人毛傳云契契憂苦也鄭箋云今譚

大夫契契憂苦而寤歎哀其民人之勞苦是也　宴宴粲粲尼居息也　釋曰尼近也謂宴安盛飾近處優閑也小雅北山云或燕燕居息毛傳云燕燕安息貌又大東云東人之子職勞不來西人之子粲粲衣服毛傳云東人譚人也來勤也西人京師人也粲粲鮮盛也鄭箋云職主也東人勞苦而不見謂勤京師人衣服鮮絜而逸豫言王政偏甚也　哀哀悽悽懷報德也　釋曰懷思也悲苦征役思報父母之德也小雅蓼莪云哀哀父母生我劬勞鄭箋云哀哀者恨不得終養父母報其生長已之苦郭音云悽本或作萋出車云赫赫南仲薄伐西戎春日遲遲卉木萋萋是也言以此征役故思所生也所生謂父母　儦儦嘒嘒罹禍毒也　釋曰罹遭也小雅小弁云踧踧周道鞫為茂草毛傳云踧踧平易也周道周室之通道鞫窮也鄭箋云此喻幽王信褒姒之讒亂其德政使不通於四方又曰菀彼柳斯鳴蜩嘒嘒毛傳云蜩蟬也嘒嘒聲也鄭箋云柳木茂盛則多蟬案詩序云小弁刺幽王也大子之傅作焉毛傳云幽王取申女生大子宜咎又說褒姒生子伯服立以為后而放宜咎將殺之故郭云悼王道穢塞羨蟬鳴自得傷已失所遭讒賊儦踧並音狄　晏晏旦旦悔爽忒也　釋曰悔恨也爽忒差失也皆婦人恨夫棄已而行差失也衛風氓篇云總角

之宴言笑晏晏信誓旦旦毛傳云總角結髮也晏晏和柔也信誓旦旦然鄭
箋云我爲童女未笄結髮宴然之時女與我言笑晏晏然而和柔我其以信
相誓言旦旦耳言其懇惻款誠案詩序云衛刺時也宣公之時禮義消亡淫風大
行男女無别遂相奔誘華落色衰復相棄背或乃困而自悔喪其妃耦故序
其事以風焉故鄭云傷見絶棄恨 失也 皁皁琄琄刺素食也 釋曰素
空也刺無德而空食其禄也舍人曰皁皁不治之貌大雅召旻云皁皁訿訿
曾不知其玷毛傳云皁皁頑不知其道也鄭箋云玷缺也王政已大壞小人在
位曾不知大道之缺某氏云鞙鞙無德而佩小雅大東云鞙鞙佩璲不以其長
毛傳云鞙鞙玉皃璲瑞也鄭箋云佩璲者以瑞玉爲佩佩之鞙鞙然居其官職
非其才之所長也徒美其佩而無其德刺其素飱是也郭云譏無功德尸寵禄
也者案鄭注禮記云尸謂不知人事無辭讓也以其尸者神象居位不言但受
祭享小人在位亦無言而受寵禄有似於尸故云尸寵禄也琄鞙音義同
懽懽愮愮憂無告也 釋曰謂賢者憂懼無所告訴也大雅板篇云老夫灌灌
毛傳云灌灌猶欵欵也鄭箋云老夫諫女欵欵然王風云中心摇摇毛傳云摇
摇憂無所愬懽灌愮摇音義同 憲憲洩洩制法也 釋曰李巡曰皆惡黨

爲制法則也孫炎曰厲王方虐諂臣並爲制作法令大雅板篇云天之方難無然憲憲天之方蹶無然泄泄毛傳云憲憲猶欣欣也蹶動也泄泄猶沓沓也鄭箋云天斥王也王方欲艱難天下之民又方變更先王之道臣乎女無憲憲然無沓沓然爲之制法度達其意以成其惡皆是佐興虐政設教令也 謔謔謞謞崇讒慝也 釋曰崇增也讒譖也慝惡也言樂禍助虐增譖惡也舍人曰謔謔謞謞皆盛烈貌孫炎曰厲王暴虐大臣謔謔謞謞然盛以興讒惡也大雅板篇云天之方虐無然謔謔毛傳云謔謔然喜樂鄭箋云王方爲酷虐之政女無謔謔然以讒慝助之又曰多將熇熇不可救藥毛傳云熇熇然熾盛也鄭箋云多行熇熇慘毒之惡誰能止其禍是也謞熇音義同 翕翕訿訿莫供職也 釋曰言賢者陵替姦黨熾盛背公恤私曠其職事無肯供職也小雅小旻云潝潝訿訿亦孔之哀毛傳云潝潝然患其上訿訿然思不稱乎上鄭箋云臣不事君亂之階也甚可哀也又大雅召旻云皋皋訿訿毛傳云訿訿窳不共事也故郭云賢者陵替姦黨熾盛背公恤私曠職事說文云窳嬾也草木皆自竪立惟瓜瓠之屬臥而不起似若嬾人常臥室故字從宀音眠 速速蹙蹙惟逑鞫也 釋曰惟念也逑急迫也鞫窮也言鄙陋小人專據爵祿國土侵削致賢云永哀

念其窮迫也小雅正月云蔌蔌方有穀毛傳云蔌蔌陋也鄭箋云穀祿也此言小人富而窶陋將貴也又節南山云蹙蹙靡所騁毛傳云騁極也鄭箋云蹙蹙小之皃我視四方土地日見侵削於夷狄蹙蹙然雖欲馳騁無所之也速蔌音義同　抑抑密也秩秩清也　釋曰言威儀審諦德音清明也舍人曰威儀密靜也大雅假樂云威儀抑抑德音秩秩鄭箋云成王立朝之威儀致密無所失教令又清明天下皆樂仰之　甹夆掣曳也　釋曰孫炎曰謂相掣曳入於惡也郭云謂牽拕周頌小毖嗣王求助也云莫予荓蜂毛傳云荓蜂摩曳也鄭箋云羣臣小人無敢我摩曳謂為譎詐誑欺不可信也然則掣曳者從旁牽挽之言是挽離正道使就邪僻荓甹夆蜂掣摩音義同　朔北方也　釋曰舍人曰朔盡也北方萬物盡故言朔也李巡曰萬物盡於北方小雅出車云城彼朔方毛傳云朔方北方也但北方大名皆言朔方堯典云宅朔方郭云謂幽朔　不俟不來也　釋曰俟待也既云不待是不來也故郭云不可待是不復來　不遹不蹟也　釋曰遹循也蹟軌跡也謂不循道者曰不蹟郭云言不循軌跡也小雅沔水云念彼不蹟毛傳云不蹟不循道也是也　不徹不道也　釋曰小雅十月云天命不徹毛傳云徹道也鄭箋云不道者言王不循天之政教是也

勿念勿忘也　釋曰勿念念也念即不忘也若大雅文王篇云無念爾祖是也
萲諼忘也注義見伯兮考盤詩　釋曰衛風伯兮云焉得諼草毛傳云諼草令
人忘憂又考槃云永矢弗諼是也伯兮篇本或作萲草　每有雖也　釋曰小
雅常棣云每有良朋況也永嘆毛傳云況茲永長也箋云每有雖也良善也當
急難之時雖有善同門來茲對之長嘆而已郭云辭之雖也者言爲語辭之雖
無佗義也　饎酒食也　釋曰小雅天保云吉蠲爲饎毛傳云吉善蠲絜也饎
酒食也郭云猶今云饎饌皆一語而兼通者言饎之一字兼通酒食兩名也李
巡曰得酒食則喜歡也　舞號雩也　釋曰孫炎云雩之祭有舞有號左傳云
龍見而雩服杜皆云雩之言遠也遠謂百穀祈膏雨月令仲夏云大雩帝鄭注
云雩吁嗟求雨之祭也郭云雩之祭舞者吁嗟而請雨是同鄭説也　暨不及
也注公羊至得及　釋曰案春秋隱元年三月公及邾婁儀父盟于眛公羊傳
曰及者何與也會及暨皆與也曷爲或言會或言及或言暨會猶最也及猶汲
汲也暨猶暨暨也及我欲之暨不得已也然則暨者非我欲之事不獲已而爲
會者也故云不及也　蠢不遜也　釋曰蠢動也遜順也言蠢動爲惡不謙遜
也小雅采芑云蠢爾蠻荊大邦爲讎是也　如切至忘也　釋曰此舉衛風淇奧篇

文以釋之也云如切如磋者詩文也云道學也者作者以釋詩也道言也言道
之學以成德如切磋骨象以成器毛傳云治骨曰切象曰磋道其學而成也故
郭云骨象須切磋而為器又須學問以成德云如琢如磨者詩文也云自脩也
者釋之也言人自脩飾如琢磨玉石毛傳云治玉曰琢石曰磨聽其規諫以自
脩如玉石之見琢磨郭云玉石之被雕磨猶人自脩飾云瑟兮僩兮者詩文也
恂慄也者釋之也謂嚴恂戰慄也故郭云恂戰竦毛傳云瑟矜莊貌僩寬大也
是外貌莊嚴內心寬裕也云赫兮烜兮者詩文也威儀也者釋之也言赫烜者
容儀發揚之言故言威儀也毛傳云赫有明德赫赫然咺威儀容止宣著也故
郭云貌光宣云有斐君子終不可諼兮者詩文也云道盛德至善民之不能忘
也者釋之也毛傳云斐文章貌諼忘也此道有斐然文章之君子盛德至善如
此故民稱之常思詠終不能忘也案詩稱君子謂武公 既微且尰 釋曰
云既微且尰者小雅巧言文也云骭瘍為微腫足為尰者釋之也孫炎曰皆水
溼之疾也郭云骭脚脛也瘍創也然則膝脛之下有瘡腫是涉水所為故鄭箋
亦云此人居下溼之地故生微尰之疾詩云居河之麋是居下溼也 是刈是
濩濩煑之也 釋曰云是刈是濩者周南葛覃文也云濩煑之也者釋之也舍

人曰是刈刈取之是濩煑治之郭云煑葛為絺綌以煑之於濩故曰濩煑非
訓濩為煑以彼下云為絺為綌故知煑葛為絺綌也毛傳云精曰絺麤曰綌
履帝武敏武迹也敏拇也 釋曰云履帝武敏者大雅生民文也云武迹也敏
拇也者釋之也郭云拇迹大指處鄭箋詩云祀郊禖之時時則有大神之迹姜
嫄履之足不能滿履其拇指之處於是遂有身而生后稷是其事也 張仲至
為友 釋曰云張仲孝友者小雅六月文也云善父母為孝善兄弟為友者釋
之也李巡云張姓仲字其父孝故稱孝友毛傳云張仲賢臣也鄭箋云張仲吉
甫之友其性孝友以詩序云六月宣王北伐也故郭云周宣王時賢臣 有客
至四宿也 釋曰云有客宿宿有客信信者周頌有客文也云言再宿也言四
宿也者釋之也毛傳云一宿曰宿再宿曰信各重言之故知再宿及四宿也
美女為媛 釋曰詩鄘風君子偕老云展如之人兮邦之媛也故此釋之郭云
所以結好媛孫炎曰君子之援助然則由有美可以援助君子故云美女為媛
美士為彥 釋曰鄭風羔裘云彼其之子邦之彥兮故此釋之也毛傳云彥士
之美稱郭云人所彥詠 舍人曰國有美士為人所言道 其虛其徐威儀容止
也 釋曰云其虛其徐邶風北風文也威儀容止也者釋之也郭云雍容都雅

之貌孫炎云虛徐威儀謙退也然則虛徐者謙虛閑徐之義故鄭箋云威儀
虛徐寬仁者也詩作其邪此作其徐字雖異音實同故鄭箋云邪讀如徐
猗嗟名兮目上爲名　釋曰云猗嗟名兮者齊風猗嗟文也云目上爲名者釋
之也孫炎云上平博郭云眉眼之閒　式微至者也　釋曰云式微式微者邶
風式微文也云微乎微者也釋之也郭云言至微鄭箋云式發聲也案詩序云
式微黎侯寓于衞其臣勸以歸也然則以君被逐既微又見卑賤是至微也不
取式爲義故鄭云發聲也　之子者是子也　釋曰詩言之子者多矣故此釋
之李巡云之子者論五方人言是子也然則之爲語助人言之子者猶云是此
子也桃夭傳云嫁子彼說嫁事爲嫁者之子漢廣之子則貞絜者之子東山之
子言其妻白華之子斥幽王各隨其事而名之故郭云斥所詠　徒御不驚輦
者也　釋曰云徒御不驚者小雅車攻文也云輦者也者釋之也此上解徒字
也諸徒皆爲徒行此獨爲輦是以辨之地官鄉師云大軍旅會同治其輦注云
輦人輓行所以載任器也立以爲蕃營司馬法輦有一斧一斤一鑿一梩周輦
加二板二築夏后氏二十人而輦殷十八人而輦周十五人而輦是會同田獵
人輓輦以徒行也故郭云步挽輦車　襢裼至搏也　釋曰鄭風大叔于田云

襢裼暴虎故此釋之毛傳云襢裼肉袒也李巡曰襢裼脫衣見體曰肉袒孫炎
曰袒去裼衣郭云脫衣而見體毛傳又云暴虎空手以搏之舍人曰無兵空手
搏之然則徒空也故郭云空手執也　馮河徒涉也　釋曰小雅小旻云不敢馮
河故此釋之也李巡曰無舟而渡水曰徒涉郭云無舟楫毛傳云馮陵也然則
空涉水陵波而渡故訓馮爲陵也　籧篨口柔也　釋曰邶風新臺云籧篨
不鮮又曰得此戚施故此釋之也毛傳云籧篨不能俯者戚施不能仰者李巡
曰籧篨巧言好辭以口饒人是謂口柔戚施和顏悅色以誘人是謂面柔但籧
篨戚施本人疾之名故晉語云籧篨不可使俯戚施不可使仰是也人口柔者
必仰面觀人之顏色而爲辭似籧篨不俯之人因名口柔者爲籧篨面柔者必
低首下人媚以容色似戚施之人因名面柔者爲戚施故郭云籧篨之疾不能
俯口柔之人視人顏色常亦不伏因以名云　夸毗體柔也　釋曰大雅板篇
云無爲夸毗故此釋之也毛傳云夸毗以體柔人也李巡曰屈己卑身求得於
人曰體柔然則夸毗者便僻其足前却爲恭以形體順從於人故郭云屈己卑
身以柔順人也　婆娑舞也　釋曰陳風東門之枌云婆娑其下故此釋之李
巡曰婆娑盤辟舞也郭云舞者之容孫炎曰舞者之容婆娑然則婆娑舞者之

狀貌也　擗拊心也　釋曰邶風柏舟〻云寤擗有摽擗謂拊心也郭〻云謂椎胸也
矜憐撫掩之也　釋曰撫掩猶撫拍謂慰恤也小雅鴻鴈〻云爰及矜人　緎羔裘
之縫也　釋曰召南羔裘〻云羔裘之革素絲五緎故此解之也孫炎曰緎之爲
界緎然則縫合羔羊皮爲裘縫即皮之界緎因名裘縫爲緎故郭〻云縫飾羔
皮之名　殿屎呻也　釋曰大雅板〻云民之方殿屎毛傳〻云殿屎呻吟也是用此
爲說郭〻云呻吟之聲耳孫炎〻云人愁苦呻吟之聲也　幬謂之帳　釋曰帳一名幬
召南小星〻云抱衾與裯鄭箋〻云幬牀帳也郭〻云今江東亦謂帳爲幬幬與裯音
義同　侜張誑也　釋曰陳風防有鵲巢〻云誰侜予美毛傳〻云侜張誑也鄭箋
云女衆讒人誰侜張誑欺我所美之人乎郭〻云書曰無或侜張爲幻者周書無
逸篇文也引之者以證侜張謂幻惑欺誑人者　誰昔昔也　釋曰陳風墓門
云誰昔然矣毛傳〻云昔久也郭〻云誰發語辭與毛同也　不辰不時也　釋曰辰
亦時也不辰者言不得其時也大雅桑柔〻云我生不辰逢天僤怒是也　凡曲
者爲罶　釋曰曲簿也凡以簿取魚爲罶郭〻云毛詩傳曰罶曲梁也者小雅魚
麗篇傳文也云凡以簿爲魚笱者名爲罶者即釋器〻云嫠婦之笱謂之罶也
鬼之爲言歸也　釋曰人死爲鬼小雅何人斯〻云爲鬼爲蜮周禮曰享大鬼謂

之鬼者鬼猶歸也若歸去然故尸子曰古者謂死人爲歸人

釋親第四

釋曰案禮記大傳云聖人南面而聽天下所且先者五民不與焉一曰治親蒼頡曰親愛也近也然則親者恩愛狎近不疏遠之稱也書曰克明俊德以親九族喪服小記曰親親以三爲五以五爲九上殺下殺旁殺而親畢矣以九族之親其名謂非一此篇釋之故曰釋親　父爲至宗族　釋曰此别同宗親族白虎通曰父矩也以度敎子也又爲考考成也言有成德廣雅云母牧也言育養子也又爲妣妣媲也媲匹於父廣雅又云兄況也況於父又謂之晜弟悌也言順於兄子孜也以孝事父常孜々也孫順也順於祖男任也任家事也女如也曰虎通曰言如人也徐鍇曰女子從父之敎從夫之命故曰如姑故也言尊如故也又謂之威徐鍇曰土盛於戌土陰之主也故字從戌漢律曰婦告威姑是也姊咨也以其先生言可咨問說文云妹女弟也又謂之媦妾接也鄭注禮記云聞彼有禮走而往焉以得接見於君子也庶母者父之妾也此皆同宗之族也白虎通云宗者何謂也宗者尊也爲先祖主也宗人之所尊也禮記曰宗人將有事族人皆侍侍所以必有宗何也所以長和睦也族者何也族者湊也

也謂恩愛相流湊也生相親愛死相哀痛有會聚之道故謂之族也　注禮
記至例也　釋曰云禮記曰生曰父母妻死曰考妣嬪者曲禮下篇文也云今
世學者從之者謂從禮記以父母妻爲生之稱以考妣嬪爲死之稱彼乃記者
一家之説爾學者膠柱遂爲生死定稱非也故郭氏引諸文以證之云尚書
曰大傷厥考心康誥文也云事厥考厥長聰聽祖考之彝訓者皆酒誥文
也云如喪考妣者舜典文也此皆生稱考妣也云公羊傳曰惠公者何隱之考
也仲子者何桓之母也者隱元年傳文也此即死稱母也云蒼頡篇曰考妣延
年者此亦生稱考妣也云書曰嬪于虞者堯典文也云詩曰曰嬪于京大雅大
明篇文也云周禮有九嬪之官者屬天官掌婦學之法者也此皆生稱嬪者也
云明此非死生之異稱矣者所以破先儒之説也云其義猶今謂兄爲㒄妹爲
媦即是此例也者舉類以曉人也　注從祖而別世統異故　釋曰解所以稱從
之理也從祖而別繼世分宗其統各異故曰從祖　注世有爲嫡者嗣世統故
也　釋曰解所以稱世之義也繼世以嫡長先生於父則繼世者也故曰世父説
文叔作尗許愼曰從上小言尊行之小也　注同姓之親無服屬　釋曰禮記
大傳云親者屬也鄭注云有親者服各以其屬親疏此經言親同姓者謂五世

之外比諸同姓猶親但無服屬爾　注孫猶後也　釋曰言繼後嗣也廣雅云
孫順也許慎云從子從系系續也言順續也言順續先祖之後也　注玄者言
親屬微昧也　釋曰玄者緅緇之間色色之微昧者也親屬微昧故曰玄孫
注昆弟後也汲冢竹書曰不窋之昆孫　釋曰昆弟後也釋言文束晳傳曰太康元
年汲郡民盜發魏安釐王冢得竹書漆字科斗之文科斗文者周時古文也其
字頭麤尾細似科斗之蟲故俗名之焉不窋后稷之子也昆孫謂毀揄　母之
至母黨　釋曰此一節别母之族黨也黨是鄉之細也此外族屬母若黨之屬
鄉故云母黨云舅者孫炎云舅之言舊尊長之稱詩秦風云我送舅氏曰至渭
陽是也　妻之至妻黨　釋曰此一節别妻之親黨也内則云聘則爲妻白虎
通云妻者齊也與夫齊體自天子下至庶人其義一也　注孟子曰帝館甥于二
室　釋曰孟子云舜尚見帝帝館甥于貳室亦饗舜迭爲賓主是天子而友匹
夫也彼注云尚上也舜在畎畝之時堯友禮之舜上見堯舍之於貳室貳室副
宮也堯亦就饗舜之所設更迭爲賓主禮記妻父曰外舅謂我舅者吾謂之甥
堯以女妻舜故謂堯甥卒與之天位是天子之友匹夫也　注四人至依次
釋曰四人謂姑之子舅之子妻之昆弟姊妹之夫也此四人尊卑體敵更相爲

甥云甥猶生也者取相親之意也　注詩曰邢侯之姨譚公維私　釋曰皆衛
風碩人篇文也孫炎曰私無正親之言然則謂吾姨者我謂之私邢侯譚公皆
莊姜姊妹之夫互言之耳春秋譚子奔莒則譚是子爵言公者蓋依臣子稱之
文耳　注公羊傳曰蓋舅出　釋曰案春秋襄五年夏叔孫豹鄫世子巫如晉
公羊傳曰外相如不書此何以書爲叔孫豹率而與之俱也叔孫豹則曷爲率
而與之俱蓋舅出也何休云巫者鄫前夫人襄公母姊夫之子也俱莒外孫
故曰舅出是也　注左傳曰姪其從姑　釋曰案僖十五年傳云初晉獻公筮
嫁伯姬於秦遇歸妹之睽史蘇占之曰不吉其繇曰姪其從姑杜注云震爲
木離爲火火從木生離爲震妹於火爲姑謂我姪者我謂之姑謂子圉質
秦是也　注公羊至弟也　釋曰春秋莊十九年秋公子結媵陳人之婦于鄄
遂及齊侯宋公盟公羊傳曰媵者何諸侯娶一國則二國往媵之以姪娣從姪
者何兄之子也娣者何弟也諸侯壹聘九女諸侯不再娶何休云必以姪娣從
之者欲使一人有子二人喜也所以防嫉妬令重繼嗣也因以備尊尊親親也
九者極陽數也不再娶者所以節人情開媵路　注猶今言新婦是也　釋曰
儀禮喪服傳云夫之昆弟何以無服也其夫屬乎父道者妻皆母道也其夫屬

乎子道者妻皆婦道也謂弟之妻婦者是嫂亦可謂之母乎故名者人治之
大者也可無慎乎鄭注云道猶行也言婦人棄姓無常秩嫁於父行則爲母行
嫁於子行則爲婦行謂弟之妻爲婦者卑遠之故謂之婦嫂者尊嚴之稱是
嫂亦可謂之母乎嫂猶叟也叟老人稱也是爲序男女之別爾若己以母婦之
服服兄弟之妻兄弟之妻以舅子之服服己則是亂昭穆之序也治猶理也父
母兄弟夫婦之理人倫之大者可不慎乎大傳曰同姓從宗合族屬異姓主名
治際會名著而男女有別是別嫂婦之名也郭云猶今言新婦者以時驗而知
也至今猶然　注今相呼先後或云妯娌　釋曰廣雅云娣姒妯娌娣姒先後
也世人多疑娣姒之名皆以爲兄妻呼弟妻爲娣弟妻呼兄妻爲姒因即惑
於斯文不知何以爲說今謂母婦之號隨夫尊卑娣姒之名從身長幼以其俱
來夫族其夫班秩既同尊卑無以相加遂從身之少長喪服小功章曰娣姒婦
報傳曰娣姒婦者弟長也以弟長解娣姒言娣是弟姒是長也公羊傳亦爲娣
者何弟也是其以弟解娣自然以長解姒長謂身之年長非夫之年長也此云
長婦謂稚婦爲娣婦娣婦謂長婦爲姒婦者止言婦之長稚不言夫之大小
左傳成十一年穆姜謂聲伯之母爲姒昭二十八年傳叔向之嫂謂叔向之妻

爲娰二者皆呼夫弟之妻爲娰豈計夫之長幼乎上云女子同出謂先生爲娰後生爲娣郭注云同出謂俱嫁事一夫也事一夫者以己生先後爲娣娰則知娣娰以己之年非夫之年也故賈逵鄭玄及杜預皆云兄弟之妻相謂爲娰言兩人相謂謂長者爲娰知娣娰之名不計大之長幼也　婦稱至婚姻　釋曰此別夫婦婚姻之名也說文云婦服也從女持帚灑埽也白虎通云夫婦者何謂也夫者扶也以道扶接婦者服也以禮屈服謂之舅姑者何舅者舊也姑者故也舊故老人稱也夫之父母謂舅姑何尊如父而非父者舅也親如母而非母者姑也鄭注喪服傳云女子子者子女也別於男子也說文云壻女之夫也從士從胥胥聞一知十爲士胥者有才知之稱故謂女之夫爲壻廣雅云壻謂之倩方言云東齊之間壻謂之倩白虎通云婚姻者何謂昏時行禮故曰婚婦人因夫而成故曰姻　注國語曰吾聞之先姑　釋曰魯語季康子問於公父文伯之母曰主亦有以語肥也對曰吾能老而已何以語子康子曰雖然肥願有聞於主對曰吾聞諸先姑曰君子能勞後世有繼子夏聞之曰善哉商聞之曰古之嫁者不及舅姑謂之不幸夫婦學於舅姑者也是矣　注詩曰瑣瑣姻亞　釋曰小雅節南山文也劉熙釋名云兩壻相謂爲亞者言每一人取姊一人取妹相亞

次也又並來女氏則姊夫在前妹夫在後亦相亞也　注古者皆謂婚姻爲兄弟　釋曰禮記曾子問曰昏禮既納幣有吉日女之父母死則如之何孔子曰壻使人弔如壻之父母死則女之家亦使人弔鄭注云必使人弔者未成兄弟又云父喪稱父母喪稱母父母不在則稱伯父世母壻已葬壻之伯父致命女氏曰某之子有父母之喪不得嗣爲兄弟使某致命女氏許諾而弗敢嫁禮也是古者謂昏姻爲兄弟以夫婦有兄弟之義或據壻於妻之父母有緦服故得謂之兄弟也　注書曰嬪于虞　釋曰案堯典君臣共舉舜於帝帝曰我其試哉女于時觀厥刑于二女釐降二女于嬀汭嬪于虞孔安國注云降下嬪婦也舜爲匹夫能以義理下帝女之心於所居嬀水之汭使行婦道於虞氏是也

爾雅疏卷第四

爾雅䟽卷第五

翰林侍講學士朝請大夫守國子祭酒上柱國賜紫金魚袋臣邢昺[illegible]

勑校定

釋宮第五　　釋器第六

釋樂第七

釋宮第五

釋曰易繫辭云上古穴居而野處後世聖人易之以宮室上棟下宇以待風雨蓋取諸大壯此其始也白虎通云黄帝作宮室世本曰禹作宮室其臺榭樓閣之異門墉行步之名皆自於宮故以釋宮揔之也　宮謂之室室謂之宮　釋曰別二名也郭云皆所以通古今之異語明同實而兩名釋名云宮穹也言屋見於垣上穹崇然也室實也言人物實滿於其中也是所從言之異耳詩云作于楚宮又曰入此室處是也古者貴賤所居皆得稱宮故禮記曰由命士以上父子皆異宮又喪服傳繼父爲其妻前夫之子築宮廟是士庶人皆有宮稱也至秦漢以來乃定爲至尊所居之稱　牖户至之家　釋曰牖者户西窓也此牖東户西爲牖户之間其處名扆云其内者其扆内也自此扆内即謂之家說

文云家居也禮記云已受命君言不宿於家郭云今人稱家義出於此言其稱家之義本出於此也　注禮云至名之　釋曰云禮云斧扆者案覲禮云天子設斧依於戶牖之間左右几鄭注云依如今綈素屏風也有繡斧文所以示威也斧謂之黼是也云以其所在處名之者言本牖戶之間名扆覲禮天子設屏風之狀於牖戶之間因名此屏風為扆是以其在扆處即名之曰扆也　東西牆謂之序　釋曰此謂室前堂上東廂西廂之牆也所以次序分別內外親疏故謂之序也尚書顧命云西序東嚮敷重底席東序西嚮敷重豐席及禮經每云東序西序者皆謂此也　西南至之奧　釋曰此別室中四隅之異名也云奧者孫炎云室中隱奧之處也古者為室戶不當中而近東則西南隅最為深隱故謂之奧而祭祀及尊者常處焉曲禮云凡為人子者居不主奧是也西北隅名屋漏東北隅名宧東南隅名窔窔亦隱闇之義也宧與奧相類故郭云亦也　注詩曰至未詳　釋曰云詩曰尚不媿於屋漏者大雅抑篇文也鄭箋云尚無肅敬之心不慙媿於屋漏有神見人之為也屋小帳也漏隱也禮祭於奧既畢改設饌於西北隅而厞隱之處此祭之末也孫炎云屋漏者當室之白日光所漏入郭云其義未詳者以孫鄭之說皆無所據故不取也　注官見禮亦

未詳　釋曰李巡云東北者陽始起育養萬物故曰宧宧養也說文亦云郭云亦未詳者以頤養之字作頤又室中四隅無取陰陽之義與屋漏意同故云亦未詳也　注禮曰埽室聚窔　釋曰案既夕記云朔月童子執帚卻之左手奉之從徹者而入比奠舉席埽室聚諸窔布席如初卒奠埽者執帚垂末內鬣從執燭者而東是其事也　柣謂至之戹　釋曰此別門戶上下及兩旁之木名也柣者孫炎云門限也經傳諸注皆以閾為門限謂門下橫木為內外之限也俗謂之地柣一名閾曲禮云不履閾是也棖者門兩旁長木一名楔李巡曰棖謂梱上兩旁木禮記玉藻云君入門士介拂棖鄭注云棖門楔也楣即梁也呂伯雍云門樞之橫梁也郭云門戶上橫梁鄉射記云堂則物當楣是也樞者門扉開闔之所由也一名椳易曰樞機之發是也其持樞之木或達北檼以為牢固者名落時檼即棟也落時又名戹是持樞一木有此二名也　垝謂至之垔　釋曰此別宮室垣墉及脩飾之名也坫者堂角也一名垝牆者室之防也一名墉李巡曰謂垣牆也郊特牲曰君南鄉於北墉下注云社內北牆是也亦為城王制注云小城曰附庸大雅皇矣云以伐崇墉義得兩通也鏝者泥鏝也一名杇塗工之作具也論語曰糞土之牆不可杇是也椹者斫木所用以藉

者之木名也一名榩孫炎云斵木質也詩商頌云方斵是虔是也又名櫍穀梁傳曰褭纏櫍以爲臬者是也以黑飾地謂之黝以白飾牆謂之堊周禮守祧職云其祧則守祧黝堊之是也　注在堂隅坫端也　釋曰坫名見於經傳者有三案禮記明堂位云反坫出尊崇坫亢圭及論語邦君爲兩君之好有反坫此二者在兩楹之間以土爲之非此經所謂也案既夕記云設棜于東堂下南順齊于坫士冠禮云爵弁皮弁緇布冠各一匴執以待于西坫南則此經所謂也鄭注云坫在堂角然則堂之東南角爲東坫西南角爲西坫故郭云在堂隅坫端也端則端也言坫是堂角端也　注書曰既勤垣墉　釋曰此周書梓材篇文也案彼云若作室家既勤垣墉惟其塗塈茨孔傳云如人爲室家已勤立垣墉惟其當塗塈茨蓋之此喻教化也　樴謂至之閣　釋曰此別杙所在長短之名也杙即橛也一名樴置杙在牆者名楎在地及門中者名臬玉藻云公事自闑西私事自闑東是也大者名栱長者名閣也　注禮記曰不敢縣於夫之楎椸　釋曰此内則文也鄭注云竿謂之椸楎杙也　闍謂至之榭　釋曰別臺榭之制也積土四方而高者名臺即下云四方而高者也一名闍李巡云積土爲之所以觀望詩云出其闉闍彼以闍爲城臺於此臺上有木起屋者名榭月

令仲夏云可以處臺榭謂此也　雞棲至爲塒　釋曰李巡曰別雞所棲之名
也弋橜也鑿垣牆爲雞作棲曰塒　注今寒至見詩　釋曰云今寒鄉穿牆棲雞
者謂苦寒之鄉也避寒故穿牆以棲雞云皆見詩者案王風君子于役云雞棲
于塒又曰雞棲于桀是也　植謂之傳傳謂之突　釋曰植謂戶之維持鏁者
也植木爲之因名云又名傳又名突也文見埤蒼　宋廇至之樀　釋曰此別
梁柱棟檼之名也梁即屋大梁也一名宋廇欐柱也其梁上短柱名棳禮器云
藻棁者謂畫梁上柱爲藻文也一名侏儒柱以其短小故也閞者柱上木名也
又謂之楶又名欂亦名枅字林云枅柱上方木是也又曰楷是一物五名也栭
一名楶即櫨也皆謂斗栱也禮器云管仲山節者謂刻柱頭爲斗栱形如山
也棟屋檼也一名桴今屋脊也易曰棟隆吉是也桷屋椽也一名榱呂忱云齊
魯名桷周人名榱易曰鴻漸于木或得其桷左傳子產曰棟折榱崩僑將厭
焉是也屋椽長直而遂達五架屋際者名閱郭云謂五架屋際椽正相當者其
椽直不上於檐者名交言相交於檼上也郭云謂五架屋際椽不直上檐交於
檼上屋檐一名樀一名屋梠又名宇皆屋之四垂也故士喪禮曰爲銘置于
宇西階上鄭注云宇梠是也　容謂之防　釋曰容者射禮唱獲者蔽身之

物也一名防言所以容身防矢也一名乏鄉射禮云乏三侯道居侯黨之一西五步鄭注云容謂之乏所以為獲者御矢也謂之乏者言矢至此力乏也郭云形如今牀頭小曲屏風唱射者所以自防隱見周禮者案夏官射人職云以射灋治射儀王以六耦射三侯三獲三容鄭司農云容者乏也待獲者所蔽也是矣　連謂之簃　釋曰簃樓閣邊相連小屋名也郭云堂樓閣邊小屋今呼之簃廚連觀也　屋上薄謂之筄　釋曰屋上薄一名筄今謂之屋笮也

兩階間至屏謂之樹　釋曰此別君臣之位處也人君南面鄉明而治其位在兩階間因名云也云中庭之左右謂之位者左右猶東西也位君臣之列位也案明堂位云三公中階之前北面東上諸侯之位阼階之東西面北上諸伯之國西階之西東面北上諸子之國門東北面東上諸男之國門西北面東上是也云門屏之間謂之宁者謂路門之外屏樹之內人君視朝宁立之處因名為宁李巡云正門內兩塾間曰宁曲禮曰天子當宁而立諸公東面諸侯西面曰朝是也云屏謂之樹者屏蔽也樹立也立牆當門以自蔽也李巡曰垣當門自蔽名曰樹郭云小牆當門中禮緯云天子外屏諸侯內屏郊特牲云旅樹鄭注云旅道也屏謂之樹樹所以蔽行道以此推之則諸侯內屏在路門之內天子

外屏在路門之外而近應門者矣　閍謂至謂之閎　釋曰此別門闕之異名也李巡曰閍廟門名其路門之外受朝正門一名應門應門之外門曰雉門雉門之旁名觀又名闕宮中相通小門名闈闈之小者名閨閨之小者名閤衖頭之門名閎門側之堂夾門東西者名塾門中之橛名闑一名閫閫門扇也一名扉於門辟旁樹長橛所以止扉者名閣　注詩曰祝祭於祊　釋曰小雅楚茨篇文也案祊本廟門之名設祭於廟門因名其祭亦名祊凡祊有二種一是正祭之時既設於廟又求神於廟門之內郊特牲云索祭祝于祊及詩云祝祭于祊注云祊平生門內之旁待賓客之處與祭同日也二是明日繹祭之時設饌於廟門外西室亦謂之祊即郊特牲注云祊之禮宜於廟門外之西室及禮器云為祊乎外是也然則廟門內外皆有祊稱　注朝門　釋曰案詩大雅云迺立皐門皐門有伉迺立應門應門將將　鄭箋云諸侯之宮外門曰皐門朝門曰應門內有路門天子之宮加以庫雉案鄭玄注周禮秋官朝士職王五門皐庫雉應路也又曰天子諸侯皆有三朝外朝一內朝二其天子外朝一者在皐門之內庫門之外大詢衆庶之朝也朝士掌之內朝二者正朝在路門外司士掌之燕朝在路門內大僕掌之諸侯之外朝一者在皐門內應門外內朝二者亦

在路寢門之外內以正朝在應門內故謂應門爲朝門也 注宮門雙闕 釋
曰周禮大宰正月之吉縣治象之法于象魏使萬民觀治象鄭衆云象魏闕
也劉熙釋名云闕在門兩旁中央闕然爲道也白虎通云闕是闕疑義亦相兼
然則其上縣法象其狀巍巍然高大謂之象魏使人觀之謂之觀也是觀與象
魏闕一物而三名也以門之兩旁相對爲雙故名雙闕 注左傳曰盟諸僖閎
釋曰襄十一年傳文也案彼云季武子將作三軍叔孫穆子曰然則盟諸乃盟
諸僖閎杜注云僖宮之門是也 注公羊傳曰齒著于門闔 釋曰莊十二年
傳文也案彼云宋萬搏閔公絕其脰仇牧聞君弒趨而至遇之于門手劍而
叱之萬臂摋仇牧碎其首齒著乎門闔何休云闔扇也是矣 注左傳曰高
其閈閎 釋曰襄三十一年傳云子產相鄭伯以如晉晉侯以我喪故未之見
也子產使盡壞其館之垣而納車馬焉士文伯讓之曰敝邑以政刑之不脩寇
盜充斥無若諸侯之屬辱在寡君者何是以令吏人完客所館高其閈閎是
也案說文云閈門也汝南平輿里門曰閈閈既爲門故郭氏以閎爲長杙即門
橛也杜預云閎門也非郭義也 瓴甋謂之甓 釋曰瓴甋一名甓郭云㼾
甎也今江東呼瓴甓詩陳風云中唐有甓是也 宮中至之逵 釋曰此別衖道

之異名也宮中衖閤閒道名壼孫炎曰巷舍閒道也王肅曰今後宮稱永巷是
宮内道名也廟中之路名唐堂下至門徑名陳路旅皆途之别名也途即道
也路場猷行四者復是道之異名也一達長道謂之道路岐分二達者謂之路
旁言岐道旁出也岐分三達者謂之劇旁孫炎云旁出岐多故曰劇交道四達
謂之衢交道四出復有一旁達謂之康孫炎云康樂也交會樂亦道也交道亦出
謂之莊孫炎云莊盛也道煩盛三道交出復有岐出者謂之劇驂四道交出謂
之崇期四道交復有一岐出者謂之逵　注詩曰中唐有甓　釋曰此詩陳風
防有鵲巢篇文也　注史記所謂康莊之衢　釋曰案史記列傳云騶奭者齊
諸騶子亦頗采騶衍之術以紀文於是齊王嘉之自如淳于髡以下皆命曰列
大夫爲開第康莊之衢是也　注左傳曰得慶氏之木百車於莊　釋曰案襄
二十八年齊慶封謀殺子雅子尾陳文子謂桓子曰禍將作矣吾其何得對曰
得慶氏之木百車於莊杜注云慶封時有此木積於六軌之道是也　注四道
交出復有旁通　釋曰詩周南云施于中逵毛傳云逵九達之道是也案左傳
隱十一年云及大逵桓十四年焚渠門入及大逵莊二十八年衆車入自純門
及逵市宣十二年入自皇門至于逵路杜預皆以爲道並九軌案周禮經涂九

軌不名曰逵杜意蓋以鄭之城內不應有九出之道故以爲並九軌於此則不
合也　室中至之奔　釋曰此皆人行步趨走之處因以名云室中名時時然
後動堂上曰行謂平行也堂下曰步白虎通云人踐三尺法天地人再舉足曰
步備陰陽也門外曰趨鄭玄云行而張拱曰趨中庭曰走走疾趨也大路曰奔
奔大走也書曰駿奔走案此經所釋謂祭祀之禮知者以召誥云王朝步自周
則至于豐注云告文王廟告文王則告武王可知出廟入廟不以遠爲文是也
若迎賓則樂師云行以肆夏趨以采薺行謂大寢之庭至路門趨謂路門至
應門　隄謂至之徛　釋曰此別橋彴之名也隄一名梁郭氏兩解一云即橋
也以木爲之一云以石絕水石杠一名徛郭氏亦兩解一云聚石水中以爲步
渡彴也廣雅云彴步橋也一云或曰今之石橋　注或曰石絕水者爲梁見詩
傳　釋曰案衛風云有狐綏綏在彼淇梁傳云石絕水曰梁是也　注孟子曰
歲十月徒杠成　釋曰案孟子云子產聽鄭國之政以其乘輿濟人於溱洧孟
子曰惠而不知爲政歲十一月徒杠成十二月輿梁成民未病涉也趙岐注云
以爲子產有惠民之心不知爲政當以時脩橋梁民何由病苦涉水乎是也引
之以證石杠爲步橋也此注作十月誤脫或所見本異　室有至曰樓　釋曰

此明寢廟樓臺之制也凡太室有東西廂夾室及前堂有序牆者曰廟但有大
室者曰寢月令仲春云寢廟畢備鄭注云前曰廟後曰寢以廟是接神之處
處尊故在前寢衣冠所藏之處對廟爲卑故在後無室者名榭春秋宣十六年
夏成周宣榭火杜預云宣榭講武屋引此文無室曰榭謂屋歇前然則榭有二
義一者臺上構木曰榭上云有木曰榭及月令云可以處臺榭是也二屋歇前
無壁者名榭其制如今廳事也春秋云成周宣榭公羊以爲宣宮之榭及鄉射
禮云榭則鉤楹內是也郭云榭即今堂堭者堂堭即今殿也殿亦無室故云即
今堂堭四方而高者名臺即上闍也脩長也凡臺上有屋狹長而屈曲者曰樓

釋器第六

釋曰案說文云器皿也從犬犬所以守之以此篇釋諸器之名故曰釋器 木
豆謂之豆注豆禮器也 釋曰案周禮瓬人爲豆實三而成觳崇尺鄭注云崇
高也豆實四升又祭統云夫人薦豆執校執醴授之執鐙鄭注云校豆中央直
者也鐙豆下跗也又禮圖云口圓徑尺黑漆飾朱中大夫以上畫以雲氣諸侯
以象天子以玉唇謂飾其豆口也然則豆者以木爲之高一尺口足徑一尺其
足名鐙中央直豎者名校校徑二寸揔而言之名豆豆實四升用薦菹醢周禮

醓人掌四豆之實朝事之豆其實韭菹醓醢之類是也其飾則三代不同明堂
位曰夏后氏以楬豆殷玉豆周獻豆注云楬無異物之飾也獻疏刻之是也以
供祭祀燕饗故云禮器也　竹豆謂之籩　注籩亦禮器　釋曰案鄭注籩人
及士虞禮云籩以竹為之口有縢緣形制如豆亦受四升盛棗栗桃梅蔆芡脯
脩膴鮑糗餌之屬是也亦祭祀享燕所用故云亦禮器　瓦豆謂之登　釋曰
對文則木曰豆瓦曰登散則皆名豆故云瓦豆謂之登冬官旊人掌為瓦器而
云豆中縣鄭云縣繩正豆之柄是瓦亦名豆也詩大雅生民云于豆于登毛傳
云豆薦菹醢登大羹也公食大夫禮云大羹湆不和實於登湆者肉汁大古之
羹也不調以鹽菜以其質故以瓦器盛之郭云即膏登也　盎謂之缶　釋曰
孫炎云缶瓦器郭云盆也詩陳風云坎其擊缶則缶是樂器易離卦九三不鼓
缶而歌則大耋之嗟注云艮爻也位近丑丑上值弁星似缶詩云坎其擊缶則
樂器亦有缶又史記藺相如使秦王擊缶是樂器為缶也案坎卦六四樽酒簋
貳用缶注云爻辰在丑丑上值斗可以斟之象斗上有建星建星之形似簋貳
副也建星上有弁星弁星之形又如缶天子大臣以王命出會諸侯主國尊於
簋副設玄酒以缶則缶又是酒器也比卦初六爻有孚盈缶注云爻辰在未上

値東井井之水人所汲用缶缶汲器襄九年宋災左傳曰具綆缶備水器則缶是汲水之器也然則缶是瓦器可以節樂若今擊甌又可以盛水盛酒即今之瓦盆也　甌瓿謂之㼘　釋曰甌一名瓿甊一名㼘郭云甌甊小甖長沙謂之㼘方言云瓬（音瓦都感瓬岡兗切）甒（音武）㼚（音內）㼛（音昔鄭）㽄（仕江切）甀（度畦切）瓮瓿甊（瓿音部甊落口切）㼕（一一甓）甖也靈桂之郊謂之㼘其小者謂之瓶周魏之間謂之甒秦之舊都謂之㼚淮汝之間謂之㼛江湖之間謂之㽄自關而西晉之舊都河汾之間其大者謂之甀其中者謂之瓿甊自關而東趙魏之郊謂之瓮或謂之甖東齊海岱之間謂之㼕甖其通語也甇陳魏宋楚之間曰瓶（音臾）或曰瓾（音殊）燕之東北朝鮮洌水之間謂之甒（音𩱧亦腸）齊之東北海岱之間謂之儋（音擔）周洛韓鄭之間謂之甀或謂之甇甇謂之甈（鼓鼙）甗甂謂之甊缶謂之瓿甌（音偶）其小者謂之瓶甇甈謂之盎自關而西或謂之盆或謂之盎其小者謂之升甌甂（音邊）陳魏宋楚之間謂之題（音提）自關而西謂之甂其大者謂之甌是其方俗之異名也　康瓠謂之甈　釋曰康瓠一名甈瓠即壺也說文云破罌也方言云甈謂之盎皆非郭義也　注賈誼說曰寶康瓠是也　釋曰案漢書云賈誼洛陽人也年十八以誦詩屬文漢文帝召爲博士爲絳灌之屬害之天子疏誼爲長沙王傅以謫去意不自得及渡

湘水爲賦以弔屈原其詞曰斡棄周鼎兮寶康瓠兮是也　斫斸謂之定　釋
曰斫斸一名定郭云鋤屬李巡曰鋤別名也廣雅云定謂之耨世本云垂作耨
呂氏春秋云耨柄尺此其度也其耨六寸所以間稼也高誘注云耨芸苗也六
寸所以入苗間詩頌臣工云庤乃錢鎛毛傳云鎛耨也鎛耨及定當是一器但
先儒或即云鋤或云鋤屬古器變易未能識之　斪謂之鐯　釋曰斪一名鐯
郭云钁也說文云钁大鋤也　斛謂之疀　釋曰郭云皆古鍫鍤字方言云燕
之東北朝鮮洌水之間謂之斛宋魏之間謂之鏵或謂之鍏音韋江淮南楚之間
謂之臿趙魏之間謂之喿音鍫是皆謂今鍬也　繯罟至覆車也　釋曰此別羅
網之異名也罟罔也繯罟一名九罭即魚罔也嫠婦之笱取魚器也一名罶罩
一名汕罩捕魚籠一名篧積柴水中取魚名槮又名涔鳥罔名羅兔罔名罝麇
罔名罞罞冒也言冒覆其頭也彘豬也其罔名羉羉幕也言幕絡其身也魚之
大罔名罛翻車小罔捕鳥者名繴也罿也罬也罦也皆謂覆車也　注今之至
爲繯　釋曰云今之百囊罟是亦謂之罶今江東呼爲繯者以時驗而言也孫
炎云九罭謂魚之所入有九囊也詩豳風云九罭之魚鱒魴是也　注毛詩至
魚笱　釋曰云毛詩傳曰罶曲梁也者小雅云魚麗于罶傳云罶曲梁也是矣

云謂以簿爲魚笱者孫炎云罶曲梁其功易故謂之寡婦之笱然則曲簿也嫠
寡也以簿爲魚笱其功易號之寡婦之笱耳非寡婦所作也　注今之撩罟
釋曰李巡云汕以簿汕魚也案詩小雅云南有嘉魚烝然汕汕傳云樔也箋云
樔今之撩罟也皆以今曉古　注捕魚籠也　釋曰李巡云篧編細竹以爲罩
捕魚也孫炎云今楚篧也然則罩以竹爲之無竹則以荊故謂之楚篧皆謂捕
魚籠也詩小雅云南有嘉魚烝然罩罩是也　注今之至取之　釋曰李巡曰
今以木投水中養魚曰涔孫炎曰積柴養魚曰槮郭云今之作槮者聚積柴木
於水中魚得寒入其裏藏隱因以簿圍捕取之小爾雅曰魚之所息謂之潛潛
槮也積柴水中魚舍也詩周頌云潛有多魚是也槮罧潛涔古今字　注謂
羅絡之　釋曰李巡云鳥飛張網以羅之然則張網以羅絡飛鳥詩王風云雉
離于羅是也　注罝猶遮也見詩　釋曰詩周南云肅肅兔罝是也李巡云兔
自作徑路張罝捕之也然則張罔遮兔因名曰罝　注最大罟也今江東云
釋曰李巡曰魚罟捕魚具也然則捕魚之具最大者名罛詩衛風云施罛濊
濊是也　注今之至異語　釋曰孫炎曰覆車網可以掩兔者也一物五名方
言異也郭云今之翻車也有兩轅中施罥以捕鳥展轉相解廣異語廣雅云

罥罟也案詩王風云雉離于罿文曰雉離于罿然則捕鳥之具也孫氏云掩兔
非也　絇謂之救　釋曰郭氏兩解一云救絲以爲絇絇屨頭飾也士冠禮曰
玄端黒屨青絇鄭注云絇之言拘也以爲行戒狀如刀衣鼻在屨頭是也或
曰絇屨屬小爾雅曰舄而今絇也一云亦罥名者言此經絇亦罥罟之別名也
義疑故兩存焉　律謂之分　釋曰律一名分鄭注月令云律候氣之管也以銅
爲之律歷志云黄帝使伶倫氏自大夏之西崐崘之陰取竹之解谷斷兩節間
而吹之以爲黄鍾之宫制十二筩以聽鳳皇之鳴其雄鳴則爲六律雌鳴則爲
六呂陽管爲律律法也言陽氣與陰氣爲法鄭云律述也述氣之管陰管爲呂
律歷志云呂助也言助陽宣氣又云呂拒也言與陽相承更迭而至又陰律稱
同言與陽同也捴而言之陰陽皆稱律故月令十二月皆云律中是也以其分
候十二月氣故又名分郭云律管可以分氣是也　大版圭縮之　釋曰此解
詩云縮版以載也大版名業以繩束版謂之縮　注築牆版也　釋曰孫炎曰
業所以飾栒刻版捷業如鋸齒也毛詩傳云業大版也所以飾栒爲縣也捷業
如鋸齒或曰畫之然則業者是樂縣之飾郭必以爲築牆版者以此文與縮之
相連詩云縮版以載作者以類相從縮瓿築牆所用之繩則業是築牆之版

明矣散而言之則業亦樂縣之飾故詩大雅云虡業維樅周頌云設業設虡而
毛鄭皆以爲大版所以飾栒爲縣也　注縮者至以載　釋曰孫炎云繩束築
版謂之縮然則縮者束物之名用繩束版故謂之縮復言縮之明用繩束之也
故云縮者約束之云詩曰縮版以載者大雅緜篇文也　彝卣至之坎　釋曰
別酒尊大小之異名也彝其總名彝者法也與諸尊爲法司尊彝云雞彝鳥
彝斝彝黃彝虎彝蜼彝是也卣者下云卣中尊也孫炎云尊彝爲上罍爲下
卣居中郭云不大不小者是在罍彝之間即周禮儀象壺著大山等六尊是也
罍者尊之大者也即周禮司尊彝云皆有罍諸臣之所酢是也案禮圖云六
彝爲上受三斗六尊爲中受五斗六罍爲下受一斛故異義罍制韓詩說金罍
大夫器也天子以玉諸侯大夫皆以金士以梓毛詩說金罍酒器也諸臣之所酢
人君以黃金飾尊大一碩金飾龜目蓋刻爲雲雷之象謹案韓詩說天子以玉
經無明文謂之罍者取象雲雷博施如人君下及諸臣又司尊彝云皆有罍諸
臣之所酢注云罍亦刻而畫之爲山雲之形言刻畫則用木矣故禮圖依制度
云刻木爲之韓說言士以梓士無飾言其木體則以上同用梓而加飾耳毛說
言大一碩禮圖亦云大一斛則大小之制尊卑同也雖尊卑飾異皆得畫雲雷

之形以其云雷取於雲雷故也是彝卣罍三者皆爲盛酒器也其罍之小者别
名坎　衣裗至謂之纀　釋曰此别衣服之異名也云衣者目之也裗一名視
刺繡黼文於衣領名襮衣之緣飾名純禮記深衣云衣純以績衣純以青之類
是也袕衣開孔也名褮說文云鬼衣也衣眥名襟謂交領也方言云衿謂之交
是也衱一名裾即衣後裾也衿衣小帶也一名袸士昬禮曰施衿結帨是也佩
之帶名褑執衽裳際也手執持其衽名袺扱衽於帶名襭詩周南云薄言袺之
薄言襭之是也衣之蔽前者名襜婦人之香纓名褘又謂之縭縭緌也緌猶繫
也取繫屬之義衣下曰裳削殺也裳削殺其幅者名纀謂深衣之裳也　注衣
縷至之飾　釋曰此郭氏兩解一云衣縷也本或作褸（音縷）方言云褸謂之衽又
謂之袩（子俠切）彼注云即衣衿也云齊人謂之攣者以目驗而言也一云或曰袿
衣之飾者釋名曰婦人上服曰袿廣雅云袿長襦也言飾者蓋以繒爲緣飾耳
繡刺黼文以䙵領　釋曰詩唐風云素衣朱襮毛傳云襮領也諸侯繡黼丹
朱中衣毛言繡黼者謂於繒之上繡刺以爲黼非訓繡爲黼郭氏取毛爲說也
注今蔽膝也　釋曰方言云蔽厀江淮南楚之間謂之褘或謂之祓（音沸）魏宋南
楚之間謂之大巾自關東西謂之蔽厀齊魯之郊謂之袡（昌詹切）襜又名韍禮

玉藻云韠君朱大夫素士爵韋圜殺直天子直公侯前後方大夫前方後挫角士前後正韠下廣二尺上廣一尺長三尺其頸五寸肩革帶博二寸是也　注即今至繫也　釋曰孫炎云禕帨巾也郭云即今之香纓也禕交落帶繫於體因名為禕緌繫也此女子旣嫁之所著示繫屬於人義見禮記曲禮云女子許嫁纓及內則云衿纓是也詩云親結其縭謂母送女重結其所繫著以申戒之孫炎以禕為帨巾失之也　注削殺其幅深衣之裳　釋曰案深衣目錄云稱深衣者以餘服則上衣下裳不相連此深衣衣裳相連被體深邃故謂之深衣案深衣篇云制十有二幅以應十有二月鄭注云裳六幅幅分之以為上下之殺故云削殺其幅深衣之裳也其深衣制度禮記具焉　輿革至之革　釋曰此辨車馬之飾名也云輿革前謂之鞎者李巡曰輿革前謂輿前以革為車飾曰鞎郭云以韋鞎車軾鞎謂鞔也軾車上橫木毛詩傳云諸侯之路車有朱革之質而羽飾謂以皮革為本質其上又以翟羽為之飾詩齊風云簟茀朱鞹是也後謂之第者李巡曰第車後戶名也郭云以韋鞎後戶云竹前謂之禦者李巡曰竹前謂編竹當車前以擁蔽名之曰禦禦止也孫炎曰禦以簟為車飾也郭云以簟衣軾詩傳云簟方文席也云後謂之蔽者郭云以簟衣後戶即詩所謂簟

第也云環謂之捐謂著車衆環名捐云鑣謂之钀者鑣馬勒旁鐵一名钀一云載
轡謂之轙者轡者御馬之具也古者乘車駕駟馬凡八轡轅端之木名衡衡即
軛軛上著環以貫轡此即載轡之環名轙故郭云車軛上環轡所貫也云轡首
謂之革者轡首名革也詩大雅云鞗革金厄是也郭云轡靶勒見詩字林云靶
轡革也　餀謂至之餒　釋曰此別物臭惡之異名也李巡云餀餯皆穢臭也
食飯也饐飯臭也一名餲飯摶相著者名爤李巡云爤飯淖糜相著也飯中有
腥米者名糪李巡曰米飯半腥半熟名糪郭論語云失飪不食肉臭壞曰敗魚
內爛曰餒即論語云魚餒而肉敗不食是也　註飯饖臭見論語　釋曰說文
云饖飯傷熱蒼頡篇云食臭敗也云見論語者鄉黨篇云食饐而餲孔曰饐餲
臭味變是也　注內爛　釋曰案春秋僖十九年云梁亡公羊傳曰此未有伐
者其言梁亡何自亡也其自亡奈何魚爛而亡也何休云梁君隆刑峻法百姓
一旦相率俱去狀若魚爛魚爛從內發故云爾然則魚之敗壞先自內始故云
內爛是郭用公羊爲說今本內作肉恐誤　肉曰脫之魚曰斮之　釋曰此論
治擇魚肉之名也肉剝去其皮因名脫之李巡云肉去其骨曰脫皇侃云治肉
除其筋膜取好者郭氏以與魚曰斮之文連斮謂斬削其鱗則脫是脫剝其皮

也嫌羊豕有不剥其皮者故又云今江東呼麇鹿之屬通爲肉案禮記内則及
李巡爾雅本皆云魚曰作之皇侃云作謂摇動也凡取魚摇動之視其鮮餒
者不食李巡云作之魚骨小無所去今本作斮郭云謂削鱗也　冰脂也　釋
曰脂膏也一名冰　注莊子至膏也　釋曰云莊子云肌膚若冰雪者此内篇
逍遥之言也案彼云藐姑射之山有神人居焉肌膚若冰雪綽約若處子引之
者證冰爲脂也云脂膏也者孫炎曰膏凝曰脂則似脂與膏異而云脂膏者以
脂有凝有釋對例即内則注云脂肥凝者釋者曰膏散文則脂膏皆揔名也
肉謂之羹至之臡　釋曰此辨魚肉所作食味之名也肉之所作臛名羹魚所
作鮓名鮨以肉作醬名醢有骨相雜者名臡　注肉臛至左傳　釋曰云肉
臛也者儀禮所謂腳臐膮是也云廣雅曰湆者則彼云羹謂之湆是也云見左
傳者案隱元年鄭伯寘其母姜氏于城潁而誓之曰不及黄泉無相見也既而
悔之潁考叔爲潁谷封人聞之有獻於公公賜之食食舍肉公問之對曰小人有
母皆嘗小人之食矣未嘗君之羹請以遺之是謂肉爲羹也　注鮨鮓至夫禮
釋曰案公食大夫禮云牛炙南醢以西牛胾醢牛鮨鄭注云内則謂鮨爲膾然
則膾用鮨是也　注雜骨醬見周禮　釋曰案醢人職云掌四豆之實朝事之

豆其實韭菹醓醢昌本麋臡鹿臡鄭注云作醢及臡者必先膊乾其肉乃後莝之
雜以粱麴及鹽漬以美酒塗置甀中百日則成矣是也　康謂之蠱澱謂之垽
釋曰康米皮也一名蠱左傳曰穀之飛亦名蠱是也澱滓泥也一名垽郭云今
江東呼垽　鼎絶至之鬲　釋曰此別鼎名也鼎最大者名鼐鼎體圓斂上而小
口者名鼒鼎詩周頌云鼐鼎及鼒鼎附耳在鼎表者名釴款闊也謂鼎足相去踈闊
者名鬲　鬷謂之鬵鬵鉹也　釋曰鬷一名鬵鬵涼州名鉹方言云甑自關而東
或謂之甗或謂之鬵或謂之酢餾是也　注詩曰溉之釜鬵　釋曰詩檜風匪
風篇文也　璲瑞也玉十謂之區　釋曰璲者瑞玉名也玉十名區　注詩曰
至玉瑞　釋曰云詩曰鞙鞙佩璲者小雅大東篇文也毛傳云鞙鞙玉貌璲瑞
也鄭箋云佩璲者以瑞玉爲佩佩之鞙鞙然是也　注雙玉曰瑴五瑴爲區　釋
曰襄十八年左傳云晉侯伐齊將濟河獻子以朱絲係玉二瑴杜注云雙玉曰
瑴是先儒相傳爲然也五瑴則十玉也　羽本至之緷　釋曰此別羽數多少
之名也本根也鳥羽根名翮一羽名箴十羽名縳百羽名緷案周禮地官羽
人職云掌以時徵羽翮之政于山澤之農以當邦賦之政令凡受羽十羽爲審
百羽爲摶十摶爲縳鄭注云審摶縳羽數束名也爾雅云一羽謂之箴十羽謂

之縳百羽謂之緷其名音相近也一羽則有名蓋失之矣鄭意以爲箴與審縳
與𦃟緷與縳名數聲音皆相近也一羽不合有名爾雅一羽則有名疑一羽當
爲十羽也郭意以爲凡物無不從一爲始以爾雅不失周官未爲得也 木謂
之虡 釋曰郭云縣鍾磬之木植者名虡考工記云梓人爲筍虡鄭注云樂器
所縣横曰筍植曰虡然則縣鍾磬者兩端有植木其上有横木謂直立者爲虡
謂横牽者爲栒栒上加大版爲之飾名業詩大雅云虡業維樅 旄謂之藣
釋曰郭云旄牛尾一名藣舞者所執也 菜謂之蔌 釋曰菜茹名蔌郭云蔌
者菜茹之摠名見詩者案大雅韓奕云其蔌維何維筍及蒲毛傳云蔌菜殽
也是矣 白蓋謂之苫 釋曰孫炎云白蓋茅苫也郭云白茅苫也今江東呼
爲蓋然則蓋即苫也以白茅爲之故曰白蓋襄十四年左傳晉將執戎子駒支
范宣子親數諸朝曰乃祖吾離被苫蓋杜注云蓋苫之别名是也 黄金至之
鈏 釋曰此别金錫之異名也黄金一名璗其精美者名鏐白金名銀其精美
者名鐐郭云此皆道金銀之别名及精者鏐即紫磨金詩傳云天子玉琫而珧
珌諸侯璗琫而鏐珌大夫鐐琫而鏐珌士珕琫而珕珌鉼金名鈑錫今白鑞也
一名鈏周禮職方氏云揚州其利金錫是也 注周禮至是也 釋曰云周禮

曰祭五帝即供金鈑者案秋官司金職云旅于上帝則共其金版此云祭五帝
者旅則祭也上帝則五帝也郭氏以義言之故文異爾彼注云鉼金謂之版此
版所施未聞　象謂至之雕　釋曰郭云五者皆治樸之名謂治其樸俱未成
器有此五名也　注左傳曰山有木工則劑之　釋曰隱十一年傳文也　金
謂至之磨　釋曰郭云六者皆治器之名也則此謂治器加功而成之名也故
論語注云切磋琢磨以成寶器是也　璆琳玉也　釋曰郭云璆琳美玉名禹
貢梁州云厥貢璆鐵銀鏤又雍州云球琳琅玕是也　簡謂之畢　釋曰簡竹
簡也古未有紙載文於簡謂之簡札一名畢禮記學記云呻其佔畢謂但吟
誦所視簡之文是謂簡爲畢也　不律謂之筆　釋曰筆一名不律許慎云楚
謂之聿吳人謂之不律燕謂之弗秦謂之筆郭云蜀人呼筆爲不律也語之變
轉　滅謂之點　釋曰郭云以筆滅字爲點今猶然　絕澤謂之銑　釋曰金
之最有光澤者名銑　注國語曰玦之以金銑　釋曰案晉語獻公使太子申
生伐東山佩之金玦狐突歎曰以尨衣純而玦之以金者銑寒甚矣說國語者
以銑下屬與郭異也　金鏃至之鍭　釋曰辨弓箭之名也鏃箭頭也翦齊也
以金爲鏃齊羽者名鍭孫炎曰金鏑斷羽使前重也郭云今錍箭是也以骨爲

鏃不齊其羽者名志郭云今之骨髐是也此二者郭氏皆以今曉古案方言云箭自關而東謂之矢江淮之間謂之鍭關西曰箭鏃胡合嬴者四鐮或曰拘腸三鐮者謂之羊頭其廣長而薄鐮謂之錍或謂之鈀（葩音）其小而長中穿二孔者謂之鉀鑪（嗑盧二音）亦謂鉀箭也弓者說文云以近窮遠象形古者揮作弓周禮六弓王弓弧弓以射甲革椹質夾弓庾弓以射豻侯鳥獸唐弓大弓以授學射者此弓之類有緣者名弓無緣者名弭李巡曰骨飾兩頭曰弓不以骨飾兩頭曰弭孫炎曰緣謂繳束而漆之弭謂不以繳束骨飾兩頭者也郭云緣者繳纏之即今宛轉也弭今之角弓也然則郭意與孫同也當時謂繳束為宛轉若飾弓兩頭以金者名銑以蜃者名珧以玉者名珪也　注左傳曰左執鞭弭　釋曰此僖二十三年傳文也案彼晉公子重耳及楚楚子饗之曰公子若反晉國何以報我對曰其左執鞭弭右屬櫜鞬以與君周旋是也　注用金至小蚌　釋曰云用金蚌飾弓兩頭者以與上弭連文故知然也蚌即蜃也月令孟冬雉入大水為蜃是也銑即金絕澤者珧即蜃小者珪即玉成器者以此名弓故云因取其類以為名也云珧小蚌者即釋魚云蜃小者珧是也　珪大至之環　釋曰此別珪璧之屬也圭者玉器執以為瑞者也大長也珪長尺二寸者名玠璋半

珪也大八寸者名瑕辟亦玉器子男所執者也大六寸者名宣因說辟之制肉
邊也好孔也邊大倍於孔者名辟孔大而邊小者名瑗邊孔適等若一者名
環左傳昭十六年宣子有環其一在鄭商是也　注詩曰錫爾玠珪　釋曰此
大雅崧高篇文也　注璋半珪也　釋曰知者以典瑞云四圭有邸以祀天兩
圭有邸以祀地圭辟以祀日月璋邸射以祀山川自上而下降殺以半故知璋
半珪也　注漢書所云瑄玉是也　釋曰郊祀志云公卿言皇帝始郊見泰一
雲陽有司奉瑄玉嘉牲薦饗是也　綫綬也　釋曰所佩之玉名璲繫玉之
組名綬以其連繫璲玉因名其綬曰綫故郭云即佩玉組所以連繫瑞玉者因
通謂之綫也　一染至之黼　釋曰別衆色之名也一染謂之縓者此述染絳
法也一染一入色名縓今之紅也說文云帛黃赤色喪服記云公子爲其母練
冠麻衣縓緣是也再染名赬即淺赤也三染名纁李巡云三染其色已成爲絳
纁絳一名也考工記云三入爲纁鄭玄云染纁者三入而成禹貢云厥篚玄纁
是也淺青一名蔥玉藻云三命赤韍蔥衡是也黑色名黝以白黑二色畫之
爲斧形名黼考工記云白與黑謂之黼書云黼黻絺繡是也　注周禮曰陰
祀用黝牲　釋曰此地官牧人職文也鄭注云陰祀祭地北郊及社稷也　邸

謂之柢　釋曰根柢名邸邸本也郭云根柢皆物之邸邸即底通語也言凡物
之柢必在底下因名云也即周禮典瑞云四圭有邸以祀天兩圭有邸以祀地
皆謂邸爲本柢也　雕謂之琢　釋曰案上文治玉璞名雕治玉器名琢彼對
例耳散文則雕琢通謂治玉名不分璞與器也　蓐謂之兹　釋曰蓐一名兹
郭云兹者蓐席也言草蓐之席也宣十二年左傳軍行右轅左追蓐　注公羊
傳曰屬負兹　釋曰此桓十六年傳文也案彼衛侯朔出奔齊傳云何以名絶
曷爲絶之得罪于天子也其得罪于天子奈何見使守衛朔而不能使衛小衆
越在岱陰齊屬負兹舍不即罪爾何休云屬託也天子有疾稱不豫諸侯稱
負兹大夫稱犬馬士稱負薪舍止也託疾止不就罪是也引之以證兹爲蓐也
竿謂之箷　釋曰凡以竿爲衣架者名箷曲禮曰男女不同椸枷謂此也　簀
謂之第　釋曰簀牀版也一名第檀弓曰華而睆大夫之簀與左傳曰牀第之
言不踰閾方言云齊魯之間謂之簀陳楚之間或謂之第是也　革中辨之韏
釋曰皮去毛曰革此別分斷之名也中斷之名辨復中分其辨名韏也　鏤
鍐也　釋曰別二名也郭云刻鏤物爲鍐詩云鉤膺鏤錫　卣中尊也釋在上

釋樂第七

釋曰案樂記云樂者樂也君子樂得其道小人樂得其欲也說文云樂五聲八音之緫名象鼓鞞之形木虡也白詞也又象鍾磬也五聲者商角宮徵羽也律歷志云商之爲言章也物成孰可章度也角觸也物觸地而出戴芒角也宮中也居中央暢四方唱始施生爲四聲綱也徵祉也物盛大而繁祉也羽宇也物聚藏宇覆之也又云八音土曰塤匏曰笙皮曰鼓竹曰管絲曰絃石曰磬金曰鍾木曰柷此篇摠釋五聲之名及八音之器故名釋樂也　宮謂至之柳

釋曰案此文則宮一名重商一名敏角一名經徵一名迭羽一名柳但未見義所出也　注皆五至未詳　釋曰云皆五音者案鄭玄注樂記云雜比曰音謂宮商角徵羽清濁相雜和比謂之音單出曰聲謂五聲之內唯單有一聲更無餘聲相雜也然則初發口單出者謂之聲衆聲和合成章謂之音金石干戚羽旄謂之樂則聲爲初音爲中樂爲末此云五音者舉中而言也云之別名者謂重敏經迭柳是宮商角徵羽之別名也云其義未詳者以爾雅之作以釋六藝今經典之中無此五名或在亡逸中不可得知其義故云未詳案孫叔然云宮濁而遲故曰重也孫氏雖有此說更無經據故不取也　大瑟謂之灑注長八尺一寸廣一尺八寸二十七絃　釋曰瑟者登歌所用之樂器也故先釋之

本曰庖犧作五十絃黃帝使素女鼓瑟哀不自勝乃破爲二十五絃具二均聲
禮圖舊云雅瑟長八尺一寸廣一尺八寸二十三絃其常用者十九絃其餘四絃
謂之番番嬴也頌瑟長七尺二寸廣尺八寸二十五絃盡用之熊氏云瑟兩頭
有孔其在底下者名越鄉飲酒禮云二人皆左何瑟後首挎越注云越瑟底孔
也燕禮云小臣左何瑟面鼓執越注云越瑟下孔也若用之祭祀則練其絃踈
其越樂記云清廟之瑟朱絃而踈越鄭注云朱弦練朱弦練則聲濁越瑟底
孔也畫踈之使聲遲也以其不練則體勁而聲清練則絲熟而聲濁也踈通
也使兩頭孔相連而通也孔小則聲急孔大則聲遲故也其大者別名灑孫叔
然云音多變布如灑出也郭云二十七絃未見所出　大琴謂之離注或曰至
五絃　釋曰琴操曰伏犧作琴世本云神農作琴白虎通曰琴者禁也禁止於
邪以正人心也琴之大者別名離也孫叔然云音多變聲流離也云或曰琴大
者二十七絃未詳長短者或人言琴有二十七絃是琴之大者也但未詳其長
短耳云廣雅曰琴長三尺六寸六分五絃者此常用之琴也象三百六十六日五
絃象五行大絃爲君小絃爲臣文王武王加二絃以合君臣之恩也又五絃第
一絃爲宮其次商角徵羽文武二絃爲少宮少商又琴操曰廣六寸象六合也

文上曰池言其平下曰濱言其服前廣後狹象尊卑上圓下方法天地然琴之
爲樂器通見詩書故此釋之也　大鼓謂之鼖小者謂之應　釋曰別鼓大小之名也鼖之
大者名鼖鼓周禮鼓人職曰以鼖鼓鼓軍事是也其小者名應言聲相應於大鼓
也李巡云小者音聲相承故曰應也孫炎云和應大鼓也　注鼖鼓長八尺　釋
曰知者案考工記韗爲鼓長八尺鼓四尺中圍加三之一謂之鼖鼓後鄭注云中
圍加三之一者加於面之圍以三分之一也面四尺其圍十二尺加以三分一四尺
則中圍十六尺徑五尺三寸三分寸之一也今亦合二十版則版六寸三分寸
之二耳大鼓謂之鼖鼓以鼖鼓鼓軍事鄭司農云鼓四尺謂革所蒙者廣四尺
注詩曰至鼓側　釋曰應鞞縣鼓周頌有瞽篇文也鄭箋云鞞小鼓在大鼓
旁應鞞之屬也案鞞引也謂擊小鼓引樂聲　大磬謂之毊　釋曰磬樂器
名也以玉石爲之世本曰無句作磬釋名云磬罄也聲堅罄罄然考工記曰
磬氏爲磬倨句一矩有半其博爲一股爲二鼓爲三參分其股博去一以爲鼓
博參分其鼓博以其一爲之厚已上則磨其旁已下則磨其耑是其制也大者
名毊孫炎云毊喬也喬高也謂其聲高也李巡云大磬聲清燥也故曰毊
毊喬採也　注毊形至爲之　釋曰字林云鉊田器也自江而南呼鍫刃爲鉊此

磬形似犂錧但大爾云以玉石爲之者左傳云玉磬紀甗又八音謂磬爲石故
知以玉石爲之也　大笙至之和　釋曰世本云隨作笙禮記曰女媧之笙簧
釋名曰笙生也象物貫地而生說文云笙正月之音物生故謂之笙有十三簧
象鳳之身其大者名巢巢高也言其聲高小者名和李巡云小者聲少音出和
也孫炎云應和於笙　注列管至九簧　釋曰瓠匏也以匏爲底故八音謂笙
爲匏簧者笙管之中金薄鍱也笙管必有簧故或謂笙爲笙簧詩王風云左
執簧是也大者十九簧以時驗而言也　注十三至成聲　釋曰云十三簧者
鄭司農注周禮亦云十三簧相傳爲然云鄉射記曰三笙一和而成聲者彼鄭
注云三人吹笙一人吹和是也　大篪謂之沂・釋曰李巡曰大篪其聲非一
也孫炎曰篪聲悲沂悲也釋名曰篪虎嗁也聲如嬰兒嗁鄭注云篪以竹爲之長尺
四寸圍三寸一孔上出寸三分名翹橫吹之小者尺二寸廣雅云八孔鄭司農
注周禮云篪七空蓋不數其上出者故七也　大塤謂之嘂　釋曰說文云壎
樂器名從土熏聲塤壎古今字釋名云塤喧也聲濁喧喧然大塤名嘂孫炎曰
音大如叫呼聲郭注云塤燒土爲之大如鵝子銳上平底形如稱錘六孔小者如
雞子周禮小師注云塤燒土爲之大如鴈卵鄭司農亦云六孔是相傳爲然也

世本云暴辛公作塤蘇成公作篪譙周古史考云古有塤篪尚矣周幽王時暴辛
公善塤蘇成公善篪記者因以爲作謬矣世本之謬信如周言其云蘇公暴
公所善亦未知所出蓋以詩小雅云伯氏吹壎仲氏吹篪蘇公刺暴公也故致
斯謬　大鐘至之棧　釋曰此別鐘大小之名也說文云鐘樂器也世本云垂
作鐘考工記鳧氏爲鐘釋名曰鐘空也内空受氣多其大者名鏞李巡曰大鐘
音聲大鏞大也孫炎曰鏞深長之聲又名鎛大射禮云樂人宿縣于阼階東笙
磬西面其南笙鐘其南鎛鄭云鎛如鐘而大是也其不大不小者名剽
孫炎曰剽者聲輕疾也李巡云其中微小故曰剽剽小也其小者名棧李巡云
棧淺也東晉興元年會稽剡縣人家井中得一鐘長三寸口徑四寸上有銘古
文云棧鐘之小者既長三寸自然淺也　注書曰笙鏞以間　釋曰尚書益稷
篇文也　大簫至之筊、　釋曰此別簫大小之名也風俗通云舜作簫其形參
差以象鳳翼十管長二尺博雅曰簫大者二十三管無底小者十六管有底其
大者名言李巡曰大簫聲大者言言也郭璞云編二十三管長尺四寸其小者名
筊李巡曰小者聲揚而小故言筊筊小也郭璞云十六管長尺二寸簫一名籟又
通卦驗云簫長尺四寸其言管數長短雖異要是編小竹管爲之耳、大管至

之篎　釋曰別管小大之名也大管名簥簥李巡云聲高大故曰簥簥高也郭璞云
管長尺圍寸併漆之有底賈氏以爲如篪六孔小師注云管如篴形小併兩管
而吹之今大子樂官有之是也其中不大不小者名篞小者名篎　大籥至之
箹　釋曰籥樂器名其大者名産其中者名仲小者名箹郭云籥如笛三孔而
短小廣雅云七孔周禮笙師掌教吹籥鄭注云籥如遂三空詩邶風云左手執
籥毛傳云籥六孔所見異也　徒鼓瑟至之寋　釋曰凡八音備作曰樂一音
獨作不得樂名故此辨其異名也徒空也鄭注周禮小師云出音曰鼓空作
器以出其音者謂之徒鼓故郭云獨作之也　注詩云我歌且謡　釋曰此魏
風園有桃篇文也毛傳云曲合樂曰歌徒歌曰謡孫炎曰聲消揺也　注或
歌或咢　釋曰大雅行葦篇文也毛傳云歌者比於琴瑟也徒擊鼓曰咢孫炎
云聲驚咢也　所以鼓柷至之籈　釋曰此別柷敔之名也周禮小師掌教鼓
鼗柷敔柷敔皆以木爲之故大師注云木柷敔也禮記謂之椌楬所以鼓動其
柷以出其音者名止所以鼓動其敔以出其音者名籈郭云柷如漆桶方二尺
四寸深一尺八寸中有椎柄連底挏之令左右擊止者其椎名敔如伏虎背上
有二十七鉏鋙刻以木長尺櫟之籈者其名臯陶謨云合上柷敔鄭注云柷狀

爾雅疏五

如漆桶中有椎合之者投椎於其中而撞之敔狀如伏虎背上刻之所以鼓之以止樂此等形狀蓋依漢之大予樂而知之　大鼗謂之麻小者謂之料　釋曰詩頌云鞉鼓磬柷敔鄭注小師職云鞀鼓如鼓而小持其柄摇之旁耳還自擊一名麻其小者名料麻者音概而長也料者聲清而不亂　和樂謂之節　釋曰八音克諧無相奪倫謂之和樂樂和則應節樂記云治世之音安以樂其政和是也樂記又云大樂與天地同和大禮與天地同節此對文爾揔而言之則禮樂相將故此和樂亦謂之節一云節樂器名謂相也樂記云治亂以相鄭注云相即拊也亦以節樂拊者以韋爲表裝之以糠糠一名相因以名焉言治理奏樂之時擊拊以輔相於樂而爲節也旣以柷作樂以敔止樂故以節爲和樂義亦通也

爾雅疏卷第五